Für meinen allergrößten
Schatz, den ich immer lieb
haben werde, zum 4. Hochzeitstag.
Ich hoffe nur es gruselt nicht
allzusehr.

Dein Heinzi

EDGAR ALLAN POE

wurde am 19. 1. 1809 als Sohn eines Schauspielerehepaares in Boston geboren. Im Alter von einem Jahr wurde er Waise und wuchs im Haus des Kaufmanns John Allen auf, der ihn zum Gentleman erzog, jedoch nicht adoptierte. Nach Schulbesuch in London und Studien an der Universität von Virginia ging er 1827 zur Armee und 1830 für ein Jahr als Kadett nach West Point. Sein Vormund Allen hatte ihn nach einem Zerwürfnis verstoßen. Mit dem Gewinn eines Preises für die Erzählung *»MS Found in a Bottle«* begann er 1833 als Schriftsteller, Journalist und Herausgeber literarischer Zeitschriften. Poe lebte meist in großer Armut, litt immer wieder an Alkoholismus und starb unter weitgehend ungeklärten Umständen am 7. 10. 1849 in Baltimore.

Zu seinen wichtigsten Werken gehören: *»The Narrative of Arthur Gordon Pym«* (1838); *»Tales of the Grotesque and Arabesque«* (1840); *»The Raven and other poems«* (1845).

EDGAR ALLAN POE

GESCHICHTEN DES GRAUENS 1

Mit Textillustrationen von Alfred Kubin

WILHELM HEYNE VERLAG
MÜNCHEN

HEYNE-BUCH Nr. 871-1
im Wilhelm Heyne Verlag, München

11. Auflage
Ungekürzte Taschenbuchausgabe
Lizenzausgabe mit freundlicher Genehmigung
der Nymphenburger Verlagshandlung GmbH, München
Printed in Germany 1982
Umschlag: Atelier Heinrichs, München
Gesamtherstellung: Buchdruckerei H. Mühlberger, Augsburg

ISBN 3-453-00403-5
ISBN 3-453-00195-8

INHALT

DIE MASKE DES ROTEN TODES

Der Rote Tod hatte schon lange im Lande gewütet; noch nie hatte die Pest grauenhaftere Verheerungen angerichtet. Blut ging vor ihr her — Blut folgte ihr; überall sah man die Farbe des Blutes, spürte seine Schrecken. Sie brachte stechende Schmerzen und plötzliche Schwindelanfälle mit sich, denen starke Blutungen aus allen Poren folgten, und ließ unerbittlich den Tod zurück. Die scharlachroten Flecken auf dem ganzen Körper und besonders auf dem Gesicht des Opfers waren die Brandmale, die den Unglücklichen von der Hilfe und dem Mitleid der Menschen ausschlossen; und der erste Anfall, der qualvolle Fortschritt und das Ende der Seuche war das schauerliche Werk einer halben Stunde.

Aber Prinz Prospero war glücklich, furchtlos und weise.

Als seine Besitztümer halb entvölkert dalagen, entbot er tausend lebenslustige Gesellschafter aus dem Kreis der Ritter und Damen seines Hofes zu sich und zog sich mit ihnen in die tiefe Abgeschiedenheit eines seiner befestigten Schlösser zurück. Es war ein weitläufiges, prächtiges Gebäude, eine Schöpfung nach des Prinzen eigenem, wildem, aber großartigem Geschmack. Eine starke, hohe, mit eisernen Toren verschlossene Mauer umgab das ganze Besitztum. Als die Höflinge eingezogen waren, brachte man Schmelzöfen und schwere Hämmer herbei und schmiedete die Riegel an den Toren zu, denn die Verzweiflung sollte weder jählings von außen herein, noch die irre Lustigkeit von innen heraus gelangen können. Die Welt draußen mochte für sich selbst sorgen! Es wäre Torheit gewesen, sich um der Zukunft oder der Menschheit willen trübem Nachdenken und Grübeleien hinzugeben! Der Prinz hatte denn auch reichlich für Vergnügungen und Unterhaltung gesorgt. Da waren Spaßmacher, Improvisatoren, Ballettänzer, Musiker, dazu die schönen Damen und die edlen Weine! Ja, alles das und Sicherheit war im Schloß! Draußen war der Rote Tod!

Im fünften oder sechsten Monat, als die Pest im Lande gerade am schlimmsten wütete, lud Prinz Prospero seine tausend Freunde zu einem Maskenball von ganz ungewöhnlicher Pracht ein.

Die Schar der Masken bot einen berauschenden Anblick dar, doch will ich erst die Räume beschreiben, in denen das Fest stattfand.

Es waren ihrer sieben – eine wahrhaft fürstliche Zimmerflucht! In den meisten Palästen würde sie wohl eine einzige lange Durchsicht geboten haben, da man im allgemeinen die Flügeltüren nach jeder Seite hin bis fast an die Wand zurückschieben und alle Räumlichkeiten mit einem Blick durchschweifen konnte. Die Vorliebe des Prinzen für alles Bizarre hatte ihn jedoch bewogen, das Schloß so unregelmäßig bauen zu lassen, daß man zu gleicher Zeit nur wenig mehr als ein Zimmer überschauen konnte.

Nach je zwanzig oder dreißig Schritten gelangte man an eine scharfe Biegung, die einem stets den Anblick auf ein neues Bild freiließ. In jedem Zimmer ging zur Rechten und Linken in der Mitte jeder Wand ein hohes, schmales, gotisches Fenster auf einen geschlossenen Korridor hinaus, der den Windungen der Zimmerflucht folgte. Die Scheiben der Fenster waren aus buntem Glas, dessen Farbe mit derjenigen übereinstimmte, die in der Ausschmükkung des Zimmers vorherrschte.

Das Zimmer am östlichen Ende der Reihe war zum Beispiel in Blau gehalten, und dementsprechend strahlten auch die Fensterscheiben in funkelndem Blau.

Das zweite Zimmer war mit purpurroten Wandbekleidungen und Zieraten ausgestattet, und auch die Scheiben waren purpurn – das dritte Gemach war ganz in Grün ausgestattet, und zauberhaftes grünes Licht ergoß sich durch seine Fenster. Das vierte Zimmer hatte orangenfarbige Möbel und Beleuchtung, das fünfte Gemach war weiß, das sechste violett – das siebente aber war mit schwarzem Sammet ausgeschlagen, der den Plafond und die Wände umhüllte und in schweren Falten auf den Bodenteppich von derselben Farbe und dem gleichen Stoff niederfiel. In diesem Zimmer allein entsprach die Farbe der Fenster nicht der der übrigen Ausschmückung. Hier waren die Scheiben scharlachrot, tief scharlachrot. In keinem der sieben Zimmer war unter dem Überfluß an goldenen Zieraten, die zahllos umherstanden oder von der Zimmerdecke herunterhingen, eine Lampe oder ein Kandelaber zu entdecken. In den Korridoren, welche die ganze Zimmerflucht umschlossen, stand jedem Fenster gegenüber ein massiver Dreifuß, in dem ein Kohlenfeuer loderte, das seine Flammen durch das bunte Glas in das Zimmer warf und ihm so eine glühende Helle und eine stets wechselnde, phantastische Beleuchtung mitteilte. Aber in dem westlichen oder schwarzen Zimmer war die Wirkung, die das feurige Licht der blutroten Scheiben auf den schwarzen Wandbekleidungen hervorbrachte, eine so gespenstische, gab den Gesichtern der Eintretenden ein so gräßliches Aussehen, daß nur wenige kühn genug waren, ihren Fuß über die Schwelle des Gemaches zu setzen.

An der westlichen Wand in diesem Zimmer stand eine riesengroße Uhr aus Ebenholz. Ihr Pendel schwang mit dumpfem, schwerem, eintönigem Schlagen hin und her. Und wenn der Minutenzeiger seinen Kreislauf über das Zifferblatt beendet hatte und das Uhrwerk die Stunde zu schlagen begann, drang aus der metallenen Brust der Uhr ein voller, tiefer, wunderbar musikalisch klingender Ton hervor, der von so besonderem Klange, von so seltsamer Feierlichkeit war, daß nach Verlauf jeder Stunde die Musiker sich wie von einer unerklärlichen Macht gezwungen fühlten, eine Pause zu machen und dem Tone zu lauschen; die Tanzenden mußten plötzlich innehalten, ein kurzes Mißbehagen breitete sich über die ganze fröhliche Gesellschaft. Man sah, während die Glocken des Uhrwerks tönten, die Leichtfertigsten erbleichen und die Älteren und Gesetzteren, wie in traumhaftem Nachdenken verloren, ihre Stirn in ihre Hand senken. Doch sobald der letzte Schlag verklungen war, brach die Gesellschaft wieder in heiteres Lachen aus, die Musiker blickten einander an, lächelten wie über eine Torheit und gelobten flüsternd, sich beim nächsten Stundenschlag nicht wieder in eine ähnliche Aufregung bringen zu lassen. Aber wenn nach Verlauf von sechzig Minuten (die dreitausendsechshundert Sekunden der flüchtigen Zeit bedeuten) neue Glockenklänge von der Uhr her tönten, dann schrak die fröhliche Maskenschar wie vorher auf und wartete wieder mit banger verstörter Angst auf ihren letzten Schlag.

Und doch war's, trotz allem, ein heiteres, köstliches Fest. Der Prinz hatte seinen ganz persönlichen Geschmack. Er liebte seltene Farben und Farbenwirkungen und verachtete alles Herkömmliche. Seine Pläne waren kühn und voller Leben, und aus seinen Entwürfen sprühte die Glut ferner, schöner Zonen. Manche da draußen hatten ihn für wahnsinnig gehalten. Seine Hofgesellschaft wußte, daß dies ein Irrtum war; aber man mußte ihn selbst hören, ihn sehen, mußte mit ihm reden, um wirklich überzeugt zu sein, daß er es *nicht* war.

Um dieses große Fest zu verschönern, war ein Teil der beweglichen Ausschmückung der sieben Gemächer unter seiner Leitung entstanden, sein eigener, eigenartiger Geschmack hatte auch die Kostüme der Masken bestimmt. Und sie waren wirklich höchst grotesk. Da gab es Farbenpracht, Glanz und Glitzern, viel Phantasie und Pikanterie. Arabeskenhafte Gestalten mit seltsam verrenkten Gliedmaßen wandelten umher und gemahnten wohl an die Traumgebilde eines Tollen. Viel Schönes war da, viel Übermütiges, viel Bizarres, manches Schreckliche und nicht wenig, das widerwärtig wirkte. Auf und ab wogte es in den sieben Zimmern, wie eine Menge wirrer Traumgestalten. Und die Masken gingen ein und aus, stets wechselnd, bald zaubervoll, bald spukhaft beleuchtet, und die lauten Klänge des Orchesters durchtönten die Luft wie das Echo ihrer Schritte. Und mitten in den Trubel hinein erklingen dann plötzlich die Glockenschläge der Ebenholzuhr — und für einen Augenblick tritt Totenstille ein, man hört keinen Laut, nichts, nur die Stimme der Uhr! Die Traumgestalten bleiben, wie von plötzlicher Erstarrung ergriffen, auf dem Fleck stehen. Aber kaum ist der letzte Ton verhallt — so erklingt hinter ihm her ein leichtes, halbunterdrücktes Lachen. Die Musik schwillt wieder sanft empor, die erstarrten Träume beleben sich wieder und wogen noch heiterer auf und ab durch das Gluten der vielfarbigen Fenster, durch den seltsamen Feuerschein, den die Dreifüße flackernd entsenden. Aber in das westliche der sieben Zimmer wagt sich keine der Masken mehr hinein; denn es ist schon tief in der Nacht und ein grelles Licht dringt durch die scharlachroten Scheiben; und die Düsterkeit der schwarzen Draperien tritt immer erschreckender hervor, und dem, der es wagt, seinen Fuß auf den schwarzen Teppich zu setzen, klingt das dumpfe Ticken der Ebenholzuhr warnender, feierlicher ins Ohr als denen, die sich in den anderen Gemächern der lauten Fröhlichkeit überlassen.

Aber in den übrigen sechs Gemächern herrschte ein dichtes Gedränge, und fieberhaft pulste dort der Herzschlag des Lebens. Der Festesrausch stieg höher und höher, bis endlich die Uhr die Mitternachtsstunde zu schlagen begann. Und nun, wie bei jedem Stundenschlag, brach die Musik plötzlich ab; die Tanzenden blieben starr stehen, überall trat, wie vorher, eine unheimliche Ruhe ein. Aber diesmal waren es zwölf Schläge, die von der Uhr ertönten, und daher kam es auch wohl, daß in der längeren Zeit den Nachdenklicheren unter den Festgenossen tiefere und ernstere Gedanken kamen. Und daher kam es auch wohl, daß, noch ehe der letzte Schlag in der Stille verklungen war, mehrere aus der Menge sich der Gegenwart einer maskierten Gestalt bewußt wurden, die bis dahin noch keiner von ihnen bemerkt hatte. Als das Gerücht von der Anwesenheit dieser neuen Erscheinung flüsternd die Runde gemacht hatte, ertönte aus der ganzen Gesellschaft ein Murmeln des Staunens, der Mißbilligung — das sich endlich zu einem Ausdruck des Schreckens, des Entsetzens und des Abscheus steigerte.

Es läßt sich denken, daß es schon eine ganz ungewöhnliche Maske sein mußte, die in einer so phantastisch gekleideten Gesellschaft eine derartige Erregung hervorbringen konnte. Die Maskenfreiheit war in der Tat für jene Nacht fast unbeschränkt, aber die unbekannte Erscheinung ging sogar über des Prinzen weitgehendste Erlaubnis hinaus. Selbst in den leichtfertigsten, frivolsten Herzen

gibt es Saiten, bei deren Berührung der Mensch erbebt. Und selbst für die Verlorenen, denen Leben und Tod nur noch ein Spott ist, gibt es Dinge, die sie nicht zu ihrem Gespött machen wollen. Die ganze Gesellschaft schien auch hier von dem Gefühl durchdrungen, daß in dem Kostüm und dem Auftreten des Fremden weder Geist noch die geringste Empfindung für Schicklichkeit zu erkennen sei. Seine Gestalt war lang und hager und vom Kopf bis zu den Füßen in Leichentücher gehüllt. Die Maske, die sein Gesicht verhüllte, war so getreu dem Angesicht eines schon erstarrten Leichnams nachgebildet, daß man auch bei genauester Prüfung die Täuschung kaum erkennen konnte. Doch dies alles hätten die tollen Festgenossen – vielleicht nicht gebilligt, aber doch noch erträglich gefunden. Aber der Vermummte war so weit gegangen, den Typus des Roten

Todes anzunehmen. Die Laken, die ihn umhüllten, waren mit den grauenhaften scharlachroten Flecken besprenkelt.

Als die Augen des Prinzen Prospero die gespenstische Erscheinung erblickten, welche mit langsamen, feierlichen Schritten, als wolle sie ihre Rolle möglichst gut markieren, zwischen den Tanzenden auf und ab schritt, bemerkte man, daß er im ersten Augenblick in heftigem Schauder, voll Schrecken oder Abscheu, zusammenzuckte. Doch dann stieg ihm die Zornesröte ins Gesicht.

»Wer wagt es«, fragte er mit heiserer Stimme die Höflinge in seiner Nähe, »uns durch diesen gotteslästerlichen Spott zu beleidigen? Ergreift ihn und reißt ihm die Maske ab, damit wir sehen, wen wir bei Sonnenaufgang an den Zinnen des Schlosses aufhängen lassen!«

Der Prinz befand sich im östlichen oder blauen Zimmer, als er diese Worte sprach. Sie tönten laut und klar durch die sieben Räume — denn der Prinz war ein kühner, kraftvoller Mann, und die Musik hatte ein Wink seiner Hand zum Schweigen gebracht.

In dem blauen Zimmer also stand der Prinz, umgeben von einer Schar Höflinge, denen das Blut aus dem Antlitz gewichen war. Als er zu sprechen begonnen hatte, machte sich in der Gruppe eine leichte Bewegung auf den Eindringling zu bemerkbar, der in diesem Augenblick ebenfalls in der Nähe war und jetzt mit gemessenen, majestätischen Schritten auf den Sprecher zutrat. Aber die wahnsinnige Vermessenheit des Vermummten flößte der ganzen Gesellschaft ein so namenloses Entsetzen ein, daß niemand es wagte, Hand an ihn zu legen. Ohne daß ihn jemand aufgehalten hätte, trat er bis auf zwei Schritte an den Prinzen heran, und während die Höflinge wie von *einem* Gefühl der Angst getrieben aus der Mitte der Zimmer an die Wände zurückwichen, durchschritt er ungehindert, mit demselben feierlichen, gemessenen Schritt, mit dem er gekommen, das blaue Zimmer, dann das purpurne, das grüne, das orangefarbene, das weiße, das violette. Niemand machte eine Bewegung, bis plötzlich Prinz Prospero, rasend vor Wut und Scham über seine eigene unerklärliche Feigheit — obwohl ihm niemand von den Höflingen zu folgen wagte, so sehr hatte sie der Schreck gelähmt —, durch die sechs Zimmer stürzte. Er schwang einen Dolch und war der vor ihm herschreitenden Gestalt schon auf drei oder vier Fuß nahegekommen, als diese gerade das Ende des schwarzen Gemaches erreicht hatte, sich plötzlich umwandte und den Verfolger anblickte. Ein gellender Schrei erscholl, der Dolch fiel blitzend auf den schwarzen Teppich nieder, auf den einen Augenblick später Prinz Prospero tot hinsank. Nun raffte sich endlich eine Schar der Festgenossen auf! Sie drang in das schwarze Gemach, ergriff den Vermummten, dessen hohe Gestalt aufrecht und bewegungslos im Schatten der Ebenholzuhr stand — aber in wahnsinnigem Entsetzen schrien sie auf, als sie fühlten, daß die Grabgewänder und die Leichenmaske, die sie mit so rauher Gewalt gepackt, keine Gestalt eingehüllt hatten, die greifbar war!

Und nun erkannten sie die Gegenwart des Roten Todes. Er war gekommen wie ein Dieb in der Nacht. Und einer nach dem anderen sanken die Gäste des Prinzen Prospero in den blutbedeckten Sälen ihrer Lustbarkeit dahin und starben in der verzweifelten Stellung, in der sie niedergesunken waren. Die Ebenholzuhr stand mit dem Tode des letzten der Fröhlichen still. Die Flammen der Dreifüße verloschen. Und Finsternis und Verwesung legten sich über das Totenschloß.

DER UNTERGANG DES HAUSES USHER

Son cœur est un luth suspendu:
Sitôt qu'on le touche, il résonne.

de Béranger

An einem dunklen, stummen Herbsttage, an dem die Wolken tief und schwer fast bis zur Erde herabhingen, war ich lange Zeit durch eine eigentümlich trübe Gegend geritten und sah endlich, als sich schon die Abendschatten niedersenkten, das Stammhaus der Familie Usher vor mir. Ich weiß nicht, wie es kam — gleich beim ersten Anblick der Mauern breitete sich eine unerträgliche Düsterkeit über meine Seele. Ich sage eine *unerträgliche* Düsterkeit, weil sie keinen Augenblick lang durch jene beinah angenehme Empfindung gemildert wurde, mit der das Gemüt eines Menschen, der die Dinge künstlerisch schaut, selbst die wüsteten Bilder der Verödung und des Schreckens in sich aufzunehmen pflegt. Ich betrachtete das vor mir liegende Gebäude mit seiner einfachen landschaftlichen Umgebung — die frostigen Mauern, die leeren Fensterhöhlen, die wie erloschene Augen starrten, ein paar Büschel steifer Binsen, ein paar weißlich schimmernde Stämme verdorrender Bäume — mit einem Gefühl so tiefer Niedergeschlagenheit, daß ich sie mit keiner anderen Stimmung auf dieser Welt vergleichen könnte als mit dem trostlosen Erwachen des Opiumessers aus seinem Rausch, mit dem scheußlichen Augenblick, wenn der schimmernde Schleier langsam zerreißt und die Alltagswelt wieder grau und frostig dasteht. Öde, versunkene Trauer lag über dem Stammsitz und teilte sich mir mit: eine müde Melancholie glitt in mich hinein und ließ kein phantastisches Bild in mir aufleben. Was mochte es sein — ich hielt mein Pferd an, um darüber nachzudenken —, was mochte es sein, das mich bei der Betrachtung des Hauses Usher mit so entnervender Macht anfiel? Es schien mir, als wäre es ein undurchdringliches Geheimnis, und vergebens bemühte ich mich, die schattenhaften Phantasiegebilde, die durch meinen Geist und meine Grübeleien zogen, zu verscheuchen. Ich kam nicht über den unbefriedigenden Schluß hinaus, daß es ohne Zweifel in der Natur gewisse Verbindungen einfacher Gegenstände *gibt*, welche die Macht haben, eine solch niederdrückende Wirkung auszuüben, während die Bedingungen, unter denen diese Macht entsteht, unserem Erkennt-

nisvermögen entzogen sind. Es war ja möglich, so grübelte ich weiter, daß schon eine bloße veränderte Anordnung der einzelnen Bestandteile der Landschaft, der Eigentümlichkeiten des Gesamtbildes, genügen konnte, den trauervollen Eindruck zu mildern oder vielleicht sogar ganz aufzuheben. Dieser Gedanke bestimmte mich, mein Pferd an das steile Ufer eines finsteren Teiches zu lenken, der in unheimlicher Regungslosigkeit das ganze Gebäude umgab. Ich beugte mich vor, starrte in den schwarzen Glanz und erblickte, von einem noch heftigeren Schauder gefaßt, das umgekehrte Spiegelbild der steifen Binsen, der gespenstischen Baumstümpfe und der leeren Fensterhöhlen, die wie erloschene Augen starrten.

Und dennoch hatte ich vor, in dieser Heimstätte der Trauer einen mehrwöchigen Aufenthalt zu nehmen. Der Besitzer des Hauses, Roderich Usher, war in meiner Knabenzeit einer meiner vertrautesten Gefährten gewesen, doch waren jetzt viele Jahre verflossen, seit wir uns zum letztenmal gesehen hatten. Da hatte ich vor kurzer Zeit in einem abgelegenen Bezirk des Landes einen Brief von ihm erhalten, der in seiner seltsam ungestümen Abfassung keine andere als eine persönliche Antwort zuließ. Die Handschrift zeugte von nervöser Aufregung, der Schreiber erzählte von einer heftigen körperlichen Erkrankung, von einer geistigen Angegriffenheit, die ihn niederdrückte, und sprach das sehnsüchtige Verlangen aus, mich als seinen besten und in der Tat einzigen persönlichen Freund bald wiederzusehen, weil er hoffe, daß meine Gegenwart ihm einige Erleichterung und Aufheiterung verschaffen werde. Die Art und Weise, in der alles dies und noch manches andere gesagt worden war, das wirkliche Herzensbedürfnis, das aus seiner Bitte geklungen hatte, gestattete mir nicht zu zögern, und ich leistete seiner Aufforderung, obwohl sie mir verwunderlich und eigentümlich genug erschien, unverzüglich Folge.

Obwohl wir in der Jugend sehr vertraute Kameraden gewesen waren, wußte ich fast nichts über die Lebensverhältnisse meines Freundes, da er von seinen persönlichen Angelegenheiten immer nur mit großer Zurückhaltung sprach. Doch hatte ich einmal gehört, daß seine sehr alte Familie schon seit undenklichen Zeiten bekannt sei wegen einer besonderen Reizbarkeit des Temperaments, die ihre Bestätigung im Laufe der Jahrhunderte in manchem erlesenen Kunstwerk gefunden hatte; und in jüngster Zeit sollte sie sich durch wiederholte Akte einer großartigen geheimen Wohltätigkeit sowie durch eine leidenschaftliche Neigung zur Musik geäußert haben — das heißt mehr zu den schwierigen Verschlingungen und theoretischen Schönheiten, als zu den althergebrachten und leichtverständlichen Reizen dieser Kunst. Außerdem war mir die merkwürdige Tatsache bekannt, daß sich von dem Stammbaum der Familie Usher, die zu allen Zeiten in hohem Ansehen gestanden hatte, niemals eine länger fortbestehende Seitenlinie abzweigte; mit andern Worten, daß die ganze Familie ihre Abstammung in direkter Linie herleiten konnte, und daß dies mit sehr geringen vorübergehenden Abweichungen immer so gewesen war. Während ich nun über die Tatsache nachgrübelte, daß sich mangels eines solchen Seitenzweiges das Besitztum der Usher stets ganz und ungeteilt vom Vater auf den Sohn vererbt hatte, kam mir erst recht zum Bewußtsein, wie es möglich gewesen war, daß sich auch die bekannten Charaktereigentümlichkeiten der Mitglieder dieser Familie so ungeschmälert durch die Jahrhunderte hindurch erhalten hatten, und ich erwog den möglichen Einfluß, den diese beiden Tatsachen ge-

genseitig aufeinander ausgeübt haben könnten. *Eine* Folge dieser unabänderlichen Übertragung des Grunderbes vom Vater auf den Sohn war ohne Zweifel der Umstand, daß der Name und das Besitztum der Familie so miteinander verschmolzen waren, daß der ursprüngliche Titel der Besitzung sich in die seltsame und doppelsinnige Benennung ›das Haus Usher‹ umgewandelt hatte, mit der die Bauern sowohl die Familie als auch das Stammschloß zu gleicher Zeit bezeichneten.

Ich sagte schon, daß mein ein wenig kindliches Beginnen — in den finsteren Spiegel des Teiches hinunterzublicken — nur den Erfolg hatte, den ersten rätselhaften Eindruck, den mir das Ganze machte, zu verschärfen. Wahrscheinlich trug der Umstand, daß sich mein fast abergläubisches Erschrecken — weshalb soll ich es nicht so nennen — fortwährend und rasch steigerte, nicht wenig dazu bei, jenen verschärften Eindruck hervorzurufen. Dies ist, wie bekannt, das paradoxe Gesetz aller Gefühle, die in einer Furchtempfindung wurzeln. Und vielleicht die alleinige Ursache, daß sich meiner, als ich meine Blicke von dem Teich wieder zu dem Schloß erhob, ein seltsamer Wahn bemächtigte — ein so törichter Wahn, daß ich überhaupt nur von ihm rede, um die Heftigkeit meiner Empfindungen annähernd zu beschreiben. Meine Phantasie war so überreizt, daß ich wirklich zu sehen glaubte, wie das ganze Gebäude und seine nächste Umgebung in eine besondere, nur ihnen eigentümliche Atmosphäre gehüllt waren, eine Atmosphäre, die sich durchaus nicht mit der gewöhnlichen Himmelsluft zu vermischen schien, sondern von den verdorrenden Bäumen, den grauen Mauern und dem schweigenden Teich aufstieg — wie ein giftiger, mystischer Hauch, bleifarben, trübe, schwer und doch kaum erkennbar.

Ich bemühte mich, diese Wahngebilde, die ich nur für die Ausgeburt meiner traumhaften Versunkenheit halten konnte, von mir abzuschütteln, und betrachtete eingehend das wirkliche Äußere des Schlosses. Auf den ersten Blick erkannte man, daß es schon außerordentlich alt sein müsse. Es war sehr verwittert, kleine Pilze überwucherten es nach allen Richtungen hin und hingen wie ein zartes Spinngewebe von den Dachrinnen herunter. Doch im übrigen war von einem Verfall der Baulichkeiten nichts weiter zu merken. An keiner einzigen Stelle schien das Mauerwerk eingesunken, und der zerbröckelnde Zustand der einzelnen Steine stand mit der Bewohnbarkeit der Gebäude in seltsamem Widerspruch. Die Fassade erinnerte mich lebhaft an reiches Holzgetäfel, das lange Zeit, von keinem Hauch der äußeren Luft berührt, in einer verlassenen Halle gelegen und sein wohlerhaltenes Aussehen bewahrt hat. Außer diesen leichten Anzeichen von Verwitterung verriet das Schloß an keiner Stelle Spuren von Baufälligkeit. Vielleicht wäre dem

Auge eines scharfen Beobachters ein kaum bemerkbarer Riß nicht entgangen, der an der Vorderseite des Gebäudes am Dach begann und in einer Zickzacklinie das ganze Mauerwerk bis herunter in das trübe Wasser des Teiches durchlief.

Während ich noch mit der Betrachtung dieser Einzelheiten beschäftigt war, ritt ich auf einem kurzen gepflasterten Wege bis dicht vor das Haus. Ein Diener, der mich zu erwarten schien, übernahm mein Pferd, und ich selbst trat unter die großen gotischen Bogen der Halle. Von hier aus führte mich ein Lakai mit leisen Schritten durch verschiedene düstere und gewundene Korridore in das Studierzimmer seines Gebieters. Zahlreiche Gegenstände, die ich auf dem Wege erblickte, trugen dazu bei, jene seltsamen Empfindungen, von denen ich schon sprach, wieder zu erhöhen. Das Schnitzwerk der Plafonds, die düsteren Wandbekleidungen, die ebenholzartigen dunklen Fußböden und die phantastisch zusammengestellten Wandschirme, die bei jedem meiner Schritte rasselten, waren doch nur Dinge, an die ich von Kindesbeinen auf gewöhnt war, und ich staunte nicht wenig darüber, daß ein so bekannter Anblick so unbekannte Empfindungen in mir wachrufen konnte. Auf einem der Treppenabsätze traf ich den Hausarzt. Ich glaubte, auf seinem Gesicht den Ausdruck niedriger Verschmitztheit und doch auch wieder kläglicher Ratlosigkeit zu lesen. Er begrüßte mich ziemlich unsicher und ging seiner Wege. Jetzt öffnete der Diener eine Tür und führte mich zu seinem Herrn hinein.

Das Gemach, in dem wir uns befanden, war sehr groß und hoch. Die Fenster waren lang und schmal, liefen in Spitzbogen aus und befanden sich in solcher Höhe über dem schwarzen eichenen Fußboden, daß sie von unten her nicht erreichbar waren. Durch die vergitterten Scheiben drang ein matter, rötlicher Schimmer, der gerade hinreichte, die mehr hervortretenden Gegenstände im Zimmer ziemlich deutlich erkennbar zu machen. Dagegen versuchte das Auge vergeblich, bis in die entfernteren Winkel des Raumes oder in die Bogen der gewölbten, reich verzierten Decke zu dringen. Die Wände waren mit dunklen Draperien bekleidet, die Ausstattung schien im allgemeinen reich, doch nicht traulich, sie war alt und an vielen Stellen schadhaft. Zahlreiche Bücher und Musikinstrumente lagen verstreut umher, ohne jedoch dem Ganzen einen wärmeren, wohnlicheren Anblick zu verleihen. Ich fühlte, daß ich eine gramgeschwängerte Luft einatmete. Ein Hauch bitterer, starrer, nicht zu bannender Düsterkeit bedeckte und durchdrang alles.

Bei meinem Eintritt erhob sich Usher von einem Diwan, auf dem er ausgestreckt gelegen hatte, und empfing mich mit so lebhafter Wärme, daß ich sie im ersten Augenblick für die übertriebene Herzlichkeit, die erkünstelte Liebenswürdigkeit eines blasierten Weltmannes hielt. Doch überzeugte mich ein Blick in sein

Angesicht, daß seine Worte vollkommen aufrichtig gemeint waren. Wir setzten uns, und da er einige Augenblicke lang nicht sprach, betrachtete ich ihn, während mich ein aus Mitleid und Erschrecken seltsam gemischtes Gefühl ergriff. Noch nie war mit einem Menschen in so verhältnismäßig kurzer Zeit eine gleich gräßliche Veränderung vorgegangen wie mit Roderich Usher! Mein Geist sträubte sich gegen die Vorstellung, daß die bleiche Gestalt da vor mir und der vertraute Gefährte meiner Jugendjahre ein und dieselbe Person seien! Und doch war schon damals der Ausdruck seines Gesichts merkwürdig gewesen. Eine leichenhafte Blässe, große, klare, unvergleichlich leuchtende Augen, schmale, bleiche, doch unübertrefflich schön geschwungene Lippen, die Nase von edelstem jüdischem Schnitt, mit eigentümlich breiten Nüstern, die man sonst nie mit diesem Typus vereinigt findet, ein schön modelliertes Kinn, dessen Zurücktreten auf einen Mangel an Energie schließen ließ, spinnwebfeines, seidenweiches Haar — alle diese Einzelheiten bildeten mit seinen ungewöhnlich breit ausladenden Schläfen ein Antlitz, das man, wenn man es einmal gesehen hatte, nicht leicht wieder vergessen konnte. Jetzt hatte sich bloß durch ein schärferes Hervortreten der charakteristischen Eigentümlichkeiten dieses Gesichts und seines Ausdrucks eine solche Veränderung im Aussehen meines Freundes vollzogen, daß ich fast zweifelte, wirklich ihn vor mir zu sehen. Die gespenstische Blässe seines Angesichts, das nicht mehr natürliche Glänzen seiner Augen beunruhigten und erschreckten mich am meisten. Sein seidenweiches Haar hatte er ungepflegt lang wachsen lassen, wie seltsames Spinngewebe umhing es seine Züge, und vergebens bemühte ich mich, die rätselhaften Arabesken, die es bildete, als etwas einfach Menschliches hinzunehmen.

Gleich bei den ersten Worten, die ich mit meinem Freunde wechselte, fiel mir ein Mangel an Zusammenhang, ein Widerspruch in seinem Wesen auf, und ich entdeckte bald, daß dies seinen Grund in wiederholten, nur schwachen und ganz vergeblichen Anstrengungen hatte, eine zur Gewohnheit gewordene ängstliche Unschlüssigkeit, eine außerordentlich starke nervöse Aufregung zu bemeistern. Ich war allerdings auf etwas Derartiges vorbereitet, nicht allein durch seinen Brief, sondern auch durch gewisse Eigentümlichkeiten seines Temperaments, die ich noch von unserer Knabenzeit her an ihm kannte, sowie durch verschiedene Schlüsse, die ich aus der eigentümlichen Beschaffenheit seiner körperlichen und geistigen Konstitution zog. Seine Bewegungen waren abwechselnd lebhaft und träge, seine Rede ging oft unvermittelt von zögernder Unschlüssigkeit zu straffer Kürze über — er sprach in wuchtigen, gemessenen Tönen, um gleich darauf wieder in jene gaumigen, schwerfälligen, ungenügend modulierten Laute zu verfallen, die man nur von verkommenen Trunkenbolden oder von unverbesserlichen Opiumessern vernimmt.

In dieser Weise sprach er von dem Zweck meines Besuches, von seinem sehnsüchtigen Verlangen, mich zu sehen, und von der tröstlichen Aufheiterung, die er von mir erwarte. Dann redete er eingehend über die Natur seiner Krankheit, die, wie er sagte, ein angeborenes und ererbtes Familienübel sei, für das wohl kein Kraut gewachsen wäre. »Übrigens«, fügte er dann unmittelbar hinzu, »ist es wohl doch bloß eine einfache nervöse Angegriffenheit, die bald vorübergehen wird.«

Diese ›nervöse Angegriffenheit‹ äußerte sich bei meinem Freunde in unnatürlichen Erregungen der verschiedensten Art. Er beschrieb mir einige derselben, und ich horchte mit gespanntestem Interesse, ja mit tiefer Bestürzung sowohl auf das, was er sagte, wie auf die Art und Weise, *wie* er sprach. Er litt an einer krankhaften Verschärfung aller seiner Sinne; nur durchaus ungewürzte, fade Speisen waren ihm erträglich, er konnte nur Kleider von ganz bestimmtem Gewebe tragen, Blumenduft belästigte ihn aufs unangenehmste, Licht, selbst schwaches, tat seinen Augen weh, und nur die Töne von Saiteninstrumenten vermochte er ohne Schmerz anzuhören.

Bald bemerkte ich auch, daß er einem ganz unnatürlichen Gefühl von Furcht sklavisch unterworfen war.

»Ich werde«, rief er, »ich *muß* an dieser beklagenswerten Torheit zugrunde gehen. So und nicht anders werde ich sterben. Ich fürchte mich vor manchen zukünftigen Ereignissen, und zwar nicht sowohl um ihrer selbst, als um ihrer Folgen willen. Der bloße Gedanke an irgendeinen, wenn auch geringfügigen Vorfall, der mich in diese unerträgliche Gemütserregung versetzen würde, macht mich schaudern. Und doch fürchte ich mich wirklich nicht vor irgendeiner Gefahr, sondern nur vor ihrer unausbleiblichen Folge: dem Schrecken. Ich fühle deutlich, daß in diesem entnervten, bejammernswerten Zustand früher oder später der Zeitpunkt eintreten wird, wo ich im Kampf mit dem gräßlichen Hirngespinst ›Furcht‹ Vernunft und Leben verlieren werde.«

Nach und nach ließen mich abgebrochene, unbestimmte Andeutungen noch eine andere Eigentümlichkeit seines geistigen Zustandes erkennen. Gewisse abergläubische Vorstellungen fesselten ihn so eng an das Haus seiner Väter, daß er schon seit langen Jahren nicht mehr gewagt hatte, dasselbe zu verlassen. Verschiedentlich deutete er mir den Einfluß, den seine Umgebung auf ihn ausübe, an, jedoch immer in so vagen, schattenhaften Worten, daß ich sie nicht wiederholen kann. Er glaubte etwa, daß gewisse Besonderheiten in der Bauart und dem Material seines Stammschlosses, in Verbindung oder vielmehr mittels seines langen Leidens, wie er sich ausdrückte, eine Wirkung auf seinen Geist ausübten — eine Wirkung, die von den physikalischen Bestandteilen der grauen Mauern und Türme und des schwärzlichen Teiches, in dem sich alles spiegelte, ausging und nach und nach sein geistiges Dasein in Mitleidenschaft gezogen habe.

Doch gab er, wenn auch zögernd, zu, daß die trauervolle Verdüsterung seines Gemütes noch einen anderen, natürlichen Grund habe, nämlich die schwere, langwierige Krankheit, ja den offenbar nahe bevorstehenden Tod seiner zärtlich geliebten Schwester, seiner letzten und einzigen Verwandten — der einzigen Gefährtin seiner letzten, trostreichen Jahre. »Ihr Abschied von dieser Welt«, sagte er mit einer Bitterkeit, die ich nie werde vergessen können, »wird mich, den Hoffnungslosen, als den letzten der Usher zurücklassen.« Während er sprach, schritt Lady Magdalena, die Schwester, im Hintergrund des Gemaches langsam vorüber und verschwand, ohne mich bemerkt zu haben. Ich betrachtete sie mit erschrecktem Staunen und konnte mir über meine Gefühle keine Rechenschaft geben. Wie eine Erstarrung legte es sich über mich, während meine Augen ihrer entschwebenden Gestalt folgten. Als die Tür sich hinter ihr geschlossen hatte, richtete ich meine Blicke unwillkürlich auf ihren Bruder, aber er hatte sein Gesicht in den Händen vergraben, und alles, was ich bemerken konnte, war, daß seine abgemagerten Finger noch bleicher als gewöhnlich schienen und manche bittere Träne zwischen ihnen hervorquoll.

Lange hatte die Krankheit der Lady Magdalena der Kunst ihrer Ärzte gespottet. Eine anhaltende Spannung, eine stetig fortschreitende Entkräftung des ganzen Körpers und häufige, wenn auch vorübergehende Anfälle von meist kataleptischer Natur — so lautete die ungewöhnliche Diagnose. Bisher hatte sie dem Andringen der Krankheit standhaft Trotz geboten und war nicht bettlägerig geworden. Am Tage meiner Ankunft jedoch schien ihre Kraft aufgebraucht, sie konnte, wie mir ihr Bruder am Abend mit unaussprechlicher Aufregung mitteilte, der zerstörenden Gewalt des Übels nicht länger widerstehen. Ich erfuhr, daß der flüchtige Anblick, den ich von ihrer Person erhascht hatte, wohl auch der letzte bleiben, daß ich die Lady, bei ihren Lebzeiten wenigstens, nicht mehr sehen werde.

In den folgenden Tagen wurde ihr Name weder von Usher noch von mir mehr erwähnt; ich bemühte mich unterdessen eifrig, meinen Freund wenigstens etwas seiner schwermütigen Versunkenheit zu entreißen. Wir malten und lasen miteinander, oder ich lauschte traumversunken seinen seltsamen leidenschaftlichen Phantasien auf der Gitarre. Und wie unsere Vertraulichkeit wuchs und inniger wurde und er mir alle Verborgenheiten seiner Seele immer unverhüllter zeigte, mußte ich mit tiefer Bitterkeit erkennen, wie nichtig alle meine Versuche seien, ein Gemüt aufzuheitern, dem die Schwermut so eingeboren war, daß sie aus ihm Dinge der geistigen und körperlichen Welt mit düsterer, unheilvoller Glut überschien.

Solange ich lebe, wird mich die Erinnerung an die vielen feierlichen Stunden, die ich mit dem Letzten der Usher allein verbrachte, nie verlassen. Doch würde es mir nicht gelingen, die Studien und die Lektüre, in die er mich einführte, genauer zu kennzeichnen. Sein aufgeregter, nie befriedigter Idealismus flackerte wie ein grelles, schwefelgelbes Licht um die Dinge, von denen er sprach. Seine langen, improvisierten Totenlieder werden mir ewig in den Ohren klingen, nie wird meinem Gedächtnis eine seltsame Paraphrase über ›Carl Maria von Webers letzten Gedanken‹ entschwinden. Die Malereien, die seine immertätige Phantasie entstehen ließ, waren von einer seltsamen Unbestimmtheit, die mir einen Schauder erregte, der nur um so durchdringender, heftiger war, als ich mir seine Ursache nicht recht zu erklären wußte. Und obschon die Bedeutung jedes dieser Bilder lebhaft und deutlich vor meinen Augen steht, würde es mir doch nur zum ganz geringen Teil gelingen, diese in geschriebenen Worten wiederzugeben. Durch die höchste Einfachheit, welche in seinen Bildern die ›Idee‹ nackt zum Ausdruck brachte, erregte und fesselte er die Aufmerksamkeit. Wenn es je einem Sterblichen gelang, eine ›Idee‹ zu malen, so war es Roderich Usher. Mich wenigstens erfüllten die reinen Abstraktionen, die dieser Melancholiker auf die Leinwand warf, mit unerträglichem, angstvollem Schauder, wie ich ihn nie wieder, nicht einmal bei den gewiß glühenden und doch immer noch zu wirklichen Träumereien Fuselis empfunden habe.

Ich möchte hier eine der phantastischen Schöpfungen meines Freundes, die nicht so starr abstrakt war wie die meisten übrigen, wenn auch nur durch einen schattenhaften Versuch, in Worten wiedergeben. Ein kleines Gemälde stellte das Innere eines unendlich langen, rechtwinkligen Gewölbes oder Tunnels dar, dessen niedrige, glatte, weiße Mauern sich ohne jeden Absatz oder Verzierung, ohne jede Unterbrechung hinzogen. Gewisse Nebendinge in der Zeichnung deuteten an, daß sich dies Gewölbe tief unter der Erde befinde. An keiner Stelle der erschreckend monotonen Längsseiten war ein Ausgang zu entdecken, keine Fackel oder sonst eine künstliche Lichtquelle erhellte den schauerlichen Raum, den dennoch eine Flut greller Strahlen durchwogte und mit gespenstischem, rätselhaftem Schein erfüllte.

Ich habe schon einmal von einem krankhaften Zustand der Gehörnerven gesprochen, welche dem Leidenden jede andere Musik als die von Saiteninstrumenten unerträglich machte. Vielleicht trugen die engen Grenzen, in denen er die Kunst pflegte – er spielte nur die Gitarre – dazu bei, allem, was ich an Musik im Hause Usher hörte, einen phantastischen Charakter zu verleihen. Seine Impromptus waren von glühendem Schwung, die Musik sowohl wie die Verse, die er ihnen oft aus dem Stegreif unterlegte. Sie konnten nur jener stärksten geistigen Spannung, jener Konzentration entspringen, welche die menschliche Seele in den Augenblikken höchster künstlerischer Erregung empfindet. Ich erinnere mich der Worte einer dieser Rhapsodien noch vollständig. Vielleicht machte sie hauptsächlich deshalb solchen Eindruck auf mich, weil ihr mystischer Sinn mich zum erstenmal erkennen ließ, daß Usher sich vollkommen darüber klar war, wie sehr seine erhabene Vernunft auf ihrem Thron wankte. Diese Rhapsodie, welche die Überschrift ›Das verwunschene Schloß‹ trug, lautete, wenn nicht genau, so doch ungefähr folgendermaßen:

Inmitten einer lieblichen Au,
Die sonniges Licht übergoß,
Erhob sich einst ein stattlicher Bau,
Ein schönes, strahlendes Schloß.
Das Reich, in dem es sich luftig erhob,
War des Königs ›Gedanke‹ Land,
Und Seraphschwingen waren darob
Unsichtbar ausgespannt.

Goldgelbe Banner aus Damast,
Gebadet in Sonnenglut,
Wallten schimmernd herab vom Palast,
Wie eine goldene Flut.
Und jeder schmeichlerische Zephir
Der mit den Blüten dort
Gekost, flog aus dem Zauberrevier
Als Wohlgeruch wieder fort.

Die Wanderer blickten in jenem Tal
Durch Fenster aus leuchtendem Glas
In einen hohen, blendenden Saal,
Wo des Reiches Gebieter saß.
Sein Thron mit purpurnem Baldachin
War ganz aus Edelstein,
Und Genienscharen umschwebten ihn
Zu lieblichen Melodein.

Mit Perlen und Rubinen besät
War des Palastes Portal,
Durch dieses flatterte früh und spät

Ein Echoschwarm ohne Zahl
Vor den König hin, indem er ihm
Seiner hohen Weisheit zum Preis
Einen Chorus sang, wie Seraphim
So süß und träumerisch leis.

Doch wüstes Volk in der Sorge Gewand
Nahm Thron und Reich in Beschlag –
Weh, nie mehr dämmert in jenem Land
Der Tag, weh, nimmer ein Tag!
Und alles, alles, was dort umher
Gepranget an Herrlichkeit,
Ist jetzund eine traumhafte Mär
aus lang begrabener Zeit.

Jetzt zeigen sich des Wanderers Blick
Gestalten, knöchern und starr,
Und schwingen sich zu toller Musik
In Reigen wild und bizarr,
Dieweil gleich einem lautlosen Strom
Sich in die ewige Nacht
Zur Tür hinausstürzt Phantom um Phantom
Und nimmermehr lächelt – doch lacht!

Ich erinnere mich sehr wohl, daß diese Ballade uns zu gewissen Gedanken anregte, denen Usher bald leidenschaftlichen Ausdruck lieh. Ich erwähne sie nicht, weil ich sie für neu halte, sondern wegen der Hartnäckigkeit, mit der Usher immer und immer wieder auf sie zu sprechen kam. Im allgemeinen bezog sich diese Ansicht auf das Empfindungsvermögen der Pflanzen. Doch hatte sich diese Idee in seiner überreizten Phantasie fast ins Unbegrenzte fortgesponnen, er hatte sie auf die unorganischen Stoffe übertragen. Ich finde die Worte nicht, um seine Ansicht ihrer vollen Bedeutung nach und den Ernst, mit dem er sie vertrat, zu schildern. Sie stand, wie ich schon andeutete, mit den grauen Mauern seines Stammschlosses in Verbindung. Er behauptete, die Bedingungen jenes Empfindungsvermögens seien hier erfüllt worden – durch die Art und Weise, wie man die Steine zusammengefügt, wie man den Plan der Mauern entworfen, durch die vielen Schwämme und Pilze, die sie allenthalben überwucherten, durch die vermodernden Bäume – vor allem aber durch das lange, ungestörte Bestehen der ganzen Besitzung und die fortwährende Spiegelung des Hauses in dem Teiche. Der augenscheinliche Beweis für jenes Empfindungsvermögen liege – hier versetzten mich seine Worte in grenzenlose Bestürzung – in der allmählichen, aber sicher fortschreitenden

Verdichtung der über dem Teich und dem Gebäude lagernden Atmosphäre. Das Ergebnis sei in dem stillen, aber schreckensvollen Einfluß unverkennbar, den diese Umgebung schon seit Jahrhunderten auf das Schicksal seiner Familie gehabt und die das aus ihm gemacht habe, was ich nun vor mir sähe. — Solche Ansichten lassen sich nicht erläutern, und ich will auch nicht versuchen, es zu tun.

Die Bücher, welche nicht den kleinsten Teil des geistigen Lebens des Kranken gebildet hatten, stimmten, wie man sich denken kann, mit seinem Hang zum Phantastischen vollkommen überein. Wir grübelten zusammen über Werke wie: ›Ververt und Chartreuse‹ von Gresset, ›Belphegor‹ von Macchiavelli, ›Himmel und Hölle‹ von Swedenborg, — über ›Die unterirdische Reise des Nikolas Klimm‹ von Holberg, die ›Chiromantie‹ von Robert Flud, von Jean d'Indaginé und von De la Chambre; über Ludwig Tiecks ›Reise ins Blaue‹, über ›Die Stadt der Sonne‹ des Campanella. Ein Lieblingsbuch meines Freundes war eine kleine Oktav-Ausgabe über das ›Directorium Inquisitorium‹ des Dominikaners Eymeric de Gironne; und über manche Stellen im Pomponius' Mela, die sich auf die alten afrikanischen Feld- und Waldgeister beziehen, konnte sich Usher in stundenlange Träumereien verlieren. Das höchste Entzücken jedoch gewährte ihm das Durchblättern eines äußerst seltenen, merkwürdigen Buches in gotischem Quartformat — es war das Handbuch einer vergessenen Kirche, die ›Vigiliae Mortuorum secundum Chorum Ecclesiae Maguntinae‹.

Ich dachte viel über das seltsame Ritual dieses Werkes und seinen vermutlichen Einfluß auf den Melancholiker nach, als dieser mir plötzlich eines Abends die Mitteilung machte, daß Lady Magdalena verschieden sei. Er teilte mir mit, daß er beschlossen habe, ihren Körper vierzehn Tage lang, bis zu ihrer endgültigen Bestattung, in einem der zahlreichen Gewölbe, die sich zwischen den Grundmauern des Schlosses befanden, aufzubewahren. Der Grund, den er für dieses sonderbare Vorgehen angab, war so eigentümlicher Art, daß ich mich nicht berechtigt fühlte, ihm davon abzuraten. Er war, wie er mir sagte, in Anbetracht des ungewöhnlichen Charakters der Krankheit seiner Schwester sowie gewisser zudringlicher Fragen der Ärzte zu diesem Entschluß gekommen, den der Umstand, daß die Familiengruft sehr entfernt und schutzlos läge, nur befestigt habe. Ich muß gestehen, daß die Erinnerung an das wenig vertrauenerweckende Aussehen des Arztes, dem ich am Tag meiner Ankunft auf der Treppe begegnet war, jeden Einwand, der mir vielleicht gekommen wäre, noch besonders zurückwies. Überdies handelte es sich ja auch nur um eine harmlose und keineswegs unnatürliche Vorsichtsmaßregel.

Auf Ushers Bitte war ich ihm bei der vorläufigen Bestattung behilflich. Nachdem wir den Körper in den Sarg gelegt hatten, brachten wir ihn allein an seine Ruhestätte. Das Gewölbe, in dem wir ihn niedersetzten, war eng, feucht und so lange nicht geöffnet worden, daß unsere Fackeln in der dicken Atmosphäre fast verloschen und uns nur geringe Möglichkeiten boten, eine weitere Untersuchung vorzunehmen. Dieses Gewölbe lag in ziemlicher Tiefe unmittelbar unter dem Teil des Gebäudes, der auch mein Schlafzimmer enthielt. Augenscheinlich hatte es in den lange vergangenen Zeiten der Feudalherrschaft zu den schlimmsten Zwecken als Burgverlies und in späteren Tagen wahrscheinlich als Bewahrungsort für Pulver und andere feuergefährliche Stoffe gedient, denn ein Teil des Fußbodens und das ganze Innere eines langen Ganges, der in dies Verlies führte, war sorgfältig mit Kupferplatten belegt. Die Tür bestand aus massivem Eisen und war ebenfalls mit Kupfer bekleidet. Als wir sie öffneten, verursachte ihr schweres Gewicht ein ganz ungewöhnlich lautes, schrilles Gekreisch in den Angeln.

Nachdem wir unsere traurige Bürde an diesem Ort des Grauens auf ein Gestell niedergesetzt hatten, schoben wir den noch nicht zugeschraubten Deckel des Sarges zur Seite und betrachteten das Angesicht der Toten. Was mir zuerst auffiel, war eine überraschende Ähnlichkeit zwischen den beiden Geschwistern. Usher, der meine Gedanken zu erraten schien, murmelte einige Worte, aus denen ich entnahm, daß er und die Verstorbene Zwillinge gewesen seien und daß von jeher eine beinahe rätselhafte Sympathie zwischen ihnen bestanden habe. Doch ruhten unsere Blicke nicht lange auf den Zügen der Toten, denn ihr merkwürdiger Anblick erfüllte uns mit einer sonderbaren, unbekannten Scheu. Die Krankheit, welche die Lady in der Blüte der Jugend aufs Totenbett gebracht hatte, hatte, wie alle Krankheiten von ausgesprochen kataleptischer Natur, gleichsam zum Hohn auf Brust und Antlitz eine zarte Röte zurückgelassen; und um den Mund der Verschiedenen spielte jenes tückisch zögernde Lächeln, welches den Tod doppelt schauerlich macht. Wir schoben den Deckel des Sarges wieder zurecht, schlossen die eiserne Tür und kehrten auf beschwerlichem Wege in die kaum weniger düsteren Gemächer der oberen Stockwerke zurück.

Und jetzt, nachdem einige Tage bitteren Schmerzes vorübergegangen waren, trat in den äußeren Anzeichen der geistigen Störung meines Freundes eine bemerkenswerte Veränderung ein. Seine gewohnten Beschäftigungen vernachlässigte er oder gab sie ganz auf. Mit hastigen, ungleichen und ziellosen Schritten durchirrte er die lange Reihe der Gemächer. Die Blässe seines Antlitzes war noch geisterhafter geworden – das frühere Leuchten seiner Augen erloschen. Die Heiserkeit, die vorher seine Stimme oft verschleierte, war verschwunden, doch wurden seine Worte jetzt stets von jenem Beben getragen, das nur der höchste Schrecken verursachen kann. Es gab Zeiten, in denen ich annahm, sein erregter Geist ringe nach Mut, irgendein quälendes Geheimnis auszusprechen – dann wieder schob ich alles auf die Launen des beginnenden Wahnsinns. Stundenlang sah ich ihn oft mit dem Ausdruck tiefster Aufmerksamkeit ins Leere starren, als lausche er auf irgendeinen eingebildeten Ton. Es war kein Wunder, daß ein solcher Zustand mich erschreckte, ja ansteckte. Schon fühlte ich, wie seine phantastischen und doch ergreifenden Wahngebilde sich langsam und sicher auch den Weg zu meinem Hirn bahnten.

In der Nacht des siebenten oder achten Tages nach der Beisetzung der Lady Magdalena in dem Burgverlies mußte ich die schreckliche Gewalt, die diese Hirngespinste bereits über mich gewonnen hatten, sehr grauenvoll erfahren. Stunde auf Stunde verrann, kein Schlaf wollte sich meinem Lager nahen. Ich bot alle nur möglichen Vernunftgründe auf, um meine immer heftiger werdende nervöse Aufregung zu bemeistern. Ich wollte mich zu dem Glauben zwingen, daß vieles, wenn nicht alles von dem, was ich empfand, nur dem verwirrenden Eindruck, der düsteren Ausstattung des Gemaches zuzuschreiben sei – den dunklen, schadhaften Wandbekleidungen, die der Lufthauch eines aufziehenden Sturmes zuckend hin und her bewegte, oder dem unheimlichen Rascheln der gelockerten Verzierungen an der Bettstatt. Doch waren alle meine Bemühungen vergeblich. Ein Zittern durchrann meinen Körper, und wie ein Alp lastete quälend wildes Entsetzen auf meiner Brust. Mit einem gewaltsamen Ruck und einem tiefen Atemzug schüttelte ich endlich die Beklemmung von mir ab und setzte mich aufrecht in die Kissen. Meine Blicke starrten unbeweglich in die schwarze Finsternis des Zimmers, während ich, ohne zu wissen weshalb, angestrengt auf gewisse leise, unbestimmte Töne lauschte, die, wenn der Sturm einen Augenblick schwieg, – ich weiß nicht recht, woher – an mein Ohr schlugen. Dann, plötzlich, von dem unerklärlichen Entsetzen überwältigt, warf ich mich hastig in meine Kleider. Ich fühlte, daß ich in *dieser* Nacht keinen Schlaf mehr finden sollte, und versuchte durch rasches Auf- und Abgehen im Gemach der jämmerlichen Verfassung, in die ich geraten war, wieder zu entgehen.

Kaum war ich ein paarmal auf- und niedergeschritten, als ich leichte Tritte auf der anstoßenden Treppe vernahm und sogleich Ushers Schritt erkannte. Im nächsten Augenblick pochte er auch schon leise an meine Tür und trat mit einer Lampe ein. Sein Gesicht war wie gewöhnlich von leichenhafter Blässe – doch leuchteten seine Augen wie in irrsinniger Heiterkeit, eine mühsam gebändigte hysterische Erregung schien sein ganzes Wesen zu durchzukken. Ich schauderte bei seinem Anblick, und doch war alles andere eher zu ertragen als die Einsamkeit, so daß ich selbst *seine* Gegenwart als eine Erleichterung empfand.

»Und du hast es nicht gesehen?« fragte er plötzlich, nachdem er einige Minuten lang schweigend umhergestiert hatte. – »Du hast es also nicht gesehen? Aber warte nur! Du wirst es bald sehen!« Dann eilte er, indem er die Lampe vorsichtig mit der Hand schützte, ans Fenster, riß beide Flügel auf und gewährte dem Sturm freien Einlaß.

Die wütende Gewalt des Orkans riß uns fast vom Boden empor. Es war eine wüste, furchtbar schöne, grausige Nacht. Dicht bei dem Haus schien ein Wirbelwind aufgefahren zu sein, denn in der Richtung des Luftstroms trat fast jeden Augenblick ein heftiger Umschwung ein. Die schweren Wolken hingen so tief herab, daß sie auf die Türme des Hauses zu drücken schienen, und wir sahen, von seltsamer Furcht erfüllt, wie sie gleich beseelten Wesen von allen Seiten gegeneinander stürmten, ohne sich in der Ferne zu verlieren. Wir sahen dies alles, obwohl kein Schimmer vom Mond oder von den Sternen, kein aufzuckender Blitzstrahl das Schlachtgetümmel erhellte. Denn die untere Fläche der ungeheuren Massen wogenden Dunstes und alle Dinge auf der Erde in unserer Umgebung glühten in dem unnatürlichen Glanz, den ihnen eine mattleuchtende, doch deutlich sichtbare gasartige Ausstrahlung verlieh, die wogend wie ein Leichentuch um das ganze Haus zusammenschlug.

»Du darfst – du sollst dies nicht sehen!« sagte ich schaudernd zu Usher und führte ihn mit sanfter Gewalt vom Fenster weg zu einem Sessel. »Diese Erscheinungen, die dich in Aufregung versetzen, sind weiter nichts als ganz bekannte elektrische Prozesse, vielleicht auch verdanken sie ihr spukhaftes Dasein nur den giftigen Ausdünstungen des Teiches. Wir wollen das Fenster schließen – die Luft ist schneidend und könnte dir in deinem Zustand gefährlich werden. Da liegt ja eins deiner Lieblingsbücher! Ich will dir vorlesen, und so wollen wir diese schreckliche Nacht zusammen verbringen.«

Der altertümliche Band, den ich eben ergriffen hatte, war ›Mad Trist‹ von Sir Launcelot Canning, doch hatte ich ihn mehr in trübem Scherz als im Ernst Ushers Lieblingsbuch genannt, da seine wunderliche, phantasielose Weitschweifigkeit dem kühnen Geist meines Freundes wenig Interessantes bieten konnte. Aber es war das einzige Buch, das ich zur Hand hatte, und ich nährte die schwache Hoffnung, daß die Erregung meines Freundes in der Überfülle von Torheiten, die es enthielt, Erleichterung finden werde. Die Geschichte der Geisteskranken ist ja voll von solchen oder ähnlichen Anomalien. Nach der leidenschaftlich gespannten Aufmerksamkeit zu urteilen, mit der er meinen Worten lauschte oder zu lauschen schien, hätte ich mir zu dem Erfolg Glück wünschen dürfen.

Ich war bis zu jener wohlbekannten Stelle gekommen, wo Ethelred, der Held des Trist, nach seinen vergeblichen Versuchen, sich in Güte Einlaß in die Behausung des Eremiten zu verschaffen, mit Gewalt die Tür erbricht. Die Worte an dieser Stelle lauteten etwa folgendermaßen:

»Und Ethelred, der von Natur ein tapferes Herz besaß und sich nach dem Genuß des kräftigen Weines doppelt stark fühlte, wollte mit dem boshaften Eremiten nun nicht länger zwecklos Zwiesprache führen, sondern erhob, da er den Regen schon auf seinen Schultern fühlte und das Unwetter immer näher heranziehen sah, seine Keule und schaffte sich durch kräftige Stöße gegen die starken Bretter der Tür bald soviel Raum, wie nötig war, um seine gepanzerte Hand hindurchstecken zu können. Dann gebrauchte er sie kräftig, zerbrach, zerstieß und riß alles auseinander, so daß der Lärm von dem trockenen, krachenden Holz im ganzen Walde widerhallte.«

Am Schluß dieses Satzes fuhr ich erschreckt empor und hielt einige Augenblicke lang mit dem Lesen inne. Obschon ich eine Sekunde später alles nur für eine Vorspiegelung meiner Phantasie hielt, glaubte ich doch ganz deutlich gehört zu haben, wie von einem sehr entlegenen Teil des Hauses her ein Ton an mein Ohr drang, der ein genaues, wenn auch dumpfes und unterdrücktes Echo von jenem ächzenden, krachenden Geräusch zu sein schien, das Sir Launcelot eben beschrieben hatte. Doch war es sicherlich nur dies Zusammentreffen des Geräusches mit meinen Worten, was meine Aufmerksamkeit erregte, denn mitten in dem Rasseln der Fensterläden und dem Toben, das der stetig wachsende Sturm vollführte, wären diese Töne an sich wohl unbemerkt vorübergegangen, ohne mir aufzufallen oder mich zu beunruhigen. Ich las also weiter:

»Aber als der wackere Kämpe Ethelred jetzt eintrat, erstaunte er und geriet in Zorn, als er von dem boshaften Eremiten keine Spur entdeckte, sondern an seiner Stelle einen schuppigen Drachen von fürchterlichem Aussehen erblickte, der feuersprühend vor einem goldenen Palast mit silbernem Fußboden auf der Lauer lag. An der Wand hing ein Schild von schimmerndem Erz, in das folgende Inschrift eingegraben war:

Wer hier eindringt, ein Sieger ist!
Wer den Drachen bezwingt,
Auch den Schild sich erringt.

Und Ethelred schwang seine Keule und schlug sie dem Drachen auf das Haupt, daß er vor ihm zu Boden stürzte und seinen giftigen Atem mit so mißtönendem, scheußlichem Geheul von sich gab, daß Ethelred sich gern seine Ohren gegen dies gräßliche Getöse, wie es ähnlich nie zuvor vernommen wurde, verstopft hätte.«

Wieder hörte ich plötzlich auf zu lesen, und zwar diesmal mit einem Gefühl starrer Bestürzung — denn es unterlag keinem Zweifel mehr, daß ich in diesem Augenblick tatsächlich einen leisen und anscheinend fernen, langgezogenen, seltsam kreischenden Laut gehört hatte: die genaue Wiederholung des unnatürlichen Drachengeheuls, das ich eine Sekunde vorher, von des Dichters Beschreibung heraufbeschworen, schon in meiner Phantasie vernommen hatte.

Von tausend widerstreitenden Gefühlen, von Staunen und höchstem Schreck erfaßt, hatte ich doch die Geistesgegenwart, durch keine Bemerkung über meine Beobachtungen die Nervosität meines Gefährten zu steigern. Ich war nicht sicher, ob er die fraglichen Töne auch gehört hatte, wiewohl während der letzten paar Minuten eine sonderbare Veränderung in seinem Wesen vor sich gegangen war. Anfangs saß er mir gerade gegenüber, nun hatte er seinen Stuhl so herumgedreht, daß er mit dem Gesicht gerade der Zimmertür zugewandt war. Seine Züge konnte ich nur teilweise erblikken, doch bemerkte ich, daß sich seine Lippen zitternd bewegten, als murmelte er leise vor sich hin. Sein Kopf war auf die Brust gesunken, aber ich erkannte aus einem flüchtigen Blick auf sein Profil, an seinen starr aufgerissenen Augen, daß er keineswegs schlief. Außerdem war sein Körper in beständiger Bewegung, er wiegte sich unablässig sanft und gleichmäßig von einer Seite auf die andere. Mit einem raschen Blick hatte ich dies alles bemerkt und fuhr in der Erzählung fort:

»Und jetzt, da der Kämpe der furchtbaren Wut des Drachen entronnen war, erinnerte er sich an den metallenen Schild und seine mächtige Zauberkraft. Er schaffte den Kadaver des Drachen aus dem Wege und schritt auf dem silbernen Boden des Palastes mutig auf die Stelle zu, wo der Schild hing. Dieser aber wartete nicht, bis der Held ganz herangekommen war, sondern stürzte mit gewaltigem Schmettern auf den silbernen Fußboden hinab.«

Kaum waren meinen Lippen die letzten Worte entflohen, da drang — als sei wirklich eben ein eherner Schild auf einen silbernen Fußboden gefallen — ganz deutlich ein hohler, metallisch dröhnender, aber offenbar gedämpfter Widerhall an mein Ohr. Außer mir vor Entsetzen sprang ich auf; doch Usher verharrte ungestört bei seinem wiegenden Schaukeln. Ich stürzte auf ihn zu. Seine Augen waren starr auf einen Punkt gerichtet, und auf seinen Zügen lag eine steinerne Ruhe. Doch als ich meine Hand auf seine Schulter legte, durchzuckte ein heftiger Schauder seinen ganzen Körper, ein wahnsinniges Lächeln irrte um seine Lippen, und ich bemerkte, daß er, als sei er sich meiner Gegenwart nicht bewußt, hastig unverständliche Worte vor sich hinmurmelte. Ich beugte mich dicht über ihn, und es gelang mir endlich, den grausigen Inhalt seiner Rede zu verstehen.

»Es nicht hören? – O ja! Ich höre es wohl und *habe* es gehört! Lange – lange – lange – viele Minuten – viele Stunden – viele Tage lang schon habe ich es gehört! Und ich wagte nicht – o beklage mich jammervoll Elenden! – ich wagte nicht – ich wagte nicht, zu reden! *Wir haben sie lebendig ins Grab gelegt!* Sagte ich nicht, daß meine Sinne scharf sind? Jetzt sage ich dir, daß ich in der tiefen Gruft ihre ersten schwachen Regungen hörte. Ich hörte sie – es ist schon manchen, manchen Tag her – aber ich wagte nicht – ich wagte nicht zu reden! Und jetzt – in dieser Nacht – Ethelred – ha! –ha! – das Einreißen von des Eremiten Tür, und das Sterbegeheul des Drachen, und der dröhnende Klang des Schildes! –ha! ha! – sage besser: sie sprengte ihren Sarg, die eisernen Angeln der Grabtür kreischten – qualvoll tastete sie sich durch die kupfernen Bogengänge des Gewölbes! Oh, wohin soll ich fliehen! Wird sie nicht gleich bei uns erscheinen? Eilt sie nicht schon herbei, um mir meine Hast vorzuwerfen? Höre ich nicht schon ihre Tritte auf der Treppe? Vernehme ich nicht schon das schwere, fürchterliche Pochen ihres Herzens? *Wahnsinniger!«* – Hier sprang er wie wütend von seinem Stuhl auf und schrie, als wolle er sich mit den Worten seine Seele ausschreien: *»Wahnsinniger! Ich sage dir, daß sie in diesem Augenblick draußen vor der Tür steht!«*

Zu gleicher Zeit schob sich – als läge in der übermenschlichen Kraft seiner Worte eine Zaubergewalt – die schwere, altertümlich getäfelte Ebenholztür, auf die er mit der Hand wies, wie ein dunkler Rachen auf. Es war nur eine Wirkung der Zugluft gewesen, doch hinter diesen Türflügeln erschien die hohe, in ihre Leichentücher gehüllte Gestalt der Lady Magdalena Usher. Ihre weißen Gewänder waren mit Blut befleckt, und an ihrem abgezehrten Körper waren überall die Spuren eines zähen Kampfes zu erkennen. Einen Augenblick blieb sie wankend auf der Schwelle stehen, dann taumelte sie, tief aufstöhnend, auf die Gestalt ihres Bruders zu und zog ihn in ihrem Todeskampf, als Opfer der Schrecken, die er vorher empfunden hatte, entseelt mit sich zu Boden.

Entsetzt, angstgehetzt, floh ich aus jenem Zimmer, aus jenem Hause. Der Sturm toste noch mit voller Wut, als ich auf der Landstraße war und wieder zu mir selbst kam. Plötzlich schoß ein greller Schein über meinen Weg. Ich wandte mich zurück, um zu sehen, woher dies sonderbare Aufglühen kommen könne, denn das Schloß lag tief im Schatten hinter mir. Der Glanz strahlte von dem blutrot untergehenden Vollmond her, der in diesem Augenblick mit wildem Leuchten den sonst kaum merklichen Riß beschien, der, wie ich bereits früher erzählte, im Zickzack das ganze Gebäude vom Dach bis zum Fundament hinunterlief. Während ich noch staunend hinblickte, erweiterte sich der Spalt mit jäher Schnelligkeit – ein heftiger Wirbelwind sprang plötzlich hoch, die volle Scheibe des Mondes überflutete auf einmal die ganze Landschaft mit blutiger Helle, mir schwindelte, als ich die mächtigen Mauern wanken und auseinanderbersten sah. Ein langes, verworrenes Getöse, wie von tausend Wasserstürzen, und der tiefe, dunkle Teich zu meinen Füßen schloß sich finster und schweigend über den Trümmern des Hauses Usher.

METZENGERSTEIN

Pestis eram vivus – moriens tua mors ero.
Martin Luther

Entsetzen und Unglück rasen in ungezügeltem Lauf durch alle Jahrhunderte. Wozu also ist es nötig, die Zeit, in der sich meine Geschichte ereignete, näher anzugeben? Es genügt mir, zu erwähnen, daß es jene Epoche war, in der die Lehre von der Seelenwanderung viele geheime Anhänger hatte.

Die Familien Berlifitzing und Metzengerstein lagen seit Jahrhunderten in Zwietracht miteinander. Niemals sah man zwei so erlauchte Häuser in tödlicherer Feindschaft; und zwar war dieser gegenseitige Haß der alten Prophezeiung entsprungen: ›Ein großer Name wird auf das schrecklichste untergehen, wenn die Sterblichkeit von Metzengerstein, wie der Reiter auf seinem Roß, über die Unsterblichkeit von Berlifitzing triumphiert.‹

Dieser Ausspruch hatte gewiß wenig oder gar keinen Sinn; doch haben schon oft unbedeutendere Ursachen große Wirkungen hervorgerufen. Im übrigen hatten die beiden benachbarten Häuser lange Zeit um den größeren Einfluß auf die schwachen Herrscher des Landes gekämpft, und dann – Nachbarn, die so nah beieinander wohnen, sind ja nur sehr selten Freunde. Von der Höhe ihres festgegründeten Söllers aus konnten die Bewohner des Schlosses Berlifitzing in die Fenster des Palastes Metzengerstein sehen. Auch war die Entfaltung einer mehr als lehnsherrlichen Pracht von seiten der Metzengerstein wenig dazu angetan, die leicht erregten Gefühle der Berlifitzing, die weniger Ahnen und weniger Reichtum aufweisen konnten, zu beruhigen. Ist es also verwunderlich, daß diese an sich widersinnige Weissagung die Feindschaft zwischen den beiden Häusern, die immer wieder durch alle Stachel ererbter Eifersucht angetrieben wurde, stets wach erhielt? Die Prophezeiung schien anzudeuten – wenn sie überhaupt irgendeinen Sinn hatte –, daß das jetzt schon mächtigere Haus einen endgültigen Triumph davontragen werde, und lebte deshalb in der Erinnerung der schwächeren Familie fort und reizte sie stets zu neuen Feindseligkeiten.

Wilhelm, Graf von Berlifitzing, der einstmals so Tapfere, war zur Zeit dieser Erzählung nur noch ein alter, unfähiger Wortfechter. Nichts Bemerkenswertes hatte er an sich als eben jene eingewurzelte, schon an Albernheit grenzende Abneigung gegen die Familie seines Nebenbuhlers, und dann allerdings eine noch so lebhafte Leidenschaft für Jagd und Pferde, daß nichts — weder sein hohes Alter noch seine körperliche Schwäche, noch das Schwinden seiner Geisteskräfte — ihn hindern konnte, täglich dies Vergnügen und seine Gefahren aufzusuchen. — Friedrich, Baron von Metzengerstein, war noch nicht mündig. Sein Vater war jung gestorben und dessen Frau, Maria, war ihm bald gefolgt. Friedrich stand damals in seinem achtzehnten Lebensjahr. In der Stadt bedeuten achtzehn Jahre keine lange Zeit, aber in der Einsamkeit, und noch dazu in einer so wundervollen Einsamkeit wie der des alten Herrensitzes, wandern die Stunden mit tiefer, bedeutsamer Feierlichkeit. Infolge gewisser Umstände und persönlicher Bestimmungen des Vaters war der junge Baron sofort nach dessen Tod in den Besitz der ausgedehnten Güter gelangt. Selten trat ein Edelmann eine ähnliche Erbschaft an! Seine Schlösser waren unzählig, das prächtigste und größte war der Palast Metzengerstein. Die Grenzlinie seiner Besitzungen ist niemals klar bestimmt worden; sein größter Park hatte allein einen Umkreis von fünfzig Meilen.

Man kannte den Charakter des neuen, jungen Besitzers dieser unvergleichlichen Güter ziemlich genau, so daß es nicht allzuschwer war, Schlüsse auf sein künftiges Betragen zu ziehen. Und richtig, schon nach drei Tagen stellten die Taten des Erben selbst die eines Herodes in den Schatten und übertrafen die kühnsten Hoffnungen seiner Bewunderer. Schmachvolle Ausschweifungen, offenbare Niederträchtigkeiten, unerhörte Grausamkeiten machten seinen angsterfüllten Untergebenen klar, daß nichts — weder demütige Unterwerfung ihrerseits noch Gewissensbedenken seinerseits — ihnen in Zukunft Sicherheit vor den ruchlosen Händen dieses zweiten Caligula verleihen konnte. In der Nacht des vierten Tages schon ergriff eine wütende Feuersbrunst die Stallungen des Schlosses Berlifitzing; und einstimmig schrieb die zitternde Nachbarschaft das Verbrechen der Brandstiftung auf die schreckensvolle Liste der Untaten und Grausamkeiten des Barons.

Der junge Edelmann befand sich während des Tumultes, den das Feuer hervorrief, in einem großen, einsamen Zimmer hoch oben im Palast und war anscheinend in tiefe Betrachtung versunken. Auf der reichen, obwohl ein wenig verblaßten Wandbekleidung, die melancholisch die Mauern bedeckte, befanden sich Abbildungen der majestätischen Gestalten vieler seiner erlauchten Ahnen. Hier Priester, reich in Hermelin gekleidet, hohe geistliche Würdenträger, die durch ihr ›Veto‹ den Launen manches weltlichen Königs ein Ziel gesetzt und durch das ›Fiat‹ der päpstlichen Allmacht den aufrührerischen Geist des Erzfeindes im Zaume gehalten hatten; da die hohen, düsteren Gestalten der Ritter von Metzengerstein auf ihren muskelstarken Kriegsrossen, die die Leichname gefallener Feinde zu Boden stampfen und durch ihren wilden Ausdruck den Stärksten erschrecken konnten; dort üppige, schwanenweiße Damen aus längst vergangenen Tagen, Frauen, die sich, wie zu den Klängen einer Melodie, in den seltsamen Windungen eines phantastischen Tanzes drehten.

Während der Baron auf den immer lauter werdenden Tumult, der aus den Stallungen von Berlifitzing herüberscholl, lauschte oder zu lauschen schien und vielleicht auf irgendeine neue, kühne

Untat sann, richteten sich seine Blicke unwillkürlich auf das Bild eines riesigen Pferdes von ganz unnatürlicher Farbe, das auf einem Wandteppich als Streitroß eines Ritters aus der Familie seines Rivalen abgebildet war. Das Tier stand im Vordergrund des Bildes, unbeweglich und steinern, während ein wenig hinter ihm sein besiegter Reiter durch den Dolch eines Metzengerstein getötet wurde.

Um Friedrichs Lippen zog sich ein teuflischer Ausdruck, als er bemerkte, welche Richtung sein Blick unfreiwilligerweise genommen hatte. Er wandte die Augen nicht ab, obwohl ganz plötzlich eine unerklärliche, würgende Angst wie ein kaltes Leichentuch um ihn zusammenschlug. Er fühlte sich vollständig wach, versuchte aber, diese unerklärlichen Gefühle als Traumempfindungen hinzustellen. Doch je länger er das Bild betrachtete, desto mehr geriet er in seinen Bann, desto unmöglicher wurde es ihm, seine Blicke von den Gestalten loszureißen, deren Anblick ihn zu lähmen schien. Aber als das Getöse draußen plötzlich ganz besonders heftig wurde, machte er, fast mit Bedauern, eine gewaltsame Anstrengung und wandte seine Aufmerksamkeit einer roten Lichtgarbe zu, die aus den brennenden Stallungen in sein Fenster fiel.

Doch nur für einen Augenblick; dann richteten sich seine Augen fast unwillkürlich wieder auf das Wandbild. Mit Entsetzen bemerkte er, daß der Kopf des Schlachtrosses seine Lage verändert hatte. Der Hals des Tieres, der vorher wie voll Mitleid starr nach seinem am Boden liegenden Herrn gewandt war, hatte sich jetzt in seiner ganzen Länge auf den Baron zu ausgestreckt. Die Augen, die eben noch unsichtbar gewesen waren, blickten nun mit einem wilden, fast menschlichen Ausdruck vor sich hin und leuchteten in seltsamem, glühendem Rot, während die auseinandergezerrten Lippen des offenbar wütenden Tieres widerwärtige Totenzähne sehen ließen.

Gefaßt von jähem Schreck wankte der junge Fürst der Tür zu. Als er sie öffnen wollte, sprühte ein Strahl roten Lichtes in den Saal und zeichnete seinen grellen Widerschein auf die schwankende Wandbekleidung. Der Baron zögerte einen Augenblick auf der Schwelle und sah mit Schaudern, daß der Strahl gerade auf das Bild des triumphierenden Mörders des Ritters von Berlifitzing fiel und sich ganz genau mit den Umrissen der Gestalt des Siegers deckte.

Um seines Schreckens Herr zu werden, eilte der Baron ins Freie. Am Haupteingang des Palastes traf er drei seiner Stallknechte, die mit großer Mühe und Lebensgefahr versuchten, die wilden Sprünge eines riesigen feuerroten Rosses zu bändigen.

»Wem gehört das Pferd? Wo habt ihr es her?« keuchte der junge Metzengerstein mit entsetzter, heiserer Stimme, denn er hatte das

wütende Tier sofort als das vollkommene Gegenstück zu dem geheimnisvollen Streitroß auf dem Wandteppich erkannt. »Es gehört Ihnen, Herr Baron«, antwortete einer der Knechte, »wenigstens macht kein anderer Anspruch auf das Tier. Wir haben es eingefangen, als es, vor Wut schnaubend und feuersprühend, aus den brennenden Stallungen von Berlifitzing entfloh, und da wir annahmen, daß es zum Gestüt der ausländischen Pferde des alten Grafen gehöre, brachten wir es ihm zurück. Aber die Dienerschaft behauptete, sie hätten kein Recht auf das Tier, was um so sonderbarer ist, da es noch Spuren an sich trägt, die beweisen, daß es nur mit Mühe den Flammen entkommen ist.«

»Auf der Stirn sind ihm auch ganz deutlich die Buchstaben W. v. B. eingebrannt«, bemerkte ein anderer Knecht, »und obgleich ich sagte, daß es nur die Anfangsbuchstaben von ›Wilhelm von Berlifitzing‹ sein können, behaupteten alle auf dem Schloß, sie hätten das Pferd nie gesehen.«

»Äußerst sonderbar«, erwiderte der junge Baron in tiefem Sinnen und hörte offenbar selbst nicht, was er sagte, »es ist wirklich ein sonderbares Tier – ein wunderbares Tier, trotz seines bösartigen, unbezähmbaren Wesens! Ich will es behalten«, fügte er nach einer Pause hinzu, »vielleicht kann ein Reiter wie Friedrich von Metzengerstein selbst den Teufel aus dem Stall des Berlifitzing bändigen.«

»Sie täuschen sich, Herr Baron! Das Pferd stammt nicht aus den Ställen des Grafen. Wir kennen unsere Pflicht zu gut und hätten es in diesem Fall nicht vor eine so hohe Persönlichkeit der Familie Metzengerstein gebracht.«

»Das glaube ich allerdings auch«, bemerkte der Baron trocken.

In diesem Augenblick stürzte der Kammerdiener Friedrichs mit hochgerötetem Antlitz eilends herbei. Er flüsterte seinem Herrn ins Ohr, eben sei plötzlich in einem Zimmer, das er genau bezeichnete, ein Stück Wandbekleidung verschwunden. Er erzählte den Vorfall umständlich, aber so leise, daß keiner der neugierigen Stallknechte ein Wort erhaschen konnte. Den jungen Friedrich schien dieser Bericht in seltsamer Weise zu erregen. Doch erlangte er bald wieder vollständige Herrschaft über sich und gab mit einem Ausdruck entschlossener Bosheit kurz den Befehl, das fragliche Zimmer zu verschließen und ihm den Schlüssel zu überbringen.

»Haben Sie schon von dem schrecklichen Tod des alten Berlifitzing gehört?« fragte ihn einer seiner Vasallen, nachdem der Diener ihn verlassen hatte und das wilde Ungeheuer, das er sich eben angeeignet, in verdoppelter Wut mit wilden Sprüngen die Allee hinunterjagte, die zu seinen Stallungen führte.

»Nein«, antwortete der Baron und wandte sich brüsk zu dem Sprecher um; »tot, sagst du?«

»Ja, so ist es, Herr Baron; und ich glaube, einem Edlen Ihres Namens kann diese Nachricht nicht gar zu unangenehm sein.«

Ein rasches Lächeln schoß über das Gesicht des Barons: »Wie starb er?«

»Bei seinen unvernünftigen Bemühungen, einen Teil seiner geliebten Pferde zu retten, kam er elend in den Flammen um.«

»Wahr—haf—tig?« rief der Baron, als würde ihm langsam irgend etwas Geheimnisvolles klar.

»Wahrhaftig!« wiederholte der Vasall.

»Schrecklich!« sagte der junge Mann ruhig und ging gelassen zum Palast zurück.

Von dieser Zeit an vollzog sich in dem Benehmen des ausschweifenden Barons eine auffallende Veränderung. Er machte jede Erwartung zunichte und durchkreuzte die Pläne mancher schlauen Mutter. Seine Lebensgewohnheiten wichen noch mehr wie früher von denen der benachbarten Aristokratie ab. Man sah ihn nie außerhalb der Grenzen seines eigenen Besitztums, nie mit einem Gefährten — wenn man dem unnatürlichen, wilden, feuerfarbenen Roß, das er von jetzt ab täglich ritt, nicht ein geheimnisvolles Recht auf diesen Titel zugestehen will.

Die Nachbarschaft schickte noch lange Zeit hindurch zahlreiche Einladungen. »Wird der Baron unser Fest mit seiner Gegenwart beehren?« »Wird der Baron mit uns auf die Eberjagd gehen?« — »Metzengerstein kommt nicht!« »Metzengerstein jagt nicht!« waren seine kurzen hochmütigen Antworten.

Diese wiederholten Beleidigungen konnte sich der stolze Adel nicht gefallen lassen. Die Einladungen wurden weniger herzlich, weniger häufig — zuletzt blieben sie ganz aus. Die Witwe des unglücklichen Grafen Berlifitzing sprach sogar einmal den Wunsch aus, der Baron möge verdammt sein, zu Hause zu weilen, wenn er nicht wolle, da er die Gesellschaft von seinesgleichen verschmähe; und reiten zu müssen, wenn er keine Lust habe, da er ihnen allen ein Pferd vorzöge. Diese Verwünschung war ohne Zweifel der alberne Ausbruch einer ererbten langjährigen Abneigung und beweist nur, wie seltsam unsinnig unsere Worte werden, wenn wir sie besonders nachdrücklich wirken lassen wollen.

Die Gutmütigen schrieben diese Veränderung im Betragen des jungen Edelmannes dem nur zu natürlichen Kummer über den vorzeitigen Tod seiner Eltern zu und schienen die wüsten, ausschweifenden Tage, die diesem Verlust unmittelbar gefolgt waren, ganz zu vergessen. Andere erklärten die Veränderung jedoch aus einer übertriebenen Auffassung seiner Wichtigkeit und Würde. Wieder andere, darunter der Hausarzt, sprachen offen von morbider Melancholie und erblicher Belastung, während im Volk noch schlimmere, zweideutigere Vermutungen laut wurden. In der Tat: die krankhafte Zuneigung des Barons zu seinem neuerworbenen Reitpferd, die nach jedem Beweis von der wilden, dämonischen Gemütsart des Tieres nur zu wachsen schien, mußte bald allen vernünftigen Menschen unnatürlich und gräßlich erscheinen.

Am hellen Mittag, in toter Nachtstunde — gesund oder krank, bei ruhigem Wetter oder im Sturm — saß der junge Metzengerstein wie angewachsen im Sattel des ungeheuren Pferdes, dessen unzähmbare Wildheit so gut mit seinem eigenen Wesen übereinstimmte.

Noch manch anderer Umstand gab in Anbetracht der jüngstvergangenen Ereignisse der Manie des Reiters für sein fürchterliches Roß einen geisterhaften, unheimlichen Charakter. Man hatte den Raum, den das Tier in einem einzigen Sprung zurückgelegt hatte, nachgemessen und gefunden, daß er die tollsten Vermutungen um ein Erstaunliches übertraf. Der Baron hatte dem Tier auch keinen Namen gegeben, obgleich alle übrigen Pferde seines Stalles durch charakteristische Benennungen unterschieden waren. Sein Stall war von den übrigen getrennt, und kein Stallknecht, nur der Eigentümer selbst, wagte sich hinein. Es wurde auch bekannt, daß die drei Knechte, die das Untier nach seiner Flucht vor der Feuersbrunst mit Schlingen eingefangen hatten, nicht behaupten konnten, während dieses gefährlichen Kampfes oder nachher den Körper des Tieres mit der Hand berührt zu haben. Beweise besonderer Intelligenz bei einem edlen, heißblütigen Pferde sind nichts Seltenes und Aufregendes; doch hier ereignete sich mancherlei, das selbst die skeptischsten und phlegmatischsten Geister zum Nachdenken gebracht hätte. Man erzählte, daß manchmal ein ganz mutiger Volkshaufe schreckensvoll vor seinem bedeutsamen, wilden Stampfen zurückgewichen, daß der junge Metzengerstein einst totenblaß vor dem scharfen, forschenden Ausdruck seines ernsten, menschlichen Auges geflohen sei.

Unter der gesamten Dienerschaft des Barons befand sich nicht einer, der die ungewöhnliche Zuneigung, die der Herr seinem feurigen Pferde zuwendete, angezweifelt hätte: nicht einer — außer seinem mißgestalteten kleinen Pagen, dessen Häßlichkeit jedermann belästigte und dessen Worte so wenig beachtenswert waren wie nur möglich. Er war unverfroren genug, zu behaupten — eigentlich ist es kaum der Mühe wert, seine Worte zu wiederholen —, sein Herr stiege nie ohne einen unerklärlichen, kaum unterdrückbaren Schauder in den Sattel und komme nie von den gewohnten langen Ritten zurück, ohne daß ein Ausdruck triumphierender Bosheit jede Muskel seines Gesichts anspanne. In einer stürmischen Nacht erwachte Metzengerstein aus einem schweren Schlaf, stürzte wie ein Wahnsinniger aus seinem Zimmer, bestieg das Pferd und sprengte in wildem Lauf in den nahen Wald.

Man war an dergleichen Ereignisse gewöhnt und schenkte ihnen an sich weiter keine Aufmerksamkeit; doch erwartete die Dienerschaft den Herrn mit großer Angst zurück, als nach einigen Stunden die festgegründeten, wundervollen Gebäude des Palastes Metzengerstein unter der Glut einer dichten, bleichen, unermeßlichen Feuermasse zu krachen und zu wanken begannen.

Die Feuersbrunst hatte, als man sie bemerkte, schon so vollständig Besitz von den Gebäuden ergriffen, daß man alle Löschversuche als nutzlos aufgeben mußte. Die erschreckte Volksmenge stand müßig, ja in fast stumpfsinniges Staunen versunken, in der Runde umher, als ein neues, schreckliches Ereignis ihre Aufmerksamkeit erregte. Auf der langen Allee uralter Eichen, die vom Haupteingang des Schlosses bis an den Waldrand reichte, erschien ein Roß, das wilder als der Dämon des Sturmes selbst heranraste und einen Reiter trug, dessen Kleider in Fetzen, vom Unwetter zerrissen, herabhingen.

Er konnte offenbar das Tier in seinem Rasen nicht mehr aufhalten. Die Todesangst, die sein Gesicht verzerrte, die krampfhaften, letzten Anstrengungen seines ganzen Körpers gaben Zeugnis von einem übermenschlichen Kampf; aber außer einem einzigen Schrei kam kein Ton über seine verzerrten Lippen, die er im Übermaß des Entsetzens blutig zernagt hatte. Einen Augenblick lang klangen die Hufschläge scharf und schrill durch das Zischen der Flammen und das Heulen des Windes – dann setzte das Tier mit einem einzigen Sprung über das große Tor und den Graben, raste die wankende Treppe des Palastes empor und verschwand mit seinem Reiter in dem wüsten Wirbelsturm der Flammen.

Die Wut des Sturmes legte sich sofort, und eine tote Ruhe folgte. Eine weiße Flamme umhüllte das Schloß wie ein Leichentuch. Und weit hinten, am Horizont, schoß ein Streif übernatürlichen Lichtes jäh hinweg, während eine Rauchwolke sich über der zerstörten Stätte bildete und über den rauchenden Ruinen lag in der deutlichen Gestalt eines riesigen – Pferdes.

IN DEN BERGEN

Gegen Ende des Jahres 1827 wohnte ich in Virginia in der Nähe von Charlottesville und machte dort zufällig die Bekanntschaft eines Herrn August Bedloe. Die Persönlichkeit dieses jungen Mannes war in jeder Beziehung merkwürdig und erregte meine Neugierde und mein tiefstes Interesse. Sowohl sein körperliches wie sein geistiges Wesen waren mir ein Rätsel; auch konnte ich nicht die geringste Auskunft über seine Familie erhalten noch mit Sicherheit feststellen, woher er gekommen war. Ich nannte ihn einen jungen Mann – doch gab es ein Etwas in seiner Person, das mich auch sein Alter eigentlich nicht einmal annähernd bestimmen ließ. Allem Anschein nach war er noch jung, auch betonte er oft seine Jugend; und doch hatte er Augenblicke, in denen er mir hundert Jahre alt zu sein schien. Das Eigentümlichste an ihm war jedoch seine Erscheinung. Er war auffallend groß und hager und hielt sich sehr gebeugt, seine Gliedmaßen waren außerordentlich lang und abgemagert, die Stirn breit und niedrig, die Hautfarbe vollkommen blutlos, der Mund groß und von stets wechselndem Ausdruck. Seine Zähne standen, obgleich sie vollkommen gesund waren, so weit auseinander und waren so unregelmäßig, wie ich es bei keinem anderen Menschen mehr gesehen habe. Doch war sein Lächeln durchaus nicht unangenehm, nur blieb der Ausdruck stets unverändert derselbe. Es war das Lächeln einer tiefen Melancholie – einer stets gleichmäßigen, endlosen Traurigkeit. Seine Augen waren ungewöhnlich groß und rund wie die einer Katze; auch erweiterten und verengten sich seine Pupillen in schwächerem oder stärkerem Licht, geradeso wie es bei den Tieren aus dem Katzengeschlecht der Fall ist. Manchmal, bei besonderer Erregung, steigerte sich der Glanz dieser Augen so sehr, daß sie, wie die Sonne, leuchtende Strahlen nicht eines empfangenen, sondern eigenen Lichtes zu entsenden schienen. Im allgemeinen jedoch waren sie so trüb, blickten so unklar und glasig, daß sie einen an die Augen eines Leichnams erinnerten, der lange begraben gewesen war.

Dies sonderbare Aussehen schien Herrn Bedloe vielen Verdruß

zu bereiten, er spielte — halb, als wolle er es erklären, halb entschuldigend — wiederholt darauf an, was mich, als ich es zum erstenmal hörte, in peinliche Verlegenheit brachte. Ich gewöhnte mich jedoch daran und machte mir bald nichts mehr daraus. Offenbar wollte er durch die Anspielungen andeuten, daß er nicht immer so ausgesehen wie jetzt, daß eine lange Reihe nervöser Zufälle aus seiner früheren äußeren Schönheit das gemacht habe, als was man ihn nun sehe. Viele Jahre hatte er sich von einem Arzt namens Templeton begleiten lassen. Es war ein alter Herr von vielleicht siebzig Jahren, den er in Saratoga kennengelernt hatte und dessen Behandlung ihm dort, wie er glaubte, außerordentlich wohlgetan habe. Schließlich hatte er — seine Mittel gestatteten es ihm — mit dem Doktor ein Übereinkommen getroffen, wonach dieser gegen ein reichliches Jahresgehalt seine Zeit und ärztliche Erfahrung ausschließlich der Pflege des Kranken zu widmen hatte.

Doktor Templeton war in seinen jungen Jahren viel gereist, hatte in Paris die Lehren des Mesmerismus kennengelernt und sich lebhaft für diese interessiert. Durch magnetische Kuren war es ihm gelungen, die heftigen Schmerzen seines Patienten zu lindern, und dieser Erfolg hatte denselben erklärlicherweise mit Vertrauen zu den Ansichten erfüllt, denen man die Erkenntnis dieser Heilmittel verdankte. Der Doktor hatte sich, wie alle Enthusiasten, eifrig bemüht, aus seinem Pflegling einen vollständigen Anhänger der Lehren zu machen; und es war ihm zum Schluß denn auch gelungen, den Leidenden zu bewegen, sich zahlreichen Experimenten zu unterziehen, deren häufige Wiederholung ein Ergebnis hatten, das in letzter Zeit so häufig vorkommt, daß man ihm wenig oder gar keine Aufmerksamkeit mehr schenkt. Zu der Zeit jedoch, die hier in Frage kommt, kannte man es in Amerika kaum. Zwischen dem Doktor Templeton und Bedloe war nämlich nach und nach ein starker Rapport, eine deutlich merkbare Beziehung eingetreten. Ich kann freilich nicht mit Sicherheit behaupten, ob dieser Rapport über die einfache Fähigkeit der Einschläferung hinausging. *Diese* hatte sich jedoch nach und nach unglaublich gesteigert, obwohl dem Magnetiseur der erste Versuch, den Kranken einzuschläfern, vollständig mißlungen war. Erst beim fünften oder sechsten Male hatte er nach längerer Bemühung einigen Erfolg, beim zwölften Male jedoch gelang die Einschläferung vollkommen. Nun erlag der Wille des Patienten sehr rasch dem seines Arztes, so daß jener zur Zeit, als ich mit den beiden Herren bekannt wurde, den Patienten, selbst wenn sich dieser seiner Gegenwart nicht bewußt war, durch einen bloßen Willensakt in Schlaf versetzen konnte. Erst jetzt, da sich täglich ähnliche Wunder vor zahlreichen Augenzeugen vollziehen, wage ich es, diese scheinbare Unmöglichkeit als eine wirkliche Tatsache mitzuteilen.

Bedloe besaß ein höchst reizbares, empfindliches, begeisterungsfähiges Gemüt, eine starke schöpferische Phantasie, die jedenfalls durch den gewohnheitsmäßigen Genuß von Morphium noch gesteigert wurde. Er genoß das Gift in großen Mengen und hatte sich so sehr an seine Wirkungen gewöhnt, daß er ohne es gar nicht mehr leben zu können glaubte. Er nahm gewöhnlich jeden Morgen eine ziemlich starke Dosis — gleich nach dem ersten Frühstück, oder vielmehr gleich nachdem er eine Tasse starken Kaffee getrunken hatte, denn er aß am Vormittag nichts. Dann begab er sich, allein oder von einem Hunde begleitet, auf lange Streifzüge durch die wilden, öden Hügel, die sich von Charlottesville nach Süden und Westen hinziehen und den Namen ›Ragged Mountains‹ tragen.

An einem warmen, doch trüben und nebligen Tage gegen Ende November, in der seltsamen Übergangszeit also, die man in Amerika ›Indian summer‹ nennt, unternahm Herr Bedloe morgens wie gewöhnlich einen Spaziergang in die Berge. Der Tag verging, ohne daß er zurückgekehrt wäre.

Über sein langes Ausbleiben ernstlich beunruhigt, wollten wir uns um acht Uhr abends aufmachen, um ihn zu suchen, als er plötzlich wieder erschien. Er befand sich nicht schlechter als immer, ja seine Stimmung schien sogar eine etwas bessere als gewöhnlich zu sein. Was er uns dann von seinem Ausflug und von den Begebnissen, die ihn so lange aufgehalten hatten, erzählte, erfüllte mich mit höchstem Erstaunen:

»Wie Sie wissen«, sagte er zu mir, »verließ ich die Stadt heute morgen gegen neun Uhr. Ich schlug den nächsten Weg in die Berge ein und befand mich gegen zehn Uhr in einer Schlucht, die mir gänzlich unbekannt war. Ich folgte den Windungen des Engpasses mit vielem Interesse. Die Landschaft auf beiden Seiten war, obwohl sie kaum großartig genannt werden konnte, von einer unbeschreiblichen, trostlosen Düsterkeit, die mich geradezu entzückte; noch nie schien ein menschlicher Fuß ihre Einsamkeit gestört zu haben. Ich konnte mich des Gedankens nicht erwehren, daß noch nie jemand vor mir den grünen Rasen und die grauen Felsen betreten habe. Der Eingang zu der Schlucht ist vollständig verborgen, allerlei Zufälligkeiten versperren den Weg zu ihr so gründlich, daß es durchaus nicht ausgeschlossen ist, daß ich der erste und der einzige Wanderer bin, der je in ihre Verborgenheit eingedrungen ist.

Der im ›Indian summer‹ so häufig aufsteigende dichte Nebel oder vielmehr Dunst lastete schwer auf allen Dingen und trug offenbar nicht wenig dazu bei, den Eindruck des Unbestimmten, den sie mir machten, noch zu vertiefen.

Die Luft war von den reizvollen Schleiern so dicht durchweht, daß ich meinen Pfad nie weiter als etwa auf zwölf Ellen erkennen konnte. Er war vielfach gewunden, und da die Nebel die Sonne vollständig verbargen, wußte ich bald nicht mehr, in welcher Richtung ich vorwärtsschritt. Mittlerweile begann auch das Morphium in gewohnter Weise zu wirken – es erfüllte mich mit einem überlebhaften Interesse für alle Dinge der äußeren Welt. In dem Zittern eines Blattes, im Farbton eines Grashalmes, in dem Hauch des Windes, in dem Summen einer Biene, in dem Funkeln eines Tautropfens, in dem flüchtigen Duft, der vom Walde herüberwehte, barg sich mir eine ganze Welt von Ahnungen und Vorstellungen, eine heitere, bunte Schar abgerissener, angenehm verworrener Gedanken.

Auf diese Weise wunderbar gut unterhalten, setzte ich meine Wanderung mehrere Stunden lang fort. Der Nebel verdichtete sich allmählich so stark, daß ich mich nur noch vorwärtstasten konnte. Dabei ergriff mich eine unerklärliche Unruhe — eine Art nervöser Unentschlossenheit, ein ängstliches Zittern —, so daß ich kaum vorwärtszuschreiten wagte, aus Furcht, in irgendeinen Abgrund zu stürzen. Ich erinnerte mich plötzlich an allerlei seltsame Geschichten, die man sich von den Ragged Mountains und einem rohen, wilden Menschenschlag erzählte, der in ihren Höhlen und Schluchten hausen sollte. Tausend unbestimmte Vorstellungen schwirrten mir durch den Sinn und bedrückten mich, und gerade ihre Unbestimmtheit machte sie nur noch beängstigender.

Da vernahm ich plötzlich einen lauten Trommelwirbel.

Es wäre vergebliche Mühe, wollte ich Ihnen mein Erstaunen beschreiben. In der Einsamkeit dieser Berge war eine Trommel gewiß ein unerwartetes Ding. Der Posaunenstoß des Erzengels hätte mich nicht mehr überraschen können. Doch gleich darauf geschah etwas, das meine Überraschung und Verwirrung noch steigerte. Ich vernahm ein rasselndes, klirrendes Geräusch wie von einem Bund größerer Schlüssel, und im selben Augenblick stürzte ein dunkelfarbiger, halb nackter Mann mit einem gellenden Schrei an mir vorüber und streifte mich so dicht, daß ich seinen heißen Atem auf meiner Wange fühlte. In der einen Hand trug er ein Werkzeug, das aus einer Menge stählerner Ringe zusammengesetzt war, die er während seines Laufens heftig schüttelte. Kaum war er im Nebel verschwunden, so stürzte keuchend, mit offenem Rachen und glühenden Augen, ein großes Tier hinter ihm her. Ich konnte mich unmöglich täuschen: es war eine Hyäne!

Sonderbarerweise befreite mich der Anblick dieses Ungeheuers eher von meiner Angst, als daß er sie verstärkte: denn es wurde mir klar, daß ich träumte. Ich bemühte mich nun, mich zu einem klaren Bewußtsein meines Zustandes aufzuraffen. Ich schritt kühn und lebhaft vorwärts. Ich rieb meine Augen, rief Worte laut vor mich hin und zwickte mich in die Glieder. Als ich bald darauf an eine Quelle kam, beugte ich mich hinab und wusch mir Hände, Haupt und Hals. Das kalte Wasser schien die unbestimmten Erregungen, die mich bis jetzt gequält hatten, zu verscheuchen. Ich fühlte mich plötzlich wie neugeboren und schritt auf dem unbekannten Wege nun sicher und wohlgemut weiter.

Von der langen Wanderung und der drückenden Schwüle der Luft ermüdet, ließ ich mich schließlich unter einem Baum nieder. Ein schwacher Sonnenstrahl drang durch das Gewölk und zeichnete vor mir auf den Rasen in zarten, aber bestimmten Umrissen die Schatten der Blätter. Staunend starrte ich diese Zeichnungen an und blickte darauf zu dem Baum empor: es war eine Palme.

Ich erhob mich hastig und in grenzenloser Aufregung, denn die Annahme, daß ich träume, hielt nicht länger stand. Ich sah – ich fühlte, daß ich meiner Sinne vollkommen mächtig war; und diese Sinne überfluteten nun meine Seele mit einer ganzen Welt neuer und seltsamer Eindrücke. Die Hitze wurde plötzlich unerträglich, die Luft war mit unbekannten Wohlgerüchen beladen. Ein leises, anhaltendes Murmeln wie von einem tiefen, sanft dahingleitenden Strom drang mit einem Gesumm gleichsam wie von vielen tausend Menschenstimmen an mein Ohr.

Während ich mit unsäglichem Erstaunen hinhorchte, trug ein kurzer, starker Windstoß wie mit Zauberkraft die dichte Nebelhülle hinweg. Ich befand mich am Fuß eines hohen Berges und blickte in ein ausgedehntes Tal hinab, durch welches sich ein mächtiger Strom hinwälzte. Am Ufer dieses Flusses erhob sich eine Stadt von morgenländischem Aussehen, wie man sie in arabischen Erzählungen oft geschildert findet. Ich stand ziemlich hoch, so daß ich sie mit all ihren Winkeln und Ecken überschauen konnte, als läge sie auf einer Karte gezeichnet vor mir. Zahllose Straßen kreuzten sich unregelmäßig nach allen Richtungen — man hätte sie eigentlich eher verschlungene Alleen als Straßen nennen können — und waren von Menschen überflutet. Die Häuser zeigten eine phantastisch malerische Bauart, und das Auge verlor sich in einer Wildnis von Balkonen, Veranden, Minaretts, Tempelchen und reich verzierten Erkern. In zahllosen Bazars wurden kostbare Waren in verschwenderischer Auswahl zur Schau gestellt — Seidenzeug, Musseline, blitzende Stahlwaren, schimmernde Juwelen und Edelsteine. Fahnen flatterten, Sänften mit prächtig gekleideten verschleierten Damen wurden vorübergetragen, seltsame Götterbilder, Banner, metallene Gongs, Speere, silberne und goldene Keulen blitzten in der Sonne auf. Und mitten in dem Gewühl, dem Geschrei, dem allgemeinen Wirrwarr und Drängen — mitten in der unzähligen Schar bärtiger, schwarzer und brauner Menschen in Turban und Feierkleid trieben sich ganze Scharen geschmückter heiliger Stiere umher, während an den Leisten und Gesimsen der Moscheen und Tempelchen eine Unzahl der schmutzigen heiligen Affen mit Lärmen und Schreien ihr Wesen trieben. Aus den überfüllten Straßen führten allenthalben Treppen an das Ufer zu den Badeplätzen hinab, während der Fluß selbst sich nur mühsam zwischen den schwerbeladenen Schiffen, die seine Oberfläche weithin bedeckten, hindurchzuwinden schien. Außerhalb der Stadt erhoben sich hier und da majestätische Palmenhaine und Gruppen anderer riesiger Bäume von fremdem Aussehen und hohem Alter. Hin und wieder erblickte man auch ein Reisfeld, die strohgedeckte Hütte eines Landmannes, einen Teich, einen kleinen Tempel, ein Zigeunerlager oder die anmutige Gestalt eines einsam dahinwandelnden Mädchens, das mit einem Krug auf dem Kopf in dem prächtigen Strom Wasser zu schöpfen ging.

Sie werden mir sicher sagen, daß ich dies alles nur geträumt habe. Doch nein: alles, was ich sah, was ich hörte, was ich fühlte und dachte, hatte nichts mit den unverkennbaren dumpfen Empfindungen des Traumes gemein. Ich empfand ganz klar, daß alles wirklich da sei. Als ich selbst noch zweifelte, ob ich vollständig wach sei, stellte ich Proben an, die mir bewiesen, daß ich tatsächlich durchaus bei Sinnen war. Wenn jemand träumt und während des Traumes vermutet, daß er nur träume, *wird sich der Argwohn sofort bestätigen* und der Schläfer unmittelbar darauf erwachen. Novalis hat vollständig recht, wenn er sagt, daß wir dem Erwachen nahe sind, sobald uns träumt, daß wir träumen. Hätte ich die geschilderte Vision gehabt, *ohne* zu argwöhnen, daß sie nur ein Traum sei, so wäre es immerhin möglich, daß sie auch nichts anderes gewesen wäre. Da ich jedoch selbst eine Zeitlang glaubte, daß ich sie nur im Traum sähe, muß ich sie einer anderen Art von Erscheinungen einreihen.«

»Ich bin mir noch nicht ganz klar, ob Sie unrecht haben«, unterbrach ihn Doktor Templeton. »Doch fahren Sie fort. Sie standen also auf und gingen in die Stadt hinunter?«

»Ich stand also auf«, fuhr Bedloe fort und sah den Doktor mit tiefstem Erstaunen an – »ich stand auf, wie Sie sagten, und ging in die Stadt hinunter. Auf dem Weg dahin geriet ich unter eine Volksmenge, die mit allen Zeichen der Erregung nach einer bestimmten Richtung hindrängte. Plötzlich fühlte ich mich – durch einen mir selbst unerklärlichen Antrieb – von persönlicher Teilnahme für das, was da vor sich gehen sollte, durchdrungen. Es kam mir vor, als habe ich eine wichtige Rolle zu spielen, doch wußte ich nicht, worin sie bestand. Gegen die Menge selbst, die mich umgab, empfand ich eine lebhafte Abneigung. Ich bahnte mir einen Weg, erreichte auf einem Umweg die Stadt und ging hinein. Hier war alles in wildestem Aufruhr. Eine kleine Schar halb indisch, halb europäisch gekleideter Männer, die von Anführern in einer zum Teil britischen Uniform befehligt wurden, befand sich im Kampf gegen den an Zahl bei weitem überlegenen Pöbel, der sich durch die Straßen drängte. Ich vereinigte mich mit der schwächeren Partei, raffte die Waffen eines gefallenen Offiziers auf und kämpfte – ich weiß nicht gegen wen – mit wildem Mut. Wir wurden bald in die Flucht geschlagen und mußten uns in eine Art von Kiosk flüchten. Hier verbarrikadierten wir uns und waren für den Augenblick in Sicherheit. Durch eine Spalte in der Kuppel des Kiosk sah ich, wie die Menge mit wüstem Ungestüm einen Palast, der halb in den Fluß hineingebaut war, umzingelte und angriff. Plötzlich ließ sich aus einem der oberen Fenster des Palastes eine weiblich aussehende Gestalt an einem aus den zusammengeknüpften Turbanen der Diener hergestellten Seil herab und entkam in einem bereitgehaltenen Boot an das gegenüberliegende Ufer.

Und nun bemächtigte sich meiner Seele eine neue Empfindung. Ich richtete ein paar energische Worte an meine Gefährten, und als ich sie meinem Plan geneigt gestimmt hatte, machten wir einen erbitterten Ausfall aus dem Kiosk. Wir stürzten mitten unter die Menge, die sich vor demselben zusammengerottet hatte. Anfangs wich sie vor uns zurück, sammelte sich wieder, griff uns wie Wahnsinnige von neuem an und mußte sich zum zweitenmal zurückziehen. Unterdessen waren wir weit von dem Kiosk fortgedrängt worden und gerieten in ein paar enge Straßen mit hohen, überhängenden Häusern, in die nie ein Sonnenstrahl zu dringen schien. Immer ungestümer kämpfte der Pöbel und schleuderte einen Hagel von Pfeilen auf uns; diese hatten eine eigentümliche Form und glichen in mancher Beziehung den gewundenen Dolchen der Malayen — sie waren dem Körper einer kriechenden Schlange nachgebildet, lang und schwarz und mit vergifteten Widerhaken versehen. Einer von ihnen traf mich in die rechte Schläfe. Ich taumelte, fiel hin und wurde sofort von einem schrecklichen Übelbefinden befallen. Ich versuchte, dagegen anzukämpfen, rang nach Atem — und starb.«

»Sie werden *jetzt* wohl schwerlich noch behaupten wollen«, warf ich lächelnd ein, »daß Sie das ganze Erlebnis *nicht* geträumt hätten — oder wollen Sie vielleicht behaupten, daß Sie nun tot sind?«

Ich erwartete irgendeine lebhafte, scherzende Antwort von Bedloe; zu meinem Erstaunen zögerte er jedoch, wurde beängstigend bleich und begann zu zittern. Ich blickte zu Templeton hinüber: er saß starr und aufrecht auf dem Stuhl — seine Zähne schlugen wie im Frost aufeinander, seine Augen schienen aus ihren Höhlen treten zu wollen.

»Weiter!« rief er endlich Bedloe mit heiserer Stimme zu.

»Mehrere Minuten lang«, fuhr dieser fort, »hatte ich keine andere Empfindung als die großer Finsternis und war mir bewußt, tot zu sein. Endlich war es mir, als ob eine heftige Erschütterung, ähnlich wie ein elektrischer Schlag, meine Seele durchfahre. Sie stellte in mir ein Gefühl von Bewegung und Licht wieder her. Ich *sah* jedoch die Helligkeit nicht, sondern *fühlte* sie. Dann schien es mir, als erhöbe ich mich vom Boden. Doch empfand ich noch kein körperliches, kein hörbares, sichtbares oder fühlbares Leben. Die Menge hatte sich verlaufen, das Getümmel hatte sich gelegt, und in der Stadt war es ruhig geworden. Unter mir lag mein Körper, der Pfeil steckte noch in der Schläfe, der Kopf war unförmig aufgeschwollen und entstellt. Alle diese Dinge sah ich jedoch nicht, sondern *fühlte* sie. Ich hatte für nichts mehr Interesse. Sogar der Leichnam kam mir vor wie etwas, das mich nicht im geringsten anging. Willen fühlte ich nicht, empfand jedoch einen Zwang, mich zu bewegen, und flatterte gleichsam auf dem Umweg, auf dem ich gekommen war, wieder zur Stadt hinaus. Als ich in der Bergschlucht jene Stelle erreichte, an welcher ich die Hyäne gesehen hatte, empfand ich wieder einen Schlag wie von einer galvanischen Batterie; das Gefühl der Schwere, der Willenskraft, der körperlichen Wesenheit stellte sich wieder ein. Ich fand mich plötzlich als mein ursprünglichstes Selbst wieder und lenkte eifrigst meine Schritte heimwärts. Doch hatte das Erlebnis nichts von der Lebendigkeit eines wirklichen Vorfalles verloren — und auch jetzt vermag ich meine Vernunft nicht einen Augenblick lang zu zwingen, das Ganze für einen Traum zu halten.«

»Das war es auch nicht!« antwortete ihm Doktor Templeton mit feierlichem Ernste, »es ist aber schwer, eine andere Bezeichnung dafür zu finden. Ich möchte Sie jedoch daran erinnern, daß der menschliche Geist in unseren Tagen bis dicht an die Entdeckung staunenerregender Kräfte der Physis gelangt ist. Mit dieser Annahme wollen wir uns begnügen. Im übrigen habe ich noch eine Erklärung zu machen. Sehen Sie hier dies kleine Aquarellbild — ich hatte schon oft vor, es Ihnen zu zeigen, doch hielt mich eine unerklärliche Furcht bis jetzt davon zurück.«

Wir betrachteten das Bild, das er uns darbot. Ich bemerkte nichts Außergewöhnliches daran, Bedloe jedoch wurde fast ohnmächtig, als er es erblickte. Es war ein Miniaturporträt — und wies eine allerdings verblüffende Ähnlichkeit mit seinen eigenen, wie man weiß, sehr eigentümlichen Zügen auf. Wenigstens schien es mir so, als ich es betrachtete.

»Lesen Sie das Datum hier auf dem Bild«, fuhr Templeton fort, »sehen Sie, hier steht es in der Ecke — 1780. In diesem Jahre wurde das Porträt gemacht. Es ist das Bildnis eines verstorbenen Freundes — eines Herrn Oldeb, mit dem ich in Kalkutta während der Statthalterschaft Warren Hastings' sehr befreundet war. Ich zählte damals erst zwanzig Jahre. Als ich Sie, Herr Bedloe, zum erstenmal sah, bewog mich die wunderbare Ähnlichkeit zwischen Ihnen und dem Bild, Sie anzureden, Ihre Freundschaft zu suchen und jenes Übereinkommen zu treffen, nach dem ich Ihr ständiger Begleiter wurde. Teilweise, ja, vielleicht hauptsächlich verleitete mich eine wehmütige Erinnerung an den Verstorbenen dazu, doch war auch eine quälende, fast an Entsetzen grenzende Neugier bezüglich *Ihrer* Person dabei im Spiele.

In der Erzählung der Vision, die Sie in den Bergen gehabt haben, schildern Sie bis in alle Einzelheiten genau die indische Stadt Benares am Ufer des heiligen Stromes. Der Aufruhr, die Kämpfe, die Metzelei, alles dies ereignete sich wirklich beim Aufstand Cheyte Sings im Jahre 1780, bei der Hastings in große Lebensgefahr geriet. Die Partei in dem Kiosk waren die unter des Statthalters Anführung stehenden eingeborenen Soldaten und britischen Offiziere. Ich selbst war einer von ihnen und tat mein möglichstes, um den voreiligen, unglücklichen Ausfall des Offiziers zu verhindern, der in dem Straßengedränge von dem vergifteten Pfeil eines Bengalen getroffen wurde. Dieser Offizier war mein Freund, Herr Oldeb. Aus diesen Schriftstücken werden Sie ersehen« — hier überreichte er uns ein Heft, in dem mehrere Seiten frisch geschrieben zu sein schienen —, »daß ich, gerade um die Zeit, da Sie diese Vorgänge in den Bergen zu erleben glaubten, damit beschäftigt war, sie hier zu Hause zu Papier zu bringen.«

Etwa acht Tage nach dieser Unterhaltung erschien in einem Blatt zu Charlottesville folgende Anzeige:

›Es liegt uns die schmerzliche Pflicht ob, das Hinscheiden des Herrn August Bedlo bekannt zu machen. Sein liebenswürdiges Wesen und seine trefflichen Eigenschaften sichern ihm bei den Bürgern von Charlottesville ein ehrendes Andenken.

Herr Bedlo litt seit mehreren Jahren an einem Nervenleiden, das schon verschiedentlich das Schlimmste für ihn befürchten ließ. Diese Krankheit kann jedoch nur als mittelbare Ursache seines unerwarteten Todes angesehen werden. Bei einem Ausflug, den er vor einigen Tagen in die Ragged Mountains unternahm, zog er sich ein leichtes Erkältungsfieber zu, das mit einem heftigen Blutandrang zum Kopf verbunden war. Um dem Kranken Linderung zu verschaffen, verordnete Dr. Templeton örtliche Blutentziehung durch Ansetzen von Blutegeln an den Schläfen. Der Patient starb in erschreckend kurzer Zeit, und es stellte sich heraus, daß in das Gefäß, welches die Blutegel enthielt, zufällig einer der giftigen, wurmartigen Blutegel hineingeraten war, die man hin und wieder in den benachbarten Teichen findet. Das Tier hatte sich an eine kleine Ader in der rechten Schläfe festgesetzt. Seine große Ähnlichkeit mit dem medizinischen Blutegel war die Ursache zu dem unglückseligen Irrtum.

N. B. Die giftigen Blutegel von Charlottesville sind von den medizinischen stets durch ihre schwarze Farbe sowie auch durch ihre wurmartigen Bewegungen, die denen der Schlangen sehr ähnlich sind, zu unterscheiden.‹

Ich sprach mit dem Redakteur des betreffenden Blattes über diesen Unglücksfall und fragte ihn zufällig, wie es komme, daß der Name des Verstorbenen ›Bedlo‹, also ohne ›e‹ am Ende, gedruckt war.

»Sie sind wahrscheinlich beauftragt worden«, sagte ich, »den Namen so drucken zu lassen. Ich habe allerdings immer geglaubt, er werde am Ende mit ›e‹ geschrieben.«

»Beauftragt? Nein!« gab er mir zurück, »es kann nur ein Druckfehler sein. Der Name wird in der ganzen Welt mit ›e‹ geschrieben, ich wenigstens habe ihn nie anders gelesen.«

»So ist hier«, murmelte ich vor mich hin und wandte mich zum Gehen, »die Wahrheit wieder einmal seltsamer als alle Erdichtung. Denn Bedloe ohne ›e‹ ist nichts anderes als die Umkehrung des Namens Oldeb. Und da sagt der Mann, daß es nur ein Druckfehler sei!«

DER FALL VALDEMAR

Es darf nicht wundernehmen, daß der Fall Valdemar lebhaftes Aufsehen erregt hat — man hätte es vielmehr ein Wunder nennen müssen, wäre es anders gewesen. Der Wunsch aller bei der Angelegenheit beteiligten Personen, diese wenigstens so lange geheimzuhalten, bis neue Nachforschungen ihnen noch weitere Beweise an die Hand gegeben hätten, veranlaßte, daß ein tendenziöser und übertriebener Bericht ins Publikum gelangte, der die ganze Angelegenheit in falschem Licht erscheinen ließ und natürlicherweise Unglauben hervorrief. Es ist deshalb nötig, eine Darstellung der *Tatsachen* dieses Falles zu geben, soweit sie mir selbst schon verständlich sind.

In den letzten drei Jahren beschäftigte ich mich lebhaft mit dem Studium des Magnetismus. Vor ungefähr neun Monaten kam mir nun plötzlich der Gedanke, daß die bisher gemachten zahlreichen Experimente eine bemerkenswerte und fast unerklärliche Lücke aufwiesen: bis jetzt war nämlich noch niemand *in articulo mortis* magnetisiert worden. Es war noch nicht festgestellt, ob der Patient in diesem Zustand überhaupt für magnetische Beeinflussung empfänglich sei und, wenn ja, ob sein Zustand dieselbe verstärke oder vermindere, fernerhin, inwieweit und auf wie lange die Äußerungen des Todes durch ein solches Vorgehen aufgehalten werden könnten. Noch manch anderer Punkt war aufzuklären, aber diese drei reizten meine Neugierde am meisten. Besonders wichtig wegen seiner unberechenbaren Folgen schien mir der letzte.

Als ich nun in meiner Umgebung nach einer Persönlichkeit Umschau hielt, mittels derer ich mir die gewünschte Klarheit verschaffen könne, mußte ich sofort an meinen Freund, Herrn Ernst Valdemar, denken, den bekannten Compilor der ›Bibliotheca Forensica‹ und den Autor der polnischen Übersetzungen des ›Wallenstein‹ und des ›Gargantua‹. Herr Valdemar, der seit dem Jahre 1839 gewöhnlich in Harlem bei New York wohnte, ist oder *war* vielmehr von ganz auffallender Magerkeit und von einem ausgesprochen nervösen Temperament, das ihn zu magnetischen Experimenten höchst geeignet erscheinen ließ. Zwei- oder dreimal hatte ich ihn ohne Schwierigkeit in Schlaf versetzt, doch erzielte ich keineswegs die Resultate, die ich von seiner Konstitution erwarten zu dürfen glaubte. Sein Wille stand niemals ganz unter meiner Herrschaft, und in punkto Hellsehen erlangte ich auch nicht den geringsten Anhalt, der mir zu weiteren Forschungen dienlich gewesen wäre. Den Grund dieser Mißerfolge hatte ich immer in seiner zerstörten Gesundheit gesucht. Einige Monate, bevor wir uns kennenlernten, war nämlich von den Ärzten hochgradige Schwindsucht bei ihm festgestellt worden, von der er selbst übrigens, geradeso wie von seinem nahenden Ende, mit größter Kaltblütigkeit sprach, als handle es sich um eine Sache, die weder zu vermeiden noch zu bedauern sei.

Als mir die Ideen kamen, von denen ich eben sprach, dachte ich also ganz natürlicherweise gleich an Herrn Valdemar. Ich kannte die streng philosophische Denkweise dieses Mannes zu gut, um *seinerseits* Bedenken zu erwarten; auch besaß er in Amerika keine Verwandten, deren Einspruch ich hätte fürchten müssen. Ich wandte mich deshalb frei und offen an ihn, und zu meiner großen Überraschung äußerte er sogar ein lebhaftes Interesse an meinem Vorhaben. Ich sage ›zu meiner großen Überraschung‹; denn obwohl er sich stets bereitwilligst zu meinen Experimenten hergegeben hatte, bezeigte er doch nie die geringste *Sympathie* für meine Studien. Der Charakter seiner Krankheit ließ mit Sicherheit vorausberechnen, wann sie mit dem Tod ihren Abschluß finden würde – und so kamen wir denn überein, daß er mich vierundzwanzig Stunden vor seiner ihm von den Ärzten angezeigten Auflösung rufen lassen würde.

Vor nun mehr als sieben Monaten erhielt ich von Herrn Valdemar selbst folgende Benachrichtigung:

›Mein lieber Poe!

Sie tun gut daran, *sofort* zu kommen. D. und F. erklären beide, daß ich die Mitternacht des morgigen Tages nicht überleben werde, und ich selbst denke auch, daß sie den Zeitpunkt so ziemlich richtig angegeben haben.

Ihr Valdemar.‹

Ich erhielt diese Zeilen eine halbe Stunde später, als sie geschrieben worden waren, und nach einer weiteren Viertelstunde befand ich mich in dem Sterbezimmer. Ich hatte meinen Freund seit zehn Tagen nicht gesehen und war entsetzt über die schreckliche Veränderung, die in dieser kurzen Zeit mit ihm vorgegangen war. Sein Gesicht war von bleigrauer Farbe, die Augen vollkommen glanzlos und die Abmagerung so vorgeschritten, daß es mir vorkam, als müßten die Backenknochen die Haut durchstoßen. Er hatte außerordentlich starken Auswurf, sein Puls schlug kaum vernehmlich. Trotzdem hatten sich seine geistigen und bis zu einem gewissen Grade auch seine Körperkräfte in merkwürdiger Weise erhalten. Er sprach vollkommen deutlich und konnte ohne fremde Hilfe einige lindernde Medikamente einnehmen. Als ich eintrat, war er gerade damit beschäftigt, mit Bleistift einige Bemerkungen in sein Taschenbuch zu schreiben. Er saß, von Kissen gestützt, aufrecht im Bett. Die Ärzte D. und F. beobachteten ihn.

Nachdem ich meinen Freund mit einem Händedruck begrüßt hatte, nahm ich die Herren beiseite und erhielt von ihnen einen genauen Bericht über das Befinden des Patienten. Der linke Lungenflügel war seit achtzehn Monaten in einem halbverknöcherten, knorpelartigen Zustand und in keiner Weise mehr fähig, die Lebensfähigkeit zu erhalten. Der rechte Lungenflügel war in seinem oberen Teil ebenfalls, wenn nicht gänzlich, so doch zum größten Teile verknöchert, während der untere Teil nur noch aus einer Masse eiternder Tuberkeln bestand, die durcheinanderrannen. Verschiedene Durchlöcherungen mußten vorhanden sein, und an einer Stelle war eine bleibende Anlegung an die Rippen eingetreten. Die Erscheinungen im rechten Flügel schienen von verhältnismäßig neuem Datum. Die Verknöcherung war mit ganz ungewöhnlicher Schnelligkeit vor sich gegangen — vor einem Monat hatte man noch nicht das geringste Anzeichen davon entdeckt; und die Anlegung hatte man überhaupt erst seit den letzten drei Tagen bemerkt. Außerdem befürchtete man bei dem Patienten noch eine Pulsadergeschwulst, doch konnte man sich darüber wegen der Verknöcherung keine genaue Aufklärung verschaffen. Beide Ärzte waren der Ansicht, daß Herr Valdemar um Mitternacht des folgenden Tages, eines Sonntags, sterben werde; als sie mir das sagten, war es Samstag abend sieben Uhr.

Während ich mit mir selbst zu Rate ging und abseits von dem Bett des Sterbenden stand, sagten ihm Doktor D. und Doktor F. ein letztes Lebewohl. Sie beabsichtigten, nicht mehr wiederzukommen; aber auf meinen Wunsch entschlossen sie sich, am Abend gegen zehn Uhr noch einmal bei dem Kranken vorzusprechen.

Als sie gegangen waren, unterhielt ich mich mit Herrn Valdemar ganz ungezwungen von seiner nahen Auflösung und noch eingehender von unserem beabsichtigten Experiment. Er erklärte sich nochmals bereit, seine Person herzugeben, er schien sogar ein gewisses Verlangen zu empfinden und drängte mich, doch gleich zu beginnen. Da jedoch augenblicklich nur ein Diener und eine Dienerin zur Krankenpflege anwesend waren, fühlte ich mich nicht sicher genug, eine so wichtige Aufgabe zu übernehmen, ohne im Fall eines plötzlichen Unglücks andere, zuverlässigere Augenzeugen als diese beiden Leute zu haben. Ich verschob deshalb das Experiment bis zum folgenden Abend gegen acht Uhr, als das Erscheinen eines Studenten der Medizin, Herrn Theodor L—e, mit dem ich flüchtig bekannt war, meinen Bedenken ein Ende machte. Anfänglich hatte ich beabsichtigt, bis zur Ankunft der Ärzte zu warten, doch sah ich jetzt auf die immer dringenderen Bitten des Herrn Valdemar davon ab, und überdies sagte mir meine eigene Überzeugung, daß ich keine Minute zu verlieren habe, da es mit dem Kranken zusehends zu Ende ging.

Herr L—e hatte die Liebenswürdigkeit, alles, was sich zutrug, aufzunotieren, und das, was ich jetzt mitteile, ist seinen Aufzeichnungen teils auszugsweise, teils wörtlich entnommen.

Ungefähr fünf Minuten vor acht Uhr ergriff ich die Hand des Kranken und richtete die Bitte an ihn, vor Herrn L—e, so laut und deutlich wie er könne, seinen ausdrücklichen Wunsch zu äußern, von mir in seinem jetzigen Zustand magnetisiert zu werden.

Er erwiderte mit schwacher, doch vollkommen vernehmbarer Stimme: »Ja, ich wünsche magnetisiert zu werden«, und fügte unmittelbar darauf hinzu: »Ich fürchte, Sie haben es schon zu lange hinausgeschoben.«

Noch während er dies sagte, begann ich, *die* Striche zu machen, welche sich bei ihm stets am wirksamsten gezeigt hatten; und augenscheinlich übte schon der erste Strich — ich führte ihn seitlich über seine Stirn — einen Einfluß aus. Aber obwohl ich meine ganze Kraft aufbot, gelang es mir nicht, weitere bemerkbare Wirkungen zu erzielen, bis einige Minuten nach zehn Uhr die beiden Ärzte, ihrem Versprechen gemäß, wieder im Krankenzimmer erschienen. Ich erklärte ihnen mit kurzen Worten, was ich vorhätte, und da sie keinen Einspruch erhoben, weil der Patient schon im Todeskampf lag, fuhr ich ohne Zögern mit den Strichen fort, wählte jedoch statt der waagerechten senkrechte und hielt meinen Blick unverwandt auf das rechte Auge des Leidenden gerichtet.

Der Pulsschlag war mittlerweile ganz unbemerkbar geworden und das Atmen nur noch ein Röcheln, das sich in Zwischenräumen von einer halben Minute über seine Lippen mühte.

In diesem Zustand verblieb Valdemar fast eine Viertelstunde lang. Nach Ablauf der Zeit jedoch entrang sich dem Sterbenden ein natürlicher, wenn auch ungewöhnlich tiefer Seufzer, das röchelnde Atmen hörte auf — das heißt, es war kein Röcheln mehr vernehmbar, die Pausen zwischen den einzelnen Atemzügen blieben unvermindert. Hände und Füße des Patienten waren von eisiger Kälte.

Fünf Minuten vor elf bemerkte ich unzweifelhafte Anzeichen einer magnetischen Beeinflussung. Das gläserne Rollen des Auges war jenem Ausdruck unruhigen Nach-*innen*-Sehens gewichen, der nur bei Somnambulen vorkommt und nicht zu verkennen ist. Durch ein paar rasche, seitlich laufende Striche machte ich die Augenlider wie beim Einschlummern leicht erzittern, und mit ein paar weiteren gelang es mir, dieselben ganz zu schließen. Ich war jedoch damit noch nicht zufrieden, sondern setzte meine Manipulationen mit Aufbietung all meines Willens fort, bis ich die Glieder des Schlafenden, nachdem ich dieselben in eine bequeme Lage gebracht hatte, nach Belieben betten konnte. Die Beine waren in voller Länge ausgestreckt, die Arme fast ebenso und ruhten in einiger Entfernung von den Hüften auf dem Bettpolster. Der Kopf lag wenig erhöht.

Inzwischen war es Mitternacht geworden, und ich forderte die anwesenden Herren auf, den Zustand Valdemars zu untersuchen. Sie taten es und konstatierten nach einiger Zeit, daß er in einem außergewöhnlich tiefen magnetischen Schlaf läge. Die Wißbegierde der beiden Ärzte war natürlich hoch erregt. Dr. D. beschloß sofort, die ganze Nacht bei dem Kranken zuzubringen, während Dr. F. sich mit dem Versprechen verabschiedete, gegen Tagesanbruch wiederzukommen. Herr L—e und die beiden Krankenwärter blieben zurück.

Wir ließen Herrn Valdemar bis gegen drei Uhr morgens ungestört. Als ich ihn um diese Zeit wieder genauer betrachtete, fand ich ihn in derselben Stellung, in der er gewesen war, als Dr. F. ihn verließ, das heißt, er lag noch in derselben Lage, der Puls war nicht fühlbar, der Atem so schwach, daß man ihn durch einen vor die Lippen gehaltenen Spiegel kaum feststellen konnte, die Augen natürlich geschlossen und die Glieder steif und kalt wie von Marmor. Doch machte mein Freund keineswegs den Eindruck eines Toten.

Nun versuchte ich, den rechten Arm Valdemars zu beeinflussen, ihn zu zwingen, den Bewegungen des meinigen zu folgen, indem ich ihn über seinem Körper sanft hin und her bewegte. Dergleichen Versuche waren früher bei dem Patienten stets erfolglos geblieben; und auch jetzt hatte ich eigentlich selbst nicht geglaubt, daß ich die beabsichtigte Wirkung erzielen würde. Aber zu meinem größten Erstaunen folgte diesmal Valdemars Arm dem meinen bereitwilligst, wenn auch mit einer matten Bewegung, so doch nach jeder Richtung hin, die ich vorschrieb.

Ich beschloß, nunmehr ein Gespräch zu versuchen.

»Herr Valdemar«, fragte ich, »schlafen Sie?« Er antwortete nicht, aber ich bemerkte ein leises Zittern seiner Lippen, das mich ermutigte, die Frage noch einige Male zu wiederholen. Beim dritten Male wurde sein ganzer Körper von einem leisen Schauder überlaufen. Die Augenlider öffneten sich so weit, daß ein schmaler weißer Strich vom Augapfel sichtbar wurde. Die Lippen bewegten sich schlaff und flüsterten kaum hörbar die Worte: »Ja — ich schlafe jetzt — wecken Sie mich nicht auf — lassen Sie mich so sterben.«

Ich untersuchte die Glieder und fand sie so steif wie zuvor. Der rechte Arm gehorchte wie vorher den Bewegungen meiner Hand. Dann fragte ich den Schlafenden aufs neue:

»Haben Sie noch Schmerzen in der Brust, Herr Valdemar?«

Die Antwort erfolgte jetzt sofort, war aber noch weniger hörbar als zuvor: »Keinen Schmerz — ich liege im Sterben.«

Ich hielt es nicht für ratsam, ihn jetzt noch weiter zu stören. Bis zur Ankunft des Doktor F. wurde nichts weiter getan und gefragt. Herr F. erschien gegen Sonnenaufgang und war außerordentlich erstaunt, den Patienten noch am Leben zu finden. Nachdem er ihm den Puls gefühlt und seinen Lippen einen Spiegel vorgehalten hatte, forderte er mich auf, den Schlafwachenden wieder anzureden. Ich tat es und fragte:

»Herr Valdemar, schlafen Sie noch immer?«

Diesmal vergingen wieder einige Minuten, ehe er antwortete, und es schien, als raffe der Sterbende während dieser Zeit all seine Energie zusammen, um reden zu können. Als ich ihn zum viertenmal fragte, antwortete er schwach, fast unhörbar: »Ja — schlafe noch immer — sterbe.«

Die Ärzte äußerten jetzt den Wunsch, Herr Valdemar möge in seinem gegenwärtigen, anscheinend ruhigen Zustand ungestört belassen werden, bis sein Tod eintrete, was nach ihrer übereinstimmenden Meinung innerhalb einiger Minuten erfolgen werde. Ich beschloß jedoch, den Sterbenden noch einmal anzusprechen, und wiederholte einfach meine frühere Frage.

Während ich sprach, vollzog sich in den Zügen des Magnetisierten eine deutlich sichtbare Veränderung. Die Augendeckel öffneten sich langsam, die Pupillen verschwanden nach oben, die Hautfarbe wurde leichenhaft und war eher noch weißem Papier als Pergament zu vergleichen, und die runden hektischen Flecken, welche sich bisher auf jeder Wange so scharf abgezeichnet hatten, löschten plötzlich aus. Ich gebrauche diesen Ausdruck absichtlich, weil ihr rasches Verschwinden an nichts so erinnerte wie an das plötzliche Verlöschen einer Kerze, wenn man sie mit einem starken Atemzug ausbläst. Zu gleicher Zeit zog sich die Unterlippe von den Zähnen, die sie bisher vollständig bedeckt hatte, zurück, und die untere Kinnlade klappte mit einem hörbaren Ruck nach unten, so daß sich der Mund weit öffnete und die geschwollene, schwarz angelaufene Zunge sichtbar wurde. Ich darf vermuten, daß alle damals Anwesenden mit den Schrecken eines Sterbebettes vertraut waren; doch der Anblick des Toten war in diesem Augenblick so über alle Be-

griffe scheußlich, daß wir entsetzt aus der Nähe des Bettes zurückwichen.

Ich fühle selbst, daß ich jetzt bei einem Punkt meiner Erzählung angekommen bin, über den hinaus mir die Leser keinen Glauben mehr schenken werden. Doch es ist meine Pflicht, fortzufahren.

Es war auch nicht das geringste Zeichen von Lebenstätigkeit mehr in dem Körper Valdemars zu entdecken. Wir mußten ihn für tot erklären und wollten die Leiche schon der weiteren Sorge seiner Wärter überlassen, als die Zunge plötzlich in eine zitternde Bewegung geriet, die etwa eine Minute lang anhielt. Nach Ablauf dieser Zeit tönte zwischen den auseinandergesperrten regungslosen Kiefern eine Stimme hervor, eine Stimme, die beschreiben zu wollen Wahnsinn wäre. Doch gibt es zwei oder drei Eigenschaftswörter, die man vielleicht darauf anwenden könnte. Der Klang war rauh, gebrochen und hohl; aber der *ganze* furchtbare Eindruck läßt sich aus dem einfachen Grund nicht beschreiben, weil noch kein menschliches Ohr ähnlich schnarrende Töne vernommen hat. Doch hörte ich damals gleich heraus und glaube auch noch heute, daß *zwei* Eigentümlichkeiten die Farbe des Tones kennzeichneten und so gestatten, wenigstens einigermaßen einen Begriff von seiner sonderbaren Unnatürlichkeit zu geben. Erstens schien es, als käme die Stimme aus weiter Ferne her oder aus irgendeiner tiefen Höhle in der Erde. Zweitens empfing mein Gehörsinn von ihr den Eindruck (ich fürchte wirklich, daß es mir unmöglich ist, mich verständlich zu machen), den der Tastsinn bei der Berührung von etwas Gallertartigem oder klebrig Dickflüssigem empfindet.

Ich habe sowohl von ›Ton‹ wie von einer ›Stimme‹ gesprochen. Ich will damit sagen, daß der Ton deutliche, ja erschreckend deutliche Silben bildete. Herr Valdemar *sprach* — offenbar, um die Frage zu beantworten, die ich ihm einige Minuten zuvor gestellt hatte: ob er noch immer schlafe. Nun antwortete er:

»Ja — nein — ich habe geschlafen und jetzt — jetzt bin ich tot.«

Keiner der Anwesenden *versuchte* auch nur das haarsträubende Entsetzen zu unterdrücken oder gar zu verleugnen, das diese wenigen, in *solchem* Ton gesprochenen Worte hervorbrachten. Herr L—e, der Student, wurde ohnmächtig. Der Krankenwärter und die Pflegerin verließen sofort das Zimmer und waren nicht zu bewegen, dasselbe nochmals zu betreten. Meine eigenen Empfindungen spotten jeder Beschreibung. Ungefähr eine ganze Stunde lang bemühten wir uns schweigend, wortlos, Herrn L—e wieder zu Bewußtsein zu bringen. Als er endlich zu sich gekommen war, begannen wir von neuem, Herrn Valdemars Zustand zu untersuchen.

Er war ganz unverändert; nur daß der Atem auf dem vorgehaltenen Spiegel jetzt keine Spur mehr zurückließ. Ein Aderlaß, den wir am Arm versuchten, blieb erfolglos, auch war der Arm meinem Willen nicht mehr unterworfen; ich bemühte mich vergeblich, ihn den Bewegungen meines Armes folgen zu lassen. Das einzige wirkliche Anzeichen von magnetischem Einfluß war nur noch in der vibrierenden Bewegung der Zunge zu entdecken, so oft ich eine Frage an Herrn Valdemar richtete. Er schien Anstrengungen zu machen, mir zu antworten, besaß aber nicht mehr die genügende Willenskraft. Gegen Fragen anderer Personen schien er vollkommen unempfindlich, obschon ich mich bemühte, jeden der Anwesenden in magnetischen Rapport mit ihm zu setzen.

Ich glaube, daß ich nun alles berichtet habe, was zum Verständnis des somnambulen Zustandes in diesem Stadium erforderlich ist. Wir ließen zwei andere Wärter kommen, und ich verließ mit den beiden Ärzten und Herrn L—e das Haus gegen zehn Uhr.

Am Nachmittag fanden wir uns wieder alle bei dem Magnetisierten ein. Sein Zustand war vollständig unverändert. Wir hatten zunächst eine lebhafte Debatte über die Zweckmäßigkeit und Möglichkeit einer Erweckung, kamen aber bald überein, daß dieselbe von keinem Nutzen sein könne, weil der Tod — oder das, was man gewöhnlich als Tod bezeichnet — durch das magnetische Verfahren nur aufgehalten worden war. Auch teilten wir die Überzeugung, daß wir, wenn wir Herrn Valdemar aufweckten, nur seine augenblickliche oder wenigstens seine raschere Auflösung bewirken würden.

Von dieser Zeit an bis gegen Ende der verflossenen Woche — also fast sieben Monate hindurch — setzten wir unsere Besuche in Herrn Valdemars Haus täglich fort, dann und wann in Begleitung von Ärzten oder Freunden. Während der ganzen Zeit verblieb der Schlafwache genau in dem Zustand, den ich oben beschrieben habe. Er war dabei beständig von Wärtern bewacht.

Am vergangenen Freitag entschlossen wir uns endlich dazu, das Experiment der Erweckung Valdemars vorzunehmen oder wenigstens zu versuchen; und vielleicht ist der unglückliche Ausgang dieses Experimentes die Ursache jener Erörterungen in Privatkreisen, die ich nur als Folge einer ungerechtfertigten allgemeinen Leichtgläubigkeit ansehen kann.

Um Herrn Valdemar dem magnetischen Schlaf zu entreißen, machte ich die dazu erforderlichen Striche. Eine Zeitlang blieben sie völlig erfolglos. Das erste Symptom des Erwachens war ein teilweises Senken des Augapfels. Ganz besonders merkwürdig bei dieser Senkung war der Umstand, daß eine gelbliche, eiterige Flüssigkeit von höchst scharfem, widrigem Geruch unter den Lidern hervorquoll.

Man bestimmte mich, noch einmal den Versuch zu machen, den

Arm des Schlafenden wie früher zu beeinflussen. Ich versuchte es, doch ohne Erfolg. Doktor F. äußerte den Wunsch, ich möchte nochmals eine Frage stellen. Ich tat es mit folgenden Worten:

»Herr Valdemar, können Sie uns mitteilen, was Sie empfinden oder welche Wünsche Sie jetzt haben?«

Kaum hatte ich gesprochen, da traten die hektischen Flecken auf den Wangen wieder hervor, die Zunge begann zu vibrieren oder rollte vielmehr im Munde hin und her, obwohl die Kinnlade und der Mund so steif blieben wie vorher; und endlich brach wieder jene gräßliche Stimme hervor, die ich schon beschrieben habe:

»Um Gottes willen! – Schnell, schnell! – Versetzen Sie mich wieder in Schlaf! Oder – schnell! – erwecken Sie mich – schnell! – Ich sage Ihnen, daß ich tot bin.«

Ich war einen Augenblick wie starr und wußte nicht, was ich tun solle. Zunächst bemühte ich mich, den Halbtoten zu beruhigen, aber als meine Willenskraft versagte, suchte ich ihn mit allen Kräften aufzuwecken. Ich bemerkte bald, daß mir dies gelingen werde, oder glaubte wenigstens, einen Erfolg zu erzielen, und bin überzeugt, daß auch jeder der Anwesenden der Meinung war, er würde den Patienten bald aufwachen sehen.

Es ist ganz unmöglich, daß ein menschliches Wesen auf das, was wirklich folgte, hätte vorbereitet sein können.

Als ich während der Ausrufe »schnell!« – »tot!«, die von der Zunge, nicht von den Lippen des Leidenden zu kommen schienen, die erforderlichen magnetischen Striche führte, brach plötzlich, in weniger als einer einzigen Minute, sein ganzer Körper zusammen – zerbröckelte, verweste vollständig unter meinen Händen. Und auf dem Bett, vor den Augen der Anwesenden, lag eine fast flüssige, in ekelhafte Fäulnis übergegangene Masse.

DIE LÄNGLICHE KISTE

Als ich vor einigen Jahren von Charleston nach New York reisen mußte, mietete ich mir auf dem schönen Paketboot ›Independence‹, dem Schiff des Kapitän Hardy, eine Kajüte. Die Abreise war auf den 15. Juni festgesetzt, und am 14. begab ich mich an Bord, um in meiner Kajüte noch Verschiedenes zu ordnen.

Ich bemerkte, daß wir eine große Anzahl Passagiere, unter denen sich ungewöhnlich viele Damen befanden, bekommen sollten. Mehrere meiner Bekannten standen schon auf der Liste, und ich las mit großer Freude unter anderen den Namen des Herrn Cornelius Wyatt, eines jungen Künstlers, mit dem mich eine warme Freundschaft verband. Er hatte gleichzeitig mit mir studiert. Wir waren oft und viel zusammengewesen. Er hatte das richtige Temperament eines Genies: es war aus Melancholie, Sensibilität und Enthusiasmus seltsam gemischt. Mit diesen Eigenschaften vereinigte er das ehrlichste und wärmste Herz, das je in der Brust eines Menschen geschlagen hat.

Ich bemerkte, daß seine Karte sich an drei Kajütentüren befand; als ich auf der Passagierliste nachsuchte, fand ich, daß er für sich, seine Frau und seine beiden Schwestern Plätze genommen hatte. Die Kajüten waren ziemlich geräumig, und jede enthielt zwei übereinander befindliche Bettstellen, die allerdings nur für eine Person Raum boten; doch konnte ich nicht verstehen, weshalb mein Freund für diese vier Personen drei Kajüten gemietet hatte.

Ich befand mich damals gerade in einer jener verdrießlichen Stimmungen, in denen man oft von krankhafter Neugierde ergriffen wird, und ich muß beschämt gestehen, daß ich über diese überflüssige Kajüte eine Menge alberner und boshafter Vermutungen anstellte. Die ganze Sache ging mich ja nichts an; nichtsdestoweniger machte ich die hartnäckigsten Versuche, das Rätsel zu lösen.

Endlich kam ich zu einem Schluß, bei dem ich mich verwundert fragte, warum ich nicht gleich auf ihn gekommen sei. »Sie werden natürlich einen Diener oder eine Dienerin mitnehmen«, sagte ich mir. »Welch ein Tor ich doch bin, daß mir dies nicht schon früher einfiel!« Noch einmal suchte ich auf der Liste nach — und fand die ausdrückliche Bemerkung, daß kein Diener und keine Dienerin mitgenommen werden sollte, obgleich man offenbar anfangs die Absicht gehabt hatte, Dienerschaft mitzunehmen, denn die Worte ›samt Dienerschaft‹, die anfänglich dagestanden hatten, waren wieder durchstrichen worden. Vielleicht hat er Extragepäck bei sich, dachte ich darauf, etwas, das er nicht in den Schiffsraum bringen lassen will, etwas, das er nicht aus den Augen verlieren will, nun hab' ich es: ein Gemälde oder etwas Ähnliches, sah ich ihn doch neulich mit Niccolini, dem italienischen Juden, unterhandeln. Ich war nun ganz befriedigt und schickte meine Neugierde zum Kukkuck.

Wyatts beide Schwestern kannte ich sehr gut, es waren liebenswürdige, gescheite Mädchen. Seine Gattin hatte er erst vor kurzem heimgeführt, ich hatte sie noch nie gesehen. Doch hatte er mir mit dem ihm eigenen Enthusiasmus viel von ihr erzählt. Nach seinen Beschreibungen mußte sie von hervorragendster Schönheit, Klugheit und Anmut sein. Ich konnte es kaum erwarten, sie kennenzulernen.

An dem Tage, an dem ich das Schiff aufsuchte, am 14. also, erwartete man, wie mir der Kapitän mitteilte, auch Wyatt und seine Damen. Ich verblieb eine Stunde länger an Bord, als ich beabsichtigt hatte, um die Chance, der jungen Frau vorgestellt zu werden, nur ja nicht zu versäumen. Ich wartete vergeblich. Die Herrschaften ließen sich mit den Worten entschuldigen: Frau Wyatt befände sich nicht ganz wohl und werde erst morgen kurz vor der Abfahrt das Schiff besteigen.

Am folgenden Morgen, als ich mich auf die Reede begab, begegnete ich zufällig dem Kapitän Hardy, welcher mir sagte, daß die ›Independence‹ eingetretener Umstände halber (wie die stupide, aber bequeme Phrase lautet) wohl noch ein oder zwei Tage im Hafen liegen werde und daß er mir, sobald alles bereit sei, Nachricht zukommen lassen wolle. Ich fand diesen Aufschub recht sonderbar, da aus dem Süden eine schöne, steife Brise wehte. Trotz hartnäckiger Nachforschungen wollte es mir nicht gelingen, mit den ›eingetretenen Umständen‹ nähere Bekanntschaft zu machen. So blieb mir also nichts anderes übrig, als in mein Hotel zurückzukehren und meinen Ärger hinunterzuschlucken.

Eine ganze Woche lang wartete ich auf die ersehnte Nachricht von dem Kapitän; als sie endlich eintraf, begab ich mich unverzüglich an Bord. Die Passagiere gingen lebhaft hin und her, und auf Deck herrschte jene geräuschvolle Geschäftigkeit, die der baldigen Abfahrt eines Schiffes stets voranzugehen pflegt.

Wyatt und seine Damen erschienen etwa zehn Minuten später als ich. Der Künstler schien von einem seiner gewohnten Melancholieanfälle heimgesucht zu sein; er war in sich versunken und wortkarg, so wortkarg, daß er mich nicht einmal seiner Frau vorstellte. Seine Schwester Marianne, ein reizendes, intelligentes Mädchen, nahm ihm diese Pflicht der Artigkeit ab und machte uns durch ein paar rasche Worte miteinander bekannt.

Bei dieser flüchtigen Vorstellung war Frau Wyatt dicht verschleiert gewesen, und ich muß gestehen, daß ich, als sie den Schleier zurückschlug, auf höchste erstaunt war. Ich wäre es noch viel mehr gewesen, hätte mich nicht eine lange Erfahrung gelehrt, den enthusiastischen Beschreibungen meines Freundes, sobald er über Frauenschönheit sprach, nur mäßigen Glauben zu schenken. Ich wußte nur zu wohl, daß er sich da leicht zu Übertreibungen verleiten ließ.

Nein, beim besten Willen konnte ich nicht behaupten, daß Frau Wyatt schön sei; zwar war sie nicht ausgesprochen häßlich – doch auch nicht weit entfernt davon. Jedenfalls sah sie höchst alltäglich aus. Nur war sie mit ausgesuchtestem Geschmack gekleidet; und ich zweifelte nicht, daß sie wohl das Herz meines Freundes durch ihren Geist und ihr Gemüt gefesselt habe. Wir wechselten nur sehr wenige Worte; dann begab sie sich sogleich mit Herrn Wyatt in ihre Kajüte.

Jetzt ergriff mich wieder meine alte Neugierde. Dienerschaft hatten sie also nicht mitgebracht, das stand fest. So sah ich mich denn nach dem Extragepäck um. Nach einiger Zeit langte auf der Werft ein Karren mit einer länglichen Kiste aus Tannenholz an, auf die man noch gewartet zu haben schien. Sobald sie an Bord war, lichteten wir die Anker und steuerten ins Meer hinaus.

Die Kiste war, wie ich schon sagte, länglich und mochte vielleicht sechs Fuß lang und zweieinhalb Fuß breit sein. Ich kann dies mit solcher Bestimmtheit behaupten, weil mir ihre eigentümliche Form gleich auffiel. Kaum hatte ich sie gesehen, so gratulierte ich mir zu meiner Geschicklichkeit im Raten. Ich war, wie man sich erinnern wird, zu dem Schluß gekommen, daß das Extragepäck meines Freundes, des Künstlers, wohl ein Gemälde sein werde, da ich wußte, daß er in den letzten Wochen mit Niccolini in Unterhandlung gestanden hatte; und jetzt sah ich hier eine Kiste, die, nach ihrer Form zu urteilen, eigentlich nichts anderes enthalten konnte als eine Kopie von Leonardos ›Abendmahl‹. Da ich außerdem noch wußte, daß sich seit einiger Zeit eine in Florenz von dem jüngeren Rubini gefertigte Kopie dieses Meisterwerks im Besitze Niccolinis befunden hatte, durfte ich meine Vermutung als bestätigt ansehen. Vergnügt lachte ich über diesen neuen Beweis meines Scharfsinnes. Soviel ich wußte, war es das erstemal, daß Wyatt seine künstlerischen Geheimnisse mir vorenthielt; er hatte wohl offenbar vor, mich zu nasführen und unter meinen Augen ein schönes Kunstwerk einzuschmuggeln. Dafür wollte ich ihn ein andermal zu gelegener Zeit gehörig aufziehen.

Ein Umstand befremdete mich ein wenig. Die Kiste wurde nicht in der Extrakajüte, sondern in der Wyatts untergebracht; dort blieb sie, obwohl sie fast den ganzen Raum einnahm, was doch dem Künstler und seiner Frau äußerst unangenehm sein mußte, da der Teer oder die Farbe, womit mehrere weit auseinanderstehende Buchstaben auf den Deckel hingemalt waren, einen starken, höchst unangenehmen, ja, meinem Empfinden nach ekelhaften Geruch von sich gab. Die Worte auf dem Deckel lauteten: ›An Frau Adelheid Curtis, Albany, New York. Aufgegeben von Cornelius Wyatt, Esq. Diese Seite oben. Vorsicht!‹

Ich wußte, daß Frau Adelheid Curtis aus Albany die Schwiegermutter des Künstlers war, und nahm die ganze Adresse als eine auf mich gemünzte Mystifikation. Denn ich redete mir ein, daß die Kiste samt ihrem Inhalt im Atelier meines misanthropischen Freundes in der Chamberstreet in New York bleiben und niemals weiter nördlich wandern werde.

Die ersten drei oder vier Tage hatten wir schönes Wetter, obgleich uns der Wind direkt entgegenblies, denn er hatte, sobald die Küste außer Sicht gekommen war, nach Norden gedreht. Die Passagiere waren alle in bester Laune und zu fröhlicher Geselligkeit aufgelegt, alle, d. h. mit Ausnahme Wyatts und seiner Schwestern, die sich gegen die übrigen Passagiere nicht allein steif, sondern, wie mir schien, ziemlich unhöflich benahmen. Bei Wyatt fiel mir dies nicht so sehr auf, denn wenn er auch außerordentlich melancholich, ja mürrisch erschien, so war ich doch dergleichen von ihm längst gewohnt. Für seine Schwestern jedoch suchte ich vergeblich nach einer Entschuldigung. Sie schlossen sich fast den ganzen Tag über in ihre Kajüten ein und waren trotz meiner wiederholten Vorstellungen nicht zu bewegen, mit jemandem an Bord zu verkehren. Frau Wyatt dagegen war viel angenehmer: sie plauderte gern und viel, und jeder, der eine längere Seereise gemacht hat, weiß, welch angenehme Eigenschaft dies auf See ist. Sie wurde mit den meisten Damen ungemein vertraut und legte zu meinem höchsten Erstaunen eine unverkennbare Neigung, mit den Männern zu kokettieren, an den Tag. Jedenfalls amüsierte sie uns außerordentlich. Ich sage ›amüsierte‹ – und weiß kaum, wie ich das, was ich darunter verstehe, näher bezeichnen soll. Ich möchte nur erwähnen, daß mir bald auffiel, daß man weit öfter *über* Frau Wyatt als *mit* ihr lachte; die Herren sagten wenig über sie; doch die Damen behaupteten nach kurzer Zeit, sie sei ein gutmütiges, ziemlich alltäglich aussehendes, gänzlich unerzogenes, ungebildetes Ding.

Alle Welt fand es unerklärlich, daß Wyatt sich ein solches Wesen als Lebensgefährtin gewählt hatte. Man suchte sich diese absonderliche Verbindung als eine Geldheirat zu erklären. Ich wußte jedoch bestimmt, daß diese Annahme absolut unbegründet sei, denn Wyatt hatte mir einmal gesagt, daß seine Frau nicht *einen* Dollar als Heiratsgut und in ihrem Leben auch nie eine Erbschaft zu erwarten habe. Nur aus Liebe, einzig und allein aus Liebe, sagte er, heirate er sie, und seine Braut sei seiner Liebe mehr als würdig.

Ich muß gestehen, daß ich, als ich mich an diese Worte erinnerte, gar nicht wußte, was ich von ihm halten sollte. Hatte er denn keine Augen, um zu sehen, hatte er den Verstand verloren, *er*, ein so hochgebildeter, geistvoller, zart empfindender Mann mit seiner außerordentlichen Empfindlichkeit gegenüber allem Unfeinen und Unkünstlerischen, seinem heißen Drang nach Schönheit! – Jedenfalls schien die Dame ihn recht gern zu haben – besonders in seiner Abwesenheit –, denn sie machte sich dann in einem fort dadurch lächerlich, daß sie immer und ewig wiederholte, was ihr ›vielgeliebter Gatte‹ da und dort gesagt habe; das Wort ›Gatte‹ besonders schien ihr – um mich eines ihrer zarten Ausdrücke zu bedienen – ›immer auf der Zunge zu sein‹.

Mittlerweile war es schon allen Passagieren aufgefallen, daß Wyatt selbst seine Gattin, wo es nur anging, mied und sich den größten Teil des Tages in seine Kajüte einschloß und es seiner Frau überließ, sich nach Gutdünken mit der in der großen Kajüte versammelten Gesellschaft zu ›amüsieren‹.

Aus allem, was ich sah und hörte, mußte ich schließen, daß der Künstler einer der ganz unberechenbaren Launen des Schicksals zum Opfer gefallen sei oder daß er in einem Anflug grillenhafter Leidenschaft sich mit einer tief unter ihm stehenden Person verbunden habe, und daß das natürliche Resultat, baldige und vollkommene Abneigung, nun schon eingetroffen sei. Ich bedauerte ihn aus Herzensgrund, doch konnte ich ihm seine Geheimnistuerei mit dem ›Abendmahl‹ nicht vergeben: dafür wollte ich mich noch einmal an ihm rächen.

Eines Tages erschien er auf dem Verdeck, und ich nahm, wie wir es gewohnt waren, seinen Arm und schlenderte mit ihm eine Zeitlang auf und ab. Seine Melancholie, die mir jetzt erklärlich vorkam, schien ihn noch immer vollständig zu beherrschen. Er sprach wenig, dies Wenige nur mürrisch und gezwungen. Ich versuchte ein paar Scherze zu machen und sah, daß er sich zu einem krampfhaften Lächeln quälte. Armer Kerl! – Wenn ich an seine Frau dachte, wunderte ich mich fast noch, daß er sich so heiter stellen konnte.

Dann beschloß ich, an die Ausführung meines Racheplanes zu gehen. Ich machte eine Menge versteckter Anspielungen auf die längliche Kiste, um ihm zu zeigen, daß ich wenigstens schon Argwohn schöpfte. Ich spielte auf ihre eigentümliche Form an, lächelte verständnisinnig, blinzelte ihm zu und klopfte ihm sanft mit dem Zeigefinger auf die Schulter.

Die Art und Weise, mit der Wyatt diesen harmlosen Scherz aufnahm, brachte mich zu der Überzeugung, daß ich es mit einem Wahnsinnigen zu tun habe. Zuerst starrte er mich an, als sei es ihm unmöglich, meinen Witz zu verstehen. In dem Maß aber, wie ihm allmählich das Verständnis aufzugehen schien, rissen sich seine Augen auf und schienen aus ihren Höhlen springen zu wollen. Dann schoß ihm glühende Röte ins Gesicht — gleich darauf wurde er erschreckend bleich und brach endlich, als hätten ihn meine Worte aufs höchste belustigt, in ein langes, tolles Lachen aus, das wohl zehn Minuten andauerte und sich fortwährend steigerte —, dann stürzte er der Länge nach auf das Verdeck hin und schien, als ich ihn aufheben wollte, tot.

Ich rief um Hilfe; nur mit vieler Mühe gelang es uns, ihn wieder zu sich zu bringen. Er murmelte unzusammenhängende Worte, man ließ ihn zur Ader und brachte ihn zu Bett. Am anderen Morgen war er jedoch, wenigstens körperlich, vollkommen wiederhergestellt; von seinem Verstand will ich nicht reden. Auf Anraten des Kapitäns, der auch von seinem Wahnsinn zu wissen schien, mied ich von nun an seine Gegenwart. Auch teilte ich niemandem an Bord etwas von meinen Vermutungen mit.

Bald nach diesem Anfall ereigneten sich aber mehrere Dinge, die meine Neugierde nur noch steigern mußten. Ich hatte eines Nachts, als ich nervös war, zu viel grünen Tee getrunken und schlief in der Nacht sehr schlecht — ja, eigentlich schlief ich ein paar Nächte überhaupt nicht. Meine Kajüte ging, wie die aller Junggesellen an Bord, in die große Kajüte oder den Speisesaal hinaus. Wyatts Kajüten liefen sämtlich in die zweite, kleinere Kajüte aus, die sich unmittelbar hinter der ersten, großen befand und von dieser nur durch eine Schiebetür getrennt war, die nie, selbst des Nachts nicht, verschlossen wurde. Da wir fast immer dicht beim Winde lagen, legte sich das Schiff ziemlich stark leewärts, und so oft es mit dem Steuerbord auf die Leeseite geworfen wurde, schob sich die Schiebetür zwischen den beiden Kajüten auf, und da sich niemand die Mühe gab, sie wieder zu schließen, blieb sie auch offen.

Mein Bett war nun aber so angebracht, daß ich von ihm aus, wenn die Schiebetür und meine Kajütentür offenstanden (und die letztere war bei der großen Hitze fast nie geschlossen), deutlich in die zweite, hintere Kajüte hineinsehen konnte, und zwar gerade in den Teil, in welchen die drei Kajüten Wyatts sich öffneten. Als ich nun einmal, wie erwähnt, ein paar Nächte lang nicht schlafen konnte und geradeaus vor mich hinstarrte, sah ich deutlich, daß Frau Wyatt jede Nacht gegen elf Uhr abends aus der Kajüte ihres

Gatten herausschlich und sich in die Extrakajüte begab, wo sie bis zum Morgen verblieb. Erst wenn ihr Gatte sie gerufen hatte, betrat sie dessen Kajüte wieder. Daß die beiden nicht wie Eheleute zusammen lebten, unterlag also keinem Zweifel. Sie hatten getrennte Zimmer inne — vielleicht nur als Vorbereitung für ein baldiges endgültiges Auseinandergehen. Und ich glaubte zum zweitenmal, dem Geheimnis der Extrakajüte auf die Spur gekommen zu sein.

Doch zog noch ein anderer Umstand mein Interesse an. Während der schlaflosen Nächte vernahm ich, unmittelbar nachdem Frau Wyatt die Kajüte ihres Gatten verlassen hatte, in dieser ein sonderbares, vorsichtiges, gedämpftes Geräusch. Ich lauschte eine Zeitlang aufmerksam hin, bis es mir gelang, die merkwürdigen Töne zu deuten. Ohne Zweifel versuchte der Künstler mittels eines Meißels und Hammers die längliche Kiste zu öffnen — der Kopf des Hammers mußte, seinem dumpfen Aufschlagen nach zu urteilen, mit einem wollenen oder baumwollenen Stoff umhüllt sein; nur auf diese Weise ließ sich sein eigentümlich gedämpftes Klopfen erklären.

Ich lauschte immer gespannter, so daß ich ganz genau den Augenblick zu erkennen glaubte, in dem der Deckel völlig losgelöst sein mußte und der Künstler ihn ganz abhob und auf die untere Bettstelle seiner Kajüte legte. Dies letztere schloß ich aus gewissen leichten Stößen des Deckels an die hölzernen Bettkanten, und überdies war ja auf dem Boden gar kein Platz. Dann folgte eine Totenstille, und ich hörte nichts mehr bis zum Tagesanbruch — abgesehen von einem leisen Schluchzen oder Murmeln, das jedoch beinahe unhörbar an mein Ohr schlug, so leise und schwach, daß ich es fast als eine Vorspiegelung meiner allzu wachen Phantasie ansehen muß. Es *hätte* ein Schluchzen und Murmeln sein können und auch wieder *nicht* — wahrscheinlich klangen mir nur die Ohren. Jedenfalls jedoch ließ Wyatt einmal wieder irgendeiner phantastischen Laune die Zügel schießen, überließ sich wieder allzusehr seinem künstlerischen Enthusiasmus. Wahrscheinlich hatte er die längliche Kiste geöffnet, um seine Augen ungestört an dem Schatz, den sie verbarg, zu weiden. Aber darin lag doch gewiß nichts, was ihn zum Schluchzen hätte bringen können. Ich wiederhole deshalb noch einmal, daß mich wohl meine durch Kapitän Hardys grünen Tee allzu erregte Phantasie mit falschen Vorspiegelungen quälte.

In jeder der schlaflosen Nächte hörte ich kurz vor Tagesanbruch deutlich, wie Herr Wyatt den Deckel wieder auf die längliche Kiste legte und mit dem umwickelten Hammel die Nägel in ihre alten Löcher schlug. War dies geschehen, so trat er, vollständig angekleidet, aus seiner Kajüte heraus und rief Frau Wyatt aus der ihrigen.

Sieben Tage waren wir schon auf See und befanden uns eben auf der Höhe von Kap Hatteras, als plötzlich aus Südwest ein furchtbarer Sturm losbrach. Von verschiedenen Anzeichen benachrichtigt, waren wir auf Unwetter vorbereitet, und in einem Augenblick war oben und unten auf dem Schiff alles wohlverwahrt und festgemacht; doch da der Sturm an Heftigkeit stetig zunahm, legten wir endlich, unter doppelt gerefftem Flitter- und Vormarssegel, bei.

Achtundvierzig Stunden blieb das Schiff in diesem Zustand ohne sonderlichen Schaden zu nehmen, es erwies sich im Gegenteil als äußerst seetüchtig und schöpfte fast gar kein Wasser. Nach Verlauf dieser Zeit jedoch steigerte sich der Sturm zum Orkan, unser Hintersegel zerriß in Fetzen, und wir gerieten bald so sehr zwischen die Wogen, daß wir unmittelbar nacheinander mehrere Sturzwellen bekamen. Bei dieser Gelegenheit wurden drei Personen über Bord gerissen, die Kombüse und fast die ganze äußere Plankenbekleidung am Backbord wurde von den Wellen weggespült. Kaum waren wir wieder zu uns gekommen, so zerriß auch unser Vormarssegel in tausend Stücke. Wir setzten ein Sturmsegel aus, worauf es einige Zeitlang leidlich gut ging.

Der Sturm jedoch hielt immer noch an und nichts ließ erwarten, daß er sich bald legen werde. Wir bemerkten, daß unser Takelwerk arg mitgenommen war, und am dritten Tage des Unwetters brach unser Besanmast, und wir wurden mit größter Heftigkeit hin und her geschleudert. Der gebrochene Mast lag auf dem Deck, und bei dem fürchterlichen Schlingern des Schiffes bemühten wir uns vergeblich, ihn loszuwerden. Gegen fünf Uhr nachmittags teilte der Schiffszimmermann die keineswegs ermutigende Tatsache mit, daß im Schiffsraum das Wasser vier Fuß hoch stehe, und um all das Unheil zu krönen, stellte es sich bald heraus, daß die Pumpen nicht funktionierten.

Nun geriet alles in Verwirrung und wilde Angst, und man schritt zu dem verzweifelten Versuch, das Schiff durch Abwerfen aller erreichbaren Ladung und Abbauen der beiden letzten Masten zu erleichtern. Mit vieler Mühe gelang uns dies endlich, doch da die Pumpen nach wie vor unbrauchbar blieben, füllte sich das Schiff immer mehr mit Wasser.

Gegen Sonnenuntergang ließ der Sturm merklich nach, und da auch die See minder heftig ging, schöpften wir die schwache Hoffnung, uns in die Boote retten zu können. Um acht Uhr abends zerteilten sich die Wolken, leuchtend brach das Licht des Vollmondes durch sie hindurch, erhellte unsere düstere Angst und richtete unseren gesunkenen Mut durch sein trostverheißendes Glänzen wieder auf.

Nach unsäglichen Anstrengungen gelang es uns, das große Boot unbeschädigt ins Wasser zu bringen. Die ganze Schiffsmannschaft sowie der größte Teil der Passagiere nahm in ihm Platz und gelangten nach drei schreckensvollen Tagen endlich in die Okrakoke-Bay.

Vierzehn Passagiere und der Kapitän waren auf dem Wrack geblieben, da sie der Jolle am Hinterteil des Schiffes ihr Leben anvertrauen wollten. Wir brachten diese auch ohne Schwierigkeit ins Wasser, doch verhinderte nur ein Wunder, daß sie im Augenblick, da sie in die Wellen tauchte, nicht umschlug. Kapitän Hardy und Frau, Wyatt mit seinen Damen, ein mexikanischer Offizier mit Frau und Kindern und ich selbst mit einem Neger, der Bedientendienste versah, hatten als letzte in dem schwachen Fahrzeug Zuflucht genommen.

In diesem war natürlich für nichts weiter als für ein paar Lebensmittel und die notwendigsten Instrumente Platz; es war auch niemand auf die Idee gekommen, auch nur die geringste Kleinigkeit zu retten und die Jolle zu überlasten. Wie groß war daher unser aller Erstaunen, als Herr Wyatt, nachdem wir einige Klafter vom Schiff entfernt waren, plötzlich aufstand und ganz kaltblütig von dem Kapitän verlangte, er solle das Boot nochmals beim Schiffe anlegen lassen, weil er die längliche Kiste mitnehmen wolle.

»Setzen Sie sich doch, Herr Wyatt!« antwortete ihm der Kapitän in etwas strengem Tone. »Wenn Sie nicht ganz still sitzen, wird das Boot umschlagen! Schon jetzt ist unser Dahlbord im Wasser!«

»Die Kiste! Die Kiste!« schrie Wyatt, noch immer stehend – »ich muß die Kiste haben! Kapitän, Sie können, Sie *werden* mir die Kiste nicht verweigern! Sie wiegt ja nur eine Kleinigkeit – fast gar nichts! Wahrhaftig, gar nichts! Bei der Mutter, die Sie geboren – beim Himmel selbst – bei Ihrem Seelenheil bitte ich Sie, beschwöre ich Sie, fahren Sie zurück, lassen Sie mich die Kiste holen!«

Einen Augenblick schien der Kapitän von dem inständigen Flehen des Künstlers erweicht zu werden, doch bald gewann er seine ernste Ruhe wieder und sagte einfach:

»Herr Wyatt, Sie sind von Sinnen! Ich darf Ihrer Bitte kein Gehör schenken! Setzen Sie sich, sage ich noch einmal, oder Sie bringen das Boot zum Umschlagen. Bleiben Sie doch – – halten Sie ihn! Packen Sie ihn! Er will über Bord springen! – Da! – Wußt' ich's doch! Nun ist's um ihn geschehen!«

Wyatt war in der Tat in diesem Augenblick über Bord gesprungen. Da wir noch in der Lee des Wrackes waren, gelang es ihm, ein Tau zu erfassen, das am Vorderdeck herabhing. Einen Augenblick später stand er an Bord und stürzte wie ein Wahnsinniger die Treppe zur großen Kajüte hinab.

Wir waren inzwischen hinter das Schiff getrieben worden und, da wir uns ganz außerhalb seiner Lee befanden, der grausamen Wucht der Wogen ausgesetzt. Wir versuchten, nach dem Wrack zurückzufahren, doch unser kleines Boot war unlenkbar wie eine Feder im Winde. Ein einziger Blick sagte uns, daß das Schicksal des unglücklichen Künstlers besiegelt sei.

Während wir uns nun ziemlich rasch von dem Wrack entfernten, sahen wir den Wahnsinnigen (nur als solchen konnten wir ihn noch ansehen) die Kajütentreppe wieder hinaufkommen, die längliche Kiste mit einem übermenschlichen Kraftaufwand hinter sich her schleppend. Während wir noch zu ihm hinüberstarrten, wand er ein dreizölliges Tau mehrmals um die Kiste und dann um seinen Leib. Im nächsten Augenblick stürzte er sich mit seiner Last ins Meer, in dem er sofort und auf immer verschwand.

Mit schweigendem Entsetzen hatten wir diesem Schauspiel zugesehen und schreckerfüllt die Ruder sinken lassen. Endlich aber gebot uns die Gefahr, so rasch wie möglich fortzusteuern. Wohl eine Stunde verging, ehe jemand ein Wort zu sprechen wagte.

»Haben Sie auch bemerkt, Herr Kapitän«, fragte ich nach einer langen Weile, »wie rasch er mit der Kiste gesunken ist? War das nicht recht sonderbar? Ich gestehe, daß ich immer noch einige Hoffnung hegte, ihn gerettet zu sehen, als er sich an die Kiste anband und ins Meer warf.«

»Mit *dieser* Kiste mußte er natürlich sinken«, erwiderte der Kapitän, »und zwar so schnell wie eine Bleikugel. Sie werden jedoch wieder an die Oberfläche kommen – allerdings nicht eher, als bis das Salz geschmolzen ist.«

»Das Salz?!« rief ich aus.

»Still!« meinte der Kapitän mit einem Seitenblick auf die Gattin und die Schwestern des Verstorbenen. »Wir werden zu gelegenerer Zeit von diesen Dingen sprechen.«

Nach vielen Mühsalen retteten wir mit knapper Not unser Leben. Mehr tot als lebendig landeten wir nach vier Tagen bitterster Leiden in der Bucht, welche Roanoke-Island gegenüber liegt. Hier blieben wir eine Woche, wurden von den Strandräubern leidlich behandelt und fanden endlich Gelegenheit zur Überfahrt nach New York.

Etwa einen Monat nach dem Untergang der ›Independence‹ begegnete ich dem Kapitän Hardy auf dem Broadway. Wie nur zu erklärlich, kamen wir bald auf unser Unglück und auf das traurige Schicksal des armen Wyatt zu sprechen. So erfuhr ich denn folgendes:

Der Künstler hatte für sich, seine Gattin, seine beiden Schwestern und eine Dienerin Plätze auf dem Schiff genommen. Seine

Gattin war in der Tat, wie er sie mir geschildert hatte, eine überaus reizende, liebenswürdige, feingebildete Dame. Am Morgen des vierzehnten Juni, an dem Tag also, an welchem ich die ›Independence‹ zum erstenmal betrat, erkrankte Frau Wyatt plötzlich und starb. Der junge Gatte geriet vor Schmerz fast von Sinnen, doch erlaubten gewisse Umstände nicht, die geplante Reise nach New York hinauszuschieben. Er wollte den Leichnam seiner angebeteten Gattin ihrer Mutter zuführen — nur machte ein allgemein verbreitetes Vorurteil die Ausführung dieses Planes fast unmöglich. Neun Zehntel aller Passagiere würden die Plätze lieber abbestellt haben, als mit einem Leichnam auf dem Schiff die Überfahrt anzutreten.

Da war denn Kapitän Hardy auf den Gedanken gekommen, den Leichnam teilweise einbalsamieren und mit einem großen Quantum Salz in eine Kiste von angemessener Größe packen und als Passagiergut auf das Schiff schmuggeln zu lassen. Das plötzliche Hinscheiden der jungen Frau sollte absolut verborgen bleiben; und da es nun einmal bekannt geworden war, daß Wyatt für sich und seine Gattin Plätze gebucht hatte, mußte man eine Person finden, die für die Dauer der Überfahrt Frau Wyatt vorstellen konnte. Das Kammermädchen der Verstorbenen ließ sich leicht dazu überreden. Die Extrakajüte, die Herr Wyatt anfangs für die Dienerin seiner Frau gebucht hatte, behielt er einfach für seine Pseudofrau. Bei Tage spielte sie, so gut sie eben vermochte, die Rolle ihrer Herrin, die, wie man bestimmt wußte, keiner der Passagiere je gesehen hatte.

Ich selbst aber war durch meine allzu lebhafte Neugier und die Neigung, aus allem um jeden Preis meine Schlüsse zu ziehen, irregeführt worden.

In letzter Zeit schlafe ich nur sehr selten ruhig. Ein geisterhaftes Gesicht verfolgt mich, wenn ich mich auf meinem Lager hin und her wälze. Und ein hysterisches Lachen, das ich wohl nie vergessen werde, klingt in meinen Ohren.

DIE SCHEINTOTEN

Es gibt gewisse Themen, die stets das größte Interesse erregen, aber zu schaurig sind, als daß man sie zum Gegenstand einer Erzählung machen dürfte. Der bloße Romancier darf sie nicht zu seinem Stoff wählen, wenn er nicht Gefahr laufen will, zu beleidigen oder abzuschrecken. Man kann sie schicklicherweise nur behandeln, wenn ihnen die ernste Majestät der Wahrheit heiligend und schützend beisteht. Wir schaudern zum Beispiel in schmerzlichster Wollust, wenn wir Berichte lesen über den Übergang über die Beresina, über das Erdbeben von Lissabon, über die Pest in London, über das Blutbad in der Bartholomäusnacht, über den Erstickungstod der hundertundzwanzig Gefangenen in dem schwarzen Loch zu Kalkutta. Doch immer ist es die Tatsache an sich – die Wirklichkeit, die Geschichte –, die unser Interesse weckt. Wären diese Begebenheiten Erfindungen, sie würden nur unseren Abscheu erregen.

Ich habe einige wenige große und in ihrer Art teilweise großartige Schrecklichkeiten aus der Geschichte erwähnt; und es ist sowohl die Tragweite wie die besondere Art der betreffenden Begebenheiten, die unsere Phantasie so lebhaft erregt. Ich brauche dem Leser wohl nicht zu versichern, daß ich aus der langen, schaurigen Liste menschlichen Elends Einzelfälle hätte herausgreifen können, bei denen die Leiden noch qualvoller waren als bei irgendeinem dieser ungeheuren beklagenswerten Ereignisse, die so zahlreiche Opfer forderten. In der Tat: die tiefste Tiefe von Elend, das Äußerste an Qual trifft immer den einzelnen, nicht eine Anzahl von Menschen. Das unheimliche Schmerzensübermaß des Todeskampfes muß der Mensch einzeln ertragen, nie wird es der Masse der Menschen zuteil; und dafür wollen wir einem gnädigen Gott danken.

Lebendig begraben zu werden ist ohne Zweifel die gräßlichste unter den Qualen, die das Schicksal einem Sterbenden zuteilen kann. Und daß dies oft, sehr oft geschieht, wird kein Nachdenkender leugnen können. Die Grenzlinien, die das Leben vom Tod trennen, sind immer schattenhaft und unbestimmt. Wer vermag zu sagen, wo das eine endet und das andere beginnt? Wir wissen, daß es Krankheiten gibt, bei denen ein vollkommener Stillstand jeder sichtbaren Lebensfunktion eintreten und bei denen dieser Stillstand doch nur eine Unterbrechung genannt werden kann. Es sind lediglich Pausen, in denen der unbegreifbare Mechanismus seine Tätigkeit einmal aussetzte. Eine gewisse Zeit verläuft, und irgendein geheimnisvolles Prinzip, das wir nicht kennen, setzt das magische Getriebe wieder in Bewegung. Die silberne Saite hatte ihre Spannkraft noch nicht verloren, noch war der goldene Bogen auf immer untauglich! Aber wo war indessen die Seele?

Abgesehen von dem aprioristischen Schluß, daß solche Ursachen solche Wirkungen hervorbringen *müssen* — daß in den nicht abzuleugnenden Fällen pausierender Lebensfunktion natürlicherweise dann und wann verfrühte Begräbnisse stattfinden *müssen* —, abgesehen davon haben Ärzte und Erfahrungen bewiesen, daß solche Beerdigungen in der Tat stattgefunden *haben*. Wäre es nötig, so könnte ich auf der Stelle wohl hundert erwiesene Fälle anführen.

Ein ganz besonders bemerkenswerter, dessen Einzelheiten manchem meiner Leser noch frisch im Gedächtnis sein werden, ereignete sich vor nicht allzulanger Zeit in Baltimore und erregte ein peinliches, heftiges und weitgehendes Aufsehen. Die Frau eines hochgeachteten Bürgers — eines namhaften Advokaten, der auch Mitglied des Kongresses war — wurde von einer plötzlichen unerklärlichen Krankheit befallen, bei der die geschicktesten Ärzte nicht aus noch ein wußten. Nach vielem Leiden starb sie oder wurde vielmehr für tot erklärt. Niemand ahnte oder hatte auch nur den geringsten Grund zu der Annahme, daß sie nicht wirklich tot sei. Ihr Körper wies alle Kennzeichen des Todes auf. Das Gesicht verfiel und schrumpfte zusammen, die Lippen zeigten die gewöhnliche Marmorblässe, die Augen waren glanzlos. Keine Spur von Wärme war mehr wahrnehmbar, der Herzschlag hatte vollständig ausgesetzt. Drei Tage lag der Körper aufgebahrt, und eine steinerne Leichenstarre war eingetreten. Dann nahm man eiligst die Beerdigung vor, weil das, was man für Verwesung hielt, rasche Fortschritte machte.

Die Tote wurde in der Familiengruft beigesetzt, die nun drei Jahre unberührt blieb. Nach Ablauf dieser Zeit wurde sie wieder geöffnet, um einen anderen Sarg aufzunehmen — doch ach! Welch gräßlicher Schlag harrte des Gatten, der selbst die Grabstätte öffnete! Als er den Riegel der Tür, die sich nach außen öffnete, zurückschob, sank ihm klappernd ein weiß umhülltes Ding in die Arme. Es war das Skelett seiner Frau in ihrem noch nicht verfaulten Leichentuch.

Bei der nun folgenden sorgfältigen Untersuchung stellte es sich heraus, daß sie zwei Tage nach dem Begräbnis wieder zu Bewußtsein gekommen sein mußte, daß ihre verzweifelten Anstrengungen im Sarge wohl bewirkt hatten, daß er von seinem Ständer auf den Fußboden gefallen und zerbrochen war, so daß sie selbst aus ihm heraussteigen konnte. Eine Lampe, die man zufällig mit Öl gefüllt in der Gruft gelassen hatte, wurde leer vorgefunden, doch konnte dies auch die Folge von Verdunstung sein. Auf der obersten Stufe, die in das Totengemach führte, lag ein Stück von dem Sarg, mit dem sie, in der Hoffnung gehört zu werden, gegen die eiserne Tür geschlagen haben mochte. Wahrscheinlich wurde sie alsbald ohnmächtig oder starb vor Schrecken. Als sie niedersank, hakte sich dann ihr Leichentuch in einigen nach innen stehenden Eisenstücken fest. So blieb sie und verweste stehend.

Im Jahre 1810 ereignete sich in Frankreich ein Fall von vorzeitigem Begräbnis, dessen nähere Umstände die Richtigkeit der Behauptung, daß die Wahrheit seltsamer als alle Dichtung ist, von neuem beweisen. Die Heldin dieser Geschichte ist ein Fräulein Victorine Lafoucade, ein junges Mädchen aus reicher, vornehmer Familie und von großer Schönheit. Unter ihren zahlreichen Anbetern befand sich auch ein gewisser Julien Boßnet, ein armer Literat oder Journalist, der in Paris lebte. Seine Talente und seine Liebenswürdigkeit schienen die Aufmerksamkeit der Erbin auf ihn gelenkt und ihm ihre Liebe erworben zu haben. Ihr Standesbewußtsein bestimmte sie aber endlich doch, ihn abzuweisen und einen Herrn Renelle, einen Bankier und geschickteren Literaten, zu heiraten. Nach der Hochzeit wurde sie von ihrem Gatten vernachlässigt, ja, vielleicht sogar mißhandelt. Nachdem sie einige elende Jahre an seiner Seite dahingelebt hatte, starb sie, wenigstens glich ihr Zustand so sehr dem Tod, daß er jeden, der sie sah, täuschte. Sie wurde begraben – nicht in einer Gruft, sondern in einem gewöhnlichen Grab auf dem Kirchhof ihres Heimatdorfes.

Verzweifelt und noch voll von der Erinnerung an seine ehemalige tiefe Zuneigung reist der erste Liebhaber aus der Hauptstadt in die entfernte Provinz, in der das Dorf liegt, mit dem romantischen Vorsatz, den Leichnam auszugraben und sich die üppigen Locken der Toten anzueignen. Er findet das Grab, gräbt um Mitternacht den Sarg aus, öffnet ihn und will gerade das Haar abschneiden, als sich die geliebten Augen öffnen: Man hatte die Dame lebendig begraben! Das Leben war noch nicht vollständig entwichen, und die Zärtlichkeiten ihres ehemaligen Geliebten hatten sie wohl aus der Lethargie, die man fälschlich für den Tod gehalten hatte, erweckt. Er brachte sie in wahnsinniger Freude in seine Wohnung im Dorf und wandte alle Stärkungsmittel an, die ihm – er war in der Medizin ziemlich bewandert – nützlich erschienen. Kurz und gut, die Totgeglaubte kam wieder vollständig zum Leben. Sie erkannte ihren Retter und blieb so lange bei ihm, bis sie ihre frühere Gesundheit vollständig wiedererlangte. Sie hatte kein Herz von Stein, und dieser letzte Beweis von Liebe genügte, um es zu erweichen. So schenkte sie es dem Boßnet. Zu ihrem Gatten kehrte sie nicht zurück, sie hielt ihre Wiederauferstehung geheim und floh mit ihrem Geliebten nach Amerika.

Nach zwanzig Jahren kehrten beide nach Frankreich zurück, überzeugt, daß die Zeit das Aussehen der Dame so verändert habe, daß ihre Freunde sie nicht wiedererkennen würden. Doch täuschten sie sich; Herr Renelle erkannte bei dem ersten Zusammentreffen seine Frau wieder und machte seine Ansprüche geltend. Sie weigerte sich, dieselben anzuerkennen; die Gerichte sprachen sich zu ihren Gunsten aus, indem sie erklärten, daß die eigentümlichen

Umstände sowie die lange, inzwischen verflossene Zeit die Ansprüche des Mannes ungültig gemacht hätten — nicht nur moralisch, sondern auch juristisch.

Das Leipziger Journal für Chirurgie — eine Autorität auf seinem Gebiet — brachte einmal einen Bericht über einen höchst betrüblichen ähnlichen Vorfall.

Ein Offizier der Artillerie, ein Mann von mächtigem Körperbau und bester Gesundheit, wurde von einem scheuenden Pferd abgeworfen und erlitt eine schwere Kopfwunde, die ihn sofort bewußtlos machte. Doch schien direkte Gefahr nicht vorhanden, da der Schädelbruch nur ein unbedeutender war. Der Verletzte wurde mit Erfolg trepaniert. Man ließ ihn zur Ader und wandte auch sonst alle Erleichterungsmittel an. Allmählich jedoch verschlimmerte sich sein Zustand, er sank in Betäubung und anhaltende Erstarrung, so daß man ihn zuletzt für tot ansah.

Das Wetter war warm, und vielleicht war dies der Grund, daß er mit eigentlich unschicklicher Hast auf einem der öffentlichen Kirchhöfe begraben wurde. Das Begräbnis fand am Donnerstag statt. An dem darauffolgenden Sonntag wurde der Kirchhof wie gewöhnlich von einer zahlreichen Volksmenge besucht, und gegen Mittag entstand unter den Leuten eine ungeheure Aufregung, weil ein Bauer erklärte, er habe, als er auf dem Grab des Offiziers gesessen, ganz deutlich eine Erschütterung des Bodens gefühlt, als kämpfe unten jemand, um herauszugelangen.

Anfänglich schenkte man den Behauptungen des Mannes wenig Glauben, aber das offenbare Entsetzen und die Hartnäckigkeit, mit der er diese wiederholte, übten endlich ihre Wirkung auf die Menge aus. Man verschaffte sich schleunigst Spaten, und das oberflächlich bereitete, gar nicht tiefe Grab war bald so weit geöffnet, daß der Kopf seines Bewohners zutage kam. Er war scheinbar tot, doch saß er fast aufrecht in dem Sarg, dessen Deckel er bei seinen wütenden Befreiungsversuchen zum Teil aufgestoßen hatte.

Er wurde sofort in das nächste Spital gebracht, wo man ihn als noch lebend, obgleich in asphyktischem Zustand befindlich, erklärte. Nach einigen Stunden kam er langsam zu sich, erkannte Personen aus seiner Bekanntschaft und erzählte in abgerissenen Sätzen von seiner Todesangst und Qual im Grabe.

Aus dem, was er sagte, ging hervor, daß er nach dem Begräbnis noch länger als eine Stunde das Bewußtsein gehabt hatte, er lebe noch, und dann erst in den Zustand der Empfindungslosigkeit versank. Das Grab war nachlässig und mit besonders poröser Erde zugeworfen worden, so daß immerhin ein wenig Luft hindurchdrang. Er hörte die Tritte der Menge über sich und wollte sich deswegen bemerkbar machen. Es schien ihm, sagte er, als habe ihn der Trubel auf dem Kirchhof aus einem tiefen Schlaf geweckt, doch kaum war er vollständig erwacht, als ihm auch das Bewußtsein seiner gräßlichen Lage aufging.

Der Patient befand sich also, wie gesagt, in relativ günstigem Zustand, und es war die beste Hoffnung vorhanden, daß er sich vollständig wieder erholen würde; da wurde er das Opfer quacksalberischer Experimente. Man wandte nämlich die Voltasche Säule bei ihm an, und er verschied in einem jener ekstatischen Paroxismen, welche die Anwendung der Elektrizität manchmal herbeiführt.

Da ich gerade von der Voltaschen Säule spreche, kommt mir ein wohlbekannter außerordentlicher Fall ins Gedächtnis, wo sich ihre Wirkung als ausgezeichnetes Mittel bei den Wiederbelebungsversuchen erwies, die man mit einem jungen Londoner Advokaten anstellte, der schon zwei Tage im Grab gelegen hatte. Auch dieser Fall – er geschah im Jahre 1831 – erregte überall, wo er besprochen wurde, das außerordentlichste Aufsehen.

Ein Herr Edward Stapleton war anscheinend an einem typhösen Fieber gestorben, das von einigen abnormen Symptomen begleitet gewesen war, die die Neugier der Ärzte erregt hatten. Nach seinem scheinbaren Tode wurden die Freunde ersucht, ihn sezieren zu lassen, doch willigten sie nicht ein. Wie es nun bei solchen Weigerungen öfters geschieht, beschlossen die Ärzte, den Körper heimlich auszugraben und die Sezierung im Verborgenen und in aller Muße vorzunehmen. Man setzte sich mit leichter Mühe mit ein paar Leichenräubern in Verbindung, von denen London damals wimmelte, und in der dritten Nacht nach dem Begräbnis wurde der scheinbare Leichnam aus seinem acht Fuß tiefen Grab wieder ausgegraben und in das Operationszimmer eines Privathospitals gebracht.

Als bei einem ziemlich großen Schnitt in den Unterleib das frische, unverweste Aussehen des Körpers auffiel, beschloß man, Gebrauch von der galvanischen Batterie zu machen. Ein Experiment folgte dem anderen, und die gewohnten Wirkungen traten ein, ohne daß etwas Auffälliges zu bemerken gewesen wäre, als daß die Konvulsionen ein paarmal in ganz außerordentlich hohem Grade an das wirkliche Leben erinnerten.

Es war schon spät in der Nacht, der Tag begann zu dämmern, und man entschloß sich, zur Sektion selbst überzugehen. Ein Student jedoch wollte noch eine von ihm aufgestellte Theorie erproben und bestand darauf, den elektrischen Strom noch einmal auf die Brustmuskeln spielen zu lassen. Man machte einen tiefen Schnitt und führte schnell einen Draht in die Wunde.

Da stieg der Patient mit einer eiligen, aber absolut nicht krampfhaften Bewegung vom Tisch, trat in die Mitte des Zimmers, blickte ein paar Sekunden unbehaglich umher – und sprach. Was er sagte, war nicht verständlich, doch sprach er jedenfalls Worte aus, da man deutliche Silbenbildung vernahm. Dann fiel er schwer zu Boden.

Einige Sekunden lang standen die Anwesenden ganz schreckerstarrt – doch bald brachte die Dringlichkeit des Falles sie in den Besitz der vollen Geistesgegenwart zurück. Es war offenbar, daß Herr Stapleton noch am Leben, wenn jetzt auch ohnmächtig war. Durch Anwendung von Äther wurde er vollständig zu sich gebracht und erlangte bald seine Gesundheit wieder. Seinen Angehörigen gab man ihn jedoch erst dann zurück, als keine Gefahr für einen Rückfall mehr zu befürchten war. Ihr Erstaunen, ihre Freude und ihr Entzücken kann man sich kaum vorstellen!

Das Schaudererregende, Merkwürdige dieses Falles ist jedoch das, was Herr Stapleton selbst erzählte. Er erklärte, daß er keinen Augenblick vollständig fühllos gewesen – daß er, wenn auch nur dumpf und verworren, von allem Bewußtsein gehabt habe, was man mit ihm vornahm, von dem Augenblick an, in dem ihn die Ärzte für *tot* erklärten, bis zu dem, wo er im Spital ohnmächtig zu Boden sank. »Ich lebe noch«, das waren die unverständlichen Worte, welche er, als er den Seziersaal erkannte, im Übermaß des Entsetzens hatte aussprechen wollen.

Es wäre mir ein leichtes, noch viele solcher Geschichten hier anzuführen, aber ich stehe davon ab, da wir ihrer, wie gesagt, nicht bedürfen, um die Tatsache festzustellen, daß verfrühte Begräbnisse stattfinden. Und wenn wir uns daran erinnern, wie selten es in unserer Macht steht – die Natur der Sache macht dies ja leicht begreiflich –, dergleichen Ereignisse zu entdecken, dann müssen wir sogar annehmen, daß sie *häufig* vorkommen. Man kann in der Tat kaum einen Kirchhof umgraben, ohne Skelette in Stellungen zu finden, die zu den grauenvollsten Mutmaßungen führen müssen.

Wahrhaftig, grauenvoll ist solch eine Mutmaßung, noch grauenvoller aber das Schicksal eines lebendig Begrabenen. Man kann wohl ohne weiteres behaupten, daß *kein* Unfall ein solches Übermaß körperlicher und seelischer Qualen mit sich bringt als das Lebendig-begraben-Werden. Der unerträgliche Druck auf die Lungen – die erstickenden Ausdünstungen der feuchten Erde – die peinigende Enge der Totenkleider – die rauhe Umarmung der schmalen Ruhestätte – die schwarze, undurchdringliche Nacht – die Stille, die wie ein Meer über dem Unglückseligen zusammenschlägt – die unsichtbare, aber gefühlte Gegenwart des ewigen Siegers Tod –, alles dies und dazu die Erinnerung an die freie Luft und das Gras über einem, an teure Freunde, die uns zu retten eilen würden, wüßten sie bloß von unserem Schicksal, und die Gewißheit, daß sie es *nie*, nie wissen werden, daß der wirkliche Tod hoffnungslos unser Teil geworden ist. Alles dies muß das noch klopfende Herz mit solch gräßlichem, unerträglichem Grausen erfüllen, daß auch die kühnste Phantasie vor seiner Ausmalung zurückschaudert. Wir kennen auf Erden nichts Fürchterlicheres – und können uns nichts Scheußlicheres ausdenken; und so wecken denn alle Erzählungen, die an dieses Thema anknüpfen, ein tiefes Interesse, ein Interesse, das bei der heiligen Furchtbarkeit des Themas ganz besonders durch die Überzeugung verstärkt wird, daß die *Wahrheit* berichtet wird.

Was ich nun zu erzählen habe, weiß ich wirklich und gewiß – weiß ich aus eigener Erfahrung.

Seit mehreren Jahren war ich Anfällen jener merkwürdigen Krankheit unterworfen, die die Ärzte, mangels eines bezeichnenderen Namens, Katalepsie genannt haben. Obgleich die unmittelbaren und mittelbaren Ursachen, ja sogar die Diagnose des Übels noch immer nicht festgestellt, noch immer Geheimnis sind, so kennt man doch seine äußeren wesentlichen Erscheinungen zur Genüge. Variationen scheinen nur bezüglich der Heftigkeit der Erkrankung vorzukommen. Zuweilen liegt der Patient nur einen Tag lang, oft auch noch kürzere Zeit in einem lethargischen Zustand. Er ist ohne Empfindung und äußerlich vollkommen bewegungslos, doch ist noch ein schwacher Herzschlag bemerkbar; eine ganz geringe Wärme bleibt sowie ein leichter Anflug von Farbe auf den Wangen; und bringt man einen Spiegel an die Lippen, so kann man eine langsame, schwache, ungleiche Lungentätigkeit wahrnehmen. Andererseits kann die Erstarrung aber auch Wochen – ja Monate lang anhalten, und selbst die genaueste Untersuchung und die stärksten medizinischen Mittel können keinen materiellen Unterschied zwischen dem Zustand des Leidenden und dem, was wir Tod nennen, konstatieren. Gewöhnlich wird ein solcher Unglücklicher nur dadurch vor dem Lebendig-begraben-Werden gerettet, daß seine Freunde wissen, daß er öfter dergleichen Anfällen unterworfen ist, und deshalb mit Recht mutmaßen, der Tod sei noch nicht eingetreten – oder dadurch, daß man beobachtet, wie die Verwesung allzu ersichtlich *nicht* eintritt. Glücklicherweise macht die Krankheit nur gradweise Fortschritte. Schon die ersten Anzeichen sind charakteristisch und unzweideutig. Die Anfälle werden allmählich ausgeprägter, und jeder folgende dauert länger als der vorhergehende. Dies bewahrt die Kranken hauptsächlich vor dem Lebendig-begraben-Werden. Der Unglückselige, dessen *erster* Anfall schon die Heftigkeit eines seiner späteren hätte, würde diesem Schicksal wohl kaum entgehen.

Mein Krankheitsfall wich in keinem wesentlichen Punkt von denen ab, die man in medizinischen Schriften erwähnt findet. Zuweilen versank ich ohne scheinbare Ursache allmählich in eine halbe Ohnmacht, und in diesem schmerzlosen Zustand, in dem ich mich nicht bewegen noch sprechen noch denken konnte, aber immerhin noch ein dunkles Bewußtsein vom Leben und von der Gegenwart der Personen, die mein Bett umstanden, hatte, blieb ich, bis die Krisis der Krankheit mir ganz plötzlich wieder den Gebrauch meiner Sinne wiedergab.

Zu anderen Zeiten ergriff mich die Krankheit jäh und unerwartet. Mir wurde übel, eine Taubheit legte sich auf meine Glieder, ich fröstelte. Dann ergriff mich ein Schwindel und warf mich plötzlich nieder. Und nun war wochenlang alles schwarz, leer und stumm – die ganze Welt sank mir in ein Nichts. Die vollständige Vernichtung kann nicht mehr sein als dieser Zustand. Aus solchen Anfällen erwachte ich jedoch im Vergleich zu der Plötzlichkeit, mit der sie kamen, nur sehr langsam. Und so langsam wie dem freund- und heimatlosen Bettler, der die lange, öde Winternacht hindurch die Straßen durchirrt, so langsam, so zögernd, so befreiend strahlte auch mir das Licht der rückkehrenden Seele wieder zu.

Abgesehen von diesen Krampfanfällen schien mein allgemeiner Gesundheitszustand ein guter; ich bemerkte nie, daß meine Krankheit ihn in irgendeiner Weise beeinflußte, wenn man nicht eine Idiosynkrasie in meinem gewöhnlichen Schlaf aus ihr herleiten will. Wenn ich aus dem Schlummer erwachte, konnte ich nie auf einmal wieder die Herrschaft über meine Sinne antreten, sondern blieb stets noch mehrere Minuten lang verwirrt und verlegen, da mich meine gedanklichen Fähigkeiten, besonders das Erinnerungsvermögen, verlassen zu haben schienen.

Körperliche Leiden hatte ich nicht zu erdulden, dagegen eine Unendlichkeit an Seelenqualen. Meine Phantasie beschäftigte sich nur noch mit Leichen. Ich sprach nur noch von Würmern, von Gräbern und Grabinschriften. Ich verlor mich in Grübeleien über den Tod, und der Gedanke, zu früh begraben zu werden, setzte sich fast als Gewißheit in meinem Kopf fest. Das Gespenst der Gefahr, die mich bedrohte, verfolgte mich Tag und Nacht. Am Tage war die Qual solcher Vorstellungen schon groß, in der Nacht fast übermenschlich. Wenn die Dunkelheit ihre grauen Fittiche über die Erde breitete, ließ mich das Grausen über meine Gedanken erbeben — wie die Trauerwedel auf einem Leichenwagen zittern. Konnte meine Natur das Wachen nicht länger ertragen, so überließ ich mich nur nach hartem Kampf dem Schlaf, denn mich schauderte bei dem Gedanken, mich erwachend vielleicht in einem Grabe wiederzufinden. Und fiel ich endlich in Schlaf, so versank ich in eine Welt gespenstischer Traumgestalten, die meine Grabesidee mit riesigen schwarzen Fittichen beschattete.

Von den unzähligen Greuelszenen, die ich im Traum schauen mußte, will ich nur eine einzige erzählen. Es war mir, als sei ich in einen Starrkrampfanfall von ungewöhnlich langer Dauer und Heftigkeit versunken. Plötzlich berührte eine eisige Hand meine Stirn, und eine ungeduldige, kaum verständliche Stimme flüsterte die Worte: »Steh auf!« in mein Ohr.

Ich setzte mich aufrecht. Die Dunkelheit war undurchdringlich. Ich konnte die Gestalt dessen, der mich geweckt hatte, nicht erkennen. Ich konnte mich weder der Zeit erinnern, zu der ich in die Erstarrung versunken war, noch hatte ich eine Vorstellung von dem Ort, an dem ich mich befand. Und während ich noch regungslos saß und mich bemühte, meine Gedanken zu sammeln, ergriff die kalte Hand zornig die meine, schüttelte sie heftig, und die Stimme sagte wieder:

»Steh auf! Befahl ich dir nicht, aufzustehen?«

»Und wer«, fragte ich, »bist du?«

»Ich habe keinen Namen in den Regionen, die ich jetzt bewohne«, antwortete die Stimme trauervoll. »Ich war sterblich, nun bin ich zum Leben eines Dämons erwacht; ich war unbarmherzig, nun bin ich barmherzig; du fühlst, daß ich schaudere. Meine Zähne klappern, während ich rede, doch nicht weil die Nacht kalt ist — diese Nacht ohne Ende. Aber die Gräßlichkeiten sind unerträglich. Wie kannst du ruhig schlafen? Ich finde keine Ruhe vor dem Schrei dieser *großen* Todesqualen. Diese Seufzer sind mehr, als ich ertragen kann. Auf! Auf! Komm mit mir in die äußere Nacht, ich will dir die Gräber enthüllen. Ist dies nicht ein Schauspiel voll Weh? — Sieh hin!«

Ich sah hin; die unsichtbare Gestalt, die noch immer mein Handgelenk umklammert hielt, hatte die Gräber der ganzen Menschheit sich öffnen heißen, und aus jedem kam der schwache, phosphoreszierende Glanz der Verwesung hervor, so daß ich in die verborgensten Höhlen schauen und die leichentuchumhüllten Körper in ihrem trüben, feierlichen Schlaf bei den Würmern erblicken konnte. Aber ach! Die wirklichen Schläfer waren millionenfach seltener als die, die *nicht* schlummerten; ein schwaches Kämpfen ging durch ihre Reihen, eine irre, matte Rastlosigkeit; und aus den Tiefen zahlloser Gruben kam ein trauervolles Rascheln der Gewänder der Begrabenen; und ich sah, daß eine ungeheure Zahl derer, die regungslos zu ruhen schienen, die starre steife Lage, in der man sie begraben, verändert hatte. Und während ich noch schaute, sagte die Stimme wieder zu mir:

»Ist das nicht — o Gott, ist das nicht ein erbarmungswürdiger Anblick?« Doch ehe ich noch ein Wort der Erwiderung finden konnte, hatte die Gestalt meine Hand losgelassen, der Lichtschein verlosch; die Gräber schlossen sich mit plötzlicher Gewalt, während verzweifelte Schreie aus ihnen hervortönten: »Ist das nicht — o Gott, ist das nicht ein erbarmungswürdiger Anblick?«

Solche schrecklichen nächtlichen Phantasien dehnten ihren unheilvollen Einfluß auch auf meine wachen Stunden aus. Meine Nerven wurden zerrüttet, ich lebte in beständigem Entsetzen. Nicht mehr reiten wollte ich, nicht spazierengehen, noch überhaupt das Haus verlassen. Zum Schluß wagte ich überhaupt nicht mehr, mich aus der unmittelbaren Gegenwart derer zu entfernen, die um meine Anfälle wußten, nur damit ich nicht, sollte sich wieder ein Anfall einstellen, begraben würde, ehe man meinen wirklichen Zustand erkannt hätte. Ich mißtraute der Pflege und Treue meiner liebsten Freunde und fürchtete, daß sie mich bei einer Erstarrung von vielleicht ungewöhnlich langer Dauer doch für tot ansehen würden. Ich ging sogar so weit, anzunehmen, daß sie einen längeren Anfall mit Freuden als Gelegenheit begrüßen würden, mich und damit die Mühe, die ich ihnen bereitete, endgültig loszuwerden. Vergeblich bemühten sie sich, mich durch die feierlichsten Versprechungen zu beruhigen.

Sie mußten mir mit den heiligsten Eiden schwören, daß sie mich unter keinen Umständen begraben lassen würden, bis die Zersetzung so weit vorgeschritten wäre, daß jede Erhaltung ausgeschlossen war. Und selbst dann noch ließ sich meine Todesangst durch keine Vernunftgründe, keinen Trost beschwichtigen. Ich traf zahlreiche Vorsichtsmaßregeln. Unter anderem ließ ich die Familiengruft so umändern, daß sie von innen leicht zu öffnen war. Der leiseste Druck auf einen langen Hebel, der weit in das Grab hineinragte, verursachte, daß die Eisentüren weit aufflogen. Außerdem waren Vorkehrungen getroffen, daß Luft und Licht freien Zutritt hatten, und im übrigen waren in unmittelbarer Nähe des Sarges, der mich einst beherbergen sollte, passende Gefäße zur Aufnahme von Speise und Trank befestigt worden. Der Sarg selbst war warm und weich gefüttert und mit einem Deckel geschlossen, der nach demselben Prinzip wie die Grufttür gebaut und mit Sprungfedern versehen war, die ihn bei der schwächsten Bewegung im Sarge aufspringen ließen und die eingeschlossene Person in Freiheit setzten. Überdies war an der Decke des Gewölbes eine große Glokke aufgehängt, deren Seil, wie abgemacht wurde, durch ein Loch in den Sarg geführt und an der Hand des Leichnams befestigt werden sollte. Doch ach! Was vermag alle Vorsicht gegen das Schicksal? Nicht einmal diese so wohl erdachten Sicherheitsmaßregeln genügten, einen Bedauernswürdigen, zu diesem Los Vorherbestimmten, von den Höllenqualen des Lebendig-begraben-Werdens zu retten.

Es kam wieder einmal eine Zeit, in der ich – wie es schon oft geschehen – fühlte, daß ich aus vollständiger Bewußtlosigkeit zu einem ersten schwachen Gefühl des Daseins zurückkehrte. Langsam, mit schildkrötenhafter Langsamkeit kam das schwache graue Dämmern meines geistigen Tages herauf. Eine starre Unbehaglichkeit. Ein apathisches Ertragen dumpfen Schmerzes. Keine Furcht – keine Hoffnung – keine Bewegung. Dann, nach langer Pause, ein Sausen in den Ohren; dann, nach längerer Zeit, eine prickelnde oder stechende Empfindung in den Extremitäten; dann eine scheinbar endlose Zeit genußreicher Ruhe, während derer die erwachenden Gefühle sich zu Gedanken formen wollten; dann ein kurzes Zurücksinken ins Nichtsein; dann ein plötzliches Zusichkommen. Endlich ein leichtes Zucken des Augenlides, und gleich darauf der elektrische Schlag eines tödlichen, endlosen Schreckens, der das Blut aus den Schläfen zum Herzen peitschte. Und nun der erste Versuch, wirklich zu denken. Und dann die erste Anstrengung, sich zu erinnern. Ein teilweiser, vorübergehender Erfolg. Bis schließlich das Erinnerungsvermögen so weit wiederhergestellt war, daß ich mir meines Zustandes bewußt wurde. Jedenfalls fühlte ich, daß ich nicht aus einem gewöhnlichen Schlaf erwachte. Und es wurde mir klar, daß ich wieder einen meiner Anfälle gehabt hatte. Da aber schlug wie ein Ozean das Bewußtsein einer grauenvollen Gefahr über mir zusammen, die geisterhafte Idee beherrschte mich wieder.

Einige Minuten blieb ich regungslos. Warum? Ich konnte den Mut nicht finden, auch nur eine einzige Bewegung zu machen. Ich wagte es nicht, mich von meinem Schicksal zu überzeugen, und doch flüsterte irgend etwas in meinem Herzen mir die *Gewißheit* zu. Eine Verzweiflung, wie sie keine andere Art menschlichen Elendes hervorbringen kann, trieb mich endlich dazu, ein Augenlid zu öffnen. Es war dunkel – undurchdringlich dunkel um mich. Ich wußte, daß der Anfall vorüber – ich wußte, daß die Krisis längst vorbei war. Ich wußte, daß ich den Gebrauch meines Sehvermögens vollständig wiedererlangt hatte, und doch war alles dunkel, undurchdringlich dunkel, die äußerste, lichtloseste, undurchdringlichste Nacht!

Ich versuche zu schreien, meine Lippen und meine trockene Zunge bewegten sich mit krampfhafter Anstrengung; doch kein Ton entrang sich meinen Lungen, die wie von einer Bergeslast bedrückt nach Luft schnappten und zu zerreißen drohten.

Als ich bei dem Versuch, zu schreien, die Kinnbacken bewegen wollte, hatte ich gefühlt, daß man sie, wie bei Toten üblich, umbunden hatte. Ich fühlte ferner, daß ich auf etwas Hartem lag und etwas Ähnliches mich an den Seiten drückte. Bis jetzt hatte ich noch nicht gewagt, ein Glied zu rühren, nun aber warf ich meine Arme, die ausgestreckt mit gekreuztem Handgelenk dagelegen hatten, heftig in die Höhe. Sie stießen sich an einem festen, hölzernen Gegenstand, der sich über meinem ganzen Körper, vielleicht in der Höhe von sechs Zoll, ausdehnte. Nun konnte ich nicht länger zweifeln, daß ich in einem Sarg war.

Aber da erschien mir in all dem grenzenlosen Elend ein süßer Hoffnungsengel — ich dachte an meine Vorsichtsmaßregeln. Ich wand mich und machte krampfhafte Anstrengungen, den Deckel zu öffnen — er war nicht zu bewegen. Ich suchte an meinen Handgelenken nach dem Glockenseil — es war nicht zu finden. Da entfloh mein Tröster für immer, und gräßliche Verzweiflung fiel mich an, ich bemerkte, daß die Polster fehlten, die ich für *meinen* Sarg hatte herrichten lassen, und dann drang plötzlich der starke, eigentümliche Geruch feuchter Erde in meine Nase. Nein, ich konnte mich nicht mehr betrügen — ich lag *nicht* in der Gruft. Ich war während einer Abwesenheit von zu Hause bei Fremden in Starrkrampf verfallen. Wann oder wie? Dessen entsann ich mich nicht mehr; und sie hatten mich wie einen Hund begraben, in einen gewöhnlichen Sarg eingenagelt und tief, tief und auf ewig in ein gewöhnliches, unbekanntes Grab verscharrt.

Als diese fürchterliche Überzeugung über mich gekommen war, versuchte ich noch eins: zu schreien; und es gelang mir. Ein langer, wilder, anhaltender Schrei oder vielmehr ein tierisches Gebrüll der Todesangst durchdrang die Reiche der unterirdischen Nacht.

»Hallo, hallo, was soll das?« antwortete mir eine unwillige Stimme.

»Zum Teufel, was ist denn los?« hörte ich eine zweite.

»Heraus mit ihm!« meinte eine dritte.

»Was fällt Ihnen ein, hier wie eine wilde Katze zu heulen?« fragte eine vierte; und dann fühlte ich mich gepackt und ohne weitere Umstände ein paar Minuten lang von ein paar ziemlich rauhbeinig aussehenden Gesellen derb hin und her geschüttelt. Sie weckten mich nicht aus dem Schlaf, denn ich war, als ich schrie, schon völlig erwacht, sie gaben mir nur den vollen Besitz meines Gedächtnisses wieder.

Das Abenteuer ereignete sich in Virginia, in der Nähe von Richmond.

In Begleitung eines Freundes hatte ich einen kleinen Jagdausflug den James River hinab unternommen.

Eines Nachts hatte uns ein Sturm überrascht; die Kajüte einer kleinen Schaluppe, die mit Mutterboden beladen im Fluß vor Anker lag, gewährte uns Schutz und Obdach. Wir richteten uns, so gut es ging, ein und übernachteten auf dem Boot. Ich schlief in einer der beiden Kojen — und das Aussehen einer solchen auf einer kleinen Schaluppe von sechzig bis siebzig Tonnen brauche ich wohl nicht weiter zu beschreiben. In meinem Schlupfwinkel befand sich nicht das geringste Bettzeug. Er maß an der breitesten Stelle achtzehn Zoll, und die Entfernung zwischen Boden und Decke betrug auch nicht mehr. Nur mit großer Schwierigkeit hatte ich mich in diesen Raum hineingezwängt. Dennoch war ich in einen gesunden Schlaf gesunken; und meine ganze Vision — sie war weder ein Traum noch ein Alp — war nur die natürliche Folge meiner Lage, meines gewöhnlichen Ideenganges und der Schwierigkeit, die es mir, wie schon bemerkt, bereitete, beim Erwachen sofort meine Sinne beherrschen und mein Gedächtnis befragen zu können. Die Männer, die mich schüttelten, gehörten zur Mannschaft des Schiffes. Der Erdgeruch kam von dessen Ladung her, und die Bandage um mein Kinn bestand aus einem seidenen Taschentuch, das ich mir, mangels einer gewohnten Nachtmütze, um den Kopf gebunden hatte.

Die Qualen jedoch, die ich erlitten hatte, kamen denen eines lebendig Begrabenen vollständig gleich — sie waren gräßlich, grauenvoll gewesen. Doch aus ihnen erwuchs mir unsagbar viel Gutes, denn gerade ihr Übermaß hatte den wohltätigsten Einfluß auf meinen Seelenzustand. Ich gewann mehr Herrschaft über mich, überließ mich nicht mehr so sehr meinen Gedanken und mehr meinem gesunden Gefühl. Ging viel aus und machte reichlich körperliche Übungen. Atmete aus vollem Herzen die freie Himmelsluft und begann an anderes als nur an den Tod zu denken. Meine medizinischen Bücher schaffte ich ab, ›Buchan‹ verbrannte ich und las keine ›Nachtgedanken‹ mehr, keine Kirchhofs- noch Gespenstergeschichten, keine extravaganten Erzählungen — wie diese hier! Kurz, ich wurde ein neuer Mensch und begann, wie ein Mensch zu leben. Von dieser denkwürdigen Nacht an verabschiedete ich auf immer meine Grabesphantasien, und mit ihnen verschwand auch meine Katalepsie, die vielleicht mehr ihre Wirkung als ihre Ursache war.

Es gibt Augenblicke, in denen diese Welt selbst dem Auge des nüchternsten Betrachters eine Hölle scheinen muß; doch die Phantasie des Menschen führt ihn zu keiner Katharsis, mit der er es wagen darf, all ihre Abgründe zu erforschen. Ach, die unheimliche Schar der Todesschrecken sind doch nicht bloß Phantasien, aber wir müssen sie, wie die Dämonen, die den Afrasiab den Oxus hinab begleiteten, schlafen lassen, wenn sie uns nicht verschlingen sollen — wir müssen sie schlafen lassen, wenn wir nicht zugrunde gehen wollen!

SCHATTEN

Wahrlich! ob ich auch wandele durch das Tal des Schattens ... *Psalm Davids*

Ihr, die Ihr lest, seid noch unter den Lebendigen; aber ich, der ich schreibe, werde schon lange meinen Weg ins Reich der Schatten gegangen sein. Denn wahrlich, seltsame Dinge werden geschehen, und Geheimes wird offenbar werden — und viele Jahrhunderte werden vergehen, ehe einst Menschen diese Aufzeichnungen lesen. Und wenn sie gelesen haben, werden einige nicht glauben, werden einige zweifeln, und nur wenige werden über die Schriftzüge, die hier mit eisernem Griffel eingegraben sind, ernsthaft nachsinnen.

Das Jahr war ein Jahr des Schreckens gewesen, ein Jahr unaussprechlichen, schaudervollen Entsetzens. Denn viele Wunder und Zeichen waren geschehen, und über alles Land und alles Meer hielt die Pest ihre schwarzen Schwingen gebreitet. Und denen, welche die Gestirne deuteten, war es nicht unbekannt, daß die Himmel Unheil verkündeten; und ich, der Grieche Oinos, erkannte mit manchen anderen, daß das siebenhundertvierundneunzigste Jahr gekommen war, in dem sich beim Aufgange des Aries der Planet Jupiter mit dem roten Ringe des schrecklichen Saturn vereint. Das seltsame Wesen, das Luft und Himmelskörper durchdrang, offenbarte sich nicht nur im Äußeren des Erdballs, sondern — ich müßte mich denn sehr irren — auch in den Seelen, Phantasien und Grübeleien der Menschen.

Bei einer Flasche roten Chiosweines saßen wir des Nachts in einem hohen Saal in einer trüben Stadt, die Ptolemais heißt, zu sieben beisammen. Und zu unserem Zimmer gab es keinen anderen Eingang als eine hohe kupferne Tür, und die Tür war von dem Künstler Corinnos gefertigt, von seltener Arbeit und von innen verschlossen. Schwarze Draperien umhingen den düsteren Raum und verbargen unsern Augen den Mond, die gelben Sterne und die menschenleeren Straßen — doch die Ahnung und die Erinnerung an das Unglück ließen sich nicht ausschließen. Es waren Dinge um uns — körperliche und geistige Dinge —, von denen ich keine deutliche Schilderung geben kann, als drücke eine Schwere in der Luft, als drohe uns Erstickung. Beängstigung sank dumpf herab — und

vor allem quälte uns jener schreckliche Daseinszustand, in dem die Sinne übermäßig lebendig und wach sind, während die Kräfte des Gedankens schlummern. Eine tote Schwere hing über uns. Sie lag auf unseren Gliedern, auf den Gegenständen in dem Zimmer, auf den Bechern, aus denen wir tranken. Es schien, als drücke sie alle Dinge nach unten, alles, nur nicht die Flammen der sieben eisernen Lampen, die unser Trinkgelage beleuchteten. Sie stiegen in langen, dünnen Lichtstreifen auf und brannten alle bleich und unbeweglich; und in dem Spiegel, den ihr Licht auf dem runden Ebenholztisch bildete, um den wir saßen, erblickte jeder von uns, die wir da versammelt waren, seines eigenen Antlitzes Blässe und das unruhige Flackern in den niedergeschlagenen Augen der Freunde. Doch lachten wir und waren lustig auf unsere Art — hysterisch lustig — und sangen die Lieder Anakreons — wahnsinnige Lieder; und tranken unaufhörlich, obgleich uns der purpurne Wein an Blut gemahnte. Denn es war noch ein Gast in unserem Gemache, der junge Zoilus. Tot und ausgestreckt lag er da, leichentuchumhüllt — der Dämon des Ortes. Ach, er hatte keinen Anteil an unserer Heiterkeit oder nur soviel, als sein von Qual entstelltes Antlitz und seine Augen, deren Feuer der Tod nur halb verlöschen konnte, anzeigten — nur soviel Anteil, als Tote an der lauten Munterkeit derer nehmen, die bald sterben sollen. Aber obgleich ich, Oinos, fühlte, daß die Augen des Abgeschiedenen auf mir ruhten, zwang ich mich, ihren bitteren Ausdruck nicht zu bemerken und starrte beharrlich in die Tiefen des Ebenholzspiegels und sang mit lauter, voller Stimme die Lieder des Sohnes von Teios. Aber nach und nach hörten meine Lieder auf, und ihr Echo verrollte in den düsteren Draperien des Zimmers, wurde schwach und undeutlich und schwand ganz hin. Und seht! Aus jenen düsteren Draperien, in denen die Töne des Liedes verschwunden waren, kam ein dunkler, undeutlicher Schatten hervor — ein Schatten, wie ihn der Mond, wenn er niedrig am Himmel steht, aus der Gestalt des Menschen bildet; doch war es nicht der Schatten eines Menschen und nicht der eines Gottes, noch eines bekannten Dinges. Und er schwankte eine Weile zwischen den Draperien des Zimmers und blieb endlich vor unseren Augen auf der Tür von Kupfer stehen. Aber der Schatten war undeutlich und formlos und unbestimmt und war nicht der Schatten eines Mannes noch eines Gottes — weder eines Gottes von Griechenland, noch von Chaldäa, noch eines ägyptischen Gottes. Und der Schatten blieb auf der Kupfertür unter dem Bogen ihres Frieses stehen und rührte sich nicht und sprach kein Wort, sondern stand da und blieb stehen. Und die Tür, auf der der Schatten ruhte, befand sich, wenn ich mich nicht täusche, zu Füßen des jungen, leichentuchumhüllten Zoilus. Aber wir, die sieben Versammelten, die den Schatten aus den Draperien kommen gesehen hatten, wagten lange nicht, ihn anzublicken, sondern schlugen unsere Augen nieder und starrten beharrlich in die Tiefen des Ebenholzspiegels. Und endlich sprach ich, Oinos, einige leise Worte und fragte den Schatten nach seiner Heimat und nach seinem Namen. Und der Schatten antwortete:

»Ich bin der *Schatten* und meine Heimat ist nahe bei den Katakomben von Ptolemais und dicht an den nebligen Ebenen Elysions, die an den trüben Strom Charons grenzen.«

Und da fuhren wir, die Sieben, voll Schreck von unseren Sitzen auf und standen schaudernd. Denn die Stimme des Schattens war nicht die Stimme *eines* Wesens, sondern die Stimme *vieler*, und ihr Tonfall, der von Silbe zu Silbe wechselte, schlug düster an unser Ohr mit einem Stimmklang, den wir wohl kannten – mit dem Stimmklang von vielen tausend abgeschiedenen Freunden.

SCHWEIGEN

»Höre mich an«, sagte der Dämon und legte seine Hand auf mein Haupt: »Das Land, von dem ich spreche, ist ein trauervolles Land in Libyen an den Ufern des Flusses Zaire. Und dort ist nicht Ruhe noch Schweigen.

Die Wasser sind von safrangelber, kranker Farbe; und sie strömen nicht weiter dem Meer zu, sondern bäumen sich ewig unter dem roten Auge der Sonne mit stürmischer, krampfhafter Bewegung empor. An jeder Seite des schlammigen Flußbettes zieht sich viele Meilen weit eine bleiche Wüste gigantischer Wasserlilien hin. Sie seufzen einander durch die Einöde zu — und rekken ihre langen gespenstischen Hälse zum Himmel empor und schütteln ihr unvergängliches Haupt. Und es geht ein dumpfes Murmeln von ihnen aus, wie von dem Brausen eines unterirdischen Wassers. Und sie seufzen einander zu.

Aber ihr Reich hat eine Grenze — diese Grenze ist ein hoher, dunkler, schreckensvoller Wald. Das niedrige Unterholz ist, wie die Wellen um die Hebriden, in immerwährender Bewegung. Und doch regt sich kein Hauch am Himmel. Und die ungeheuren Urwaldbäume schwanken ewig hin und her mit machtvollem Brausen. Und aus ihren hohen Wipfeln fällt Tropfen auf Tropfen, ein ewiger Tau. Und um ihre Wurzeln winden sich seltsame, giftige Blumen in unruhigem Schlummer. Und über ihren Häuptern eilen die grauen Wolken mit lautem Rauschen immer westwärts, bis sie als Katarakt über die feurigen Mauern des Horizontes herabstürzen. Und doch regt sich kein Hauch am Himmel. Und an den Ufern des Flusses Zaire ist nicht Ruhe noch Schweigen.

Es war Nacht und der Regen fiel; und da er fiel, war es Regen; aber da er gefallen, war es Blut. Und ich stand im Sumpf unter den hohen Lilien, und der Regen fiel auf mein Haupt, und die Lilien seufzten einander zu in der Feierlichkeit ihrer Verlassenheit.

Und plötzlich ging hinter einem dünnen, geisterhaften Nebel der Mond auf und war von karmesinroter Farbe. Und meine Augen fielen auf einen gewaltigen grauen Felsen, der am Ufer des

Flusses stand und vom Licht des Mondes beleuchtet wurde. Und der Felsen war grau und düster und hoch – und der Felsen war grau. In seine steinerne Stirn schienen Schriftzüge eingegraben; und ich schritt durch den Sumpf der Wasserlilien und näherte mich dem Felsen, die Inschrift zu lesen. Doch konnte ich sie nicht entziffern. Und ich schritt wieder durch den Sumpf zurück, als der Mond in höherem Rot aufleuchtete; und ich wandte mich um und blickte wieder zu dem Felsen und den Schriftzügen empor – und die Schriftzüge bildeten das Wort: *Verlassenheit.*

Und ich blickte aufwärts. Da stand ein Mann auf dem Grat des Felsens; und ich verbarg mich unter den Wasserlilien, um die Bewegungen des Mannes zu erspähen. Und der Mann war von hoher, gebietender Gestalt und von den Schultern bis zu den Füßen in eine altrömische Toga gehüllt. Und die Umrisse seiner Gestalt waren undeutlich – aber seine Züge waren die Züge einer Gottheit; denn der Schleier der Nacht und des Nebels und des Mondes und des Taues konnten den Glanz seiner Züge nicht verdecken. Und seine Stirn war hoch und gedankenvoll, und sein Auge wild und seltsam schmerzerregt, und die Furchen seiner Wangen sprachen von Kummer, von Müdigkeit und Menschenhaß und großer Sehnsucht nach Einsamkeit.

Und der Mann saß auf dem Felsen und stützte sein Haupt in die Hand und blickte in die Verlassenheit hinaus. Er blickte hinab in das niedrige, unruhige Gesträuch und auf die hohen Urwaldbäume; hinauf zu den rauschenden Wolken und in den karmesinroten Mond. Und ich lag im Schutze der Lilien verborgen und erspähte die Bewegungen des Mannes. Und er schauderte in der Einsamkeit ... Doch die Nacht schritt vor, und er saß auf dem Felsen.

Und der Mann wandte seine Augen von dem Himmel und blickte nieder auf den trüben Fluß Zaire und auf die gelben, unheimlichen Wasser und auf die bleichen Legionen der Wasserlilien. Und der Mann lauschte auf die Seufzer der Wasserlilien und auf das Murmeln, das von ihnen ausging. Und ich lag in meinem Versteck verborgen und beobachtete seine Bewegungen. Und der Mann schauderte in der Einsamkeit ... Doch die Nacht schritt vor, und er saß auf dem Felsen.

Dann drang ich in die Tiefen des Sumpfes und watete in die Wildnis der Lilien hinein und rief die Hippopotami, die in den Tiefen des Sumpfes wohnen. Und die Hippopotami hörten meinen Ruf und kamen mit den Behemoths bis an den Fuß des Felsens und brüllten laut und schauerlich unter dem Monde. Und ich lag noch immer versteckt und beobachtete die Bewegungen des Mannes. Und der Mann schauderte in der Einsamkeit ... Doch die Nacht schritt vor, und er saß auf dem Felsen.

Da verfluchte ich die Elemente mit dem Fluch des Aufruhrs; und ein furchtbarer Sturm erhob sich am Himmel, an dem sich vorher kein Hauch geregt. Und der Himmel erblich vor der Gewalt des Sturmes — und der Regen schlug auf das Haupt des Mannes — und die Wasser des Flusses traten über die Ufer — und der Fluß wurde zu Schaum gepeitscht — und die Wasserlilien schrien auf in ihren Betten — und der Wald zerbröckelte im Sturmwind — und der Donner rollte — und der Blitz zuckte — und der Felsen erbebte bis in seine Grundfesten. Und ich lag versteckt und beobachtete die Bewegungen des Mannes. Und der Mann schauderte in der Einsamkeit ... Doch die Nacht schritt vor, und er saß auf dem Felsen.

Da faßte mich Zorn, und ich verfluchte mit dem Fluch des Schweigens den Fluß und die Lilien und den Wind und den Wald und den Himmel und den Donner und die Seufzer der Wasserlilien. Und der Fluch traf, und sie wurden stumm. Und der Mond hielt inne auf seinem Wege um den Himmel — und der Donner starb dahin — und der Blitz zuckte nicht mehr, und die Wolken hingen regungslos — und die Wasser strömten in ihr Bett zurück und blieben darin — und die Bäume hörten auf zu schwanken — und die Wasserlilien seufzten nicht mehr — und kein Murmeln ging mehr von ihnen aus, noch auch der Schatten eines Tones aus dieser ungeheuren, grenzenlosen Wüste. Und ich blickte auf zu den Schriftzügen des Felsens, und sie hatten sich verändert — und sie bildeten das Wort: *Schweigen.*

Und meine Blicke fielen auf das Angesicht des Mannes, und sein Angesicht war bleich vor Entsetzen. Und hastig hob er sein Haupt aus seiner Hand, stand aufrecht auf dem Felsen und lauschte. Aber aus der ungeheuren, grenzenlosen Wüste kam kein Ton, und die Schriftzüge auf dem Felsen waren: *Schweigen.*

Und der Mann schauderte und wandte sein Angesicht ab und floh hinweg, so daß ich ihn nicht mehr sehen konnte.«

Es stehen schöne Erzählungen in den Büchern der Magier – in den eisenbeschlagenen, trauervollen Büchern der Magier. Es stehen darin, sage ich, ruhmreiche Geschichten vom Himmel und von der Erde und von dem machtvollen Meer und von den Genien, die das Meer beherrschten und die Erde und den hohen Himmel. Es war auch viel Weisheit in den Worten, die die Sibyllen sagten; und heilige, heilige Dinge haben ehemals die dunklen Blätter vernommen, die um Dodona rauschten – aber, so wahr Allah lebt, die Fabel, die mir der Dämon erzählte, als er im Bereich des Grabes an meiner Seite saß, halte ich für die wunderbarste von allen. Und als der Dämon seine Geschichte beendet hatte, stürzte er sich in die Tiefe des Grabes und begann zu lachen. Und ich konnte nicht mit dem Dämon lachen, und er verfluchte mich, weil ich nicht mit ihm lachen konnte. Und der Luchs, der für alle Ewigkeit im Grabe lebt, kam dazu, legte sich zu Füßen des Dämons nieder und blickte ihm unbeweglich ins Auge ...

MORELLA

Ein Gefühl tiefer, doch ganz eigentümlicher Zuneigung verband mich mit meiner Freundin Morella. Als ich sie vor vielen Jahren zufällig kennenlernte, lohte meine Seele auf in einer Glut, die ich bis dahin noch nicht empfunden hatte; doch war es nicht Liebe, und bitter wurde mein Geist von der wachsenden Überzeugung gequält, daß es mir nie möglich sein werde, die sonderbare Bedeutsamkeit meiner Empfindungen zu erkennen oder ihre unbestimmte Heftigkeit in natürliche Bahnen zu lenken. Doch fanden wir einander, und das Schicksal vereinigte uns vor dem Altar. Nie sprach ich von Leidenschaft, noch dachte ich an ihre heißen Wünsche. Morella aber floh jede Gesellschaft, schloß sich an mich allein an und machte mich glücklich. Denn es ist wohl ein Glück, sich verwundern und träumen zu können.

Morellas Gelehrsamkeit schien allumfassend, ihre Talente waren ungewöhnlich, ihre Geisteskräfte fast überentwickelt. Ich empfand dies und wurde in manchem ihr Schüler. Bald bemerkte ich, daß sie mit Vorliebe jene mystischen Schriften vor mir ausbreitete, die man allgemein als den bloßen Schaum der frühen deutschen Literatur betrachtet. Sie waren, aus Gründen, die ich nicht kannte, ihr beständiges und liebstes Studium, und daß sie im Laufe der Zeit auch das meine wurden, muß ich dem einfachen, aber sehr wirksamen Einfluß der Gewohnheit und des Beispiels zuschreiben.

Mit alledem hatte, wenn ich mich nicht irre, mein Verstand wenig zu tun. Meine Überzeugungen waren in keiner Weise auf das Ideale gegründet, und weder in meinen Handlungen noch in meinen Gedanken war — ich müßte mich denn selbst nicht mehr kennen — ein Schatten von dem Mystizismus meiner Lektüre zu entdecken. Vollständig davon überzeugt, überließ ich mich blindlings der Führung meiner Frau und betrat mit ruhigem Herzen das Labyrinth ihrer Studien. Und dann — als ich mich in jene unheilvollen Blätter versenkte und fühlte, wie sich ein Verderben bringender Geist in mir entzündete, pflegte Morella ihre kalte Hand auf die meine zu legen und aus der Asche einer toten Philosophie ein paar düstere, sonderbare Worte aufzustöbern, deren seltsamer Sinn sich meinem Gedächtnis einbrannte. Und dann verträumte ich lange Stunden an ihrer Seite und lauschte auf die Musik ihrer Stimme, bis mir endlich Schrecken aus ihr widertönte; — es fiel ein Schatten auf meine Seele, ich wurde bleich und schauderte im Innern bei diesen unirdischen Tönen. Und so erstarb die Freude bald im Entsetzen, das Schönste wandelte sich zum Gräßlichen, wie einst das Tal Hinnom zur Gehenna wurde.

Es ist unnötig, den genauen Charakter der Probleme zu enthüllen, die aus den Büchern, von denen ich sprach, hervorwuchsen und lange Zeit den einzigen Gesprächsstoff zwischen mir und Morella bildeten. Die Erfahrenen in jener Wissenschaft, die man theologische Moral nennen könnte, werden sie leicht begreifen, und die Ungelehrten würden im besten Falle nur sehr wenig davon verstehen. Der seltsame Pantheismus Fichtes, die gemäßigte Lehre der Pythagoräer von der Wiedergeburt, und vor allem Schellings Identitätsdoktrinen waren *die* Punkte im Gespräch, die den größten Reiz auf die phantasiereiche Morella ausübten. Diese sogenannte persönliche Identität definiert Locke, glaube ich, als in der ununterbrochenen Dauer eines vernunftbegabten Wesens bestehend. Und da wir unter ›Person‹ ein denkendes, vernunftbegabtes Wesen verstehen, und da jedes Denken von einem Bewußtsein begleitet ist, so ist es dies — das Bewußtsein —, was uns von den übrigen denkenden Wesen unterscheidet und uns unsere persönliche Identität verleiht. Doch das principium individuationis, der Begriff dieser Identität, die mit dem Tode auf immer verloren geht oder *nicht* verloren geht, war für mich jederzeit ein Problem von tiefstem Interesse; und zwar ebensosehr wegen der eventuellen aufregenden und verwirrenden Konsequenzen wie auch wegen der besonderen, erregten Art und Weise, mit der Morella es behandelte.

Doch war jetzt die Zeit gekommen, in der mich das Geheimnis der Natur meiner Frau wie ein unenträtselbarer Zauber quälte. Ich konnte den Druck ihrer bleichen Finger, den tiefen Klang ihrer musikalischen Stimme, den Glanz ihrer melancholischen Augen nicht mehr ertragen. Sie wußte das alles, doch machte sie mir nie einen Vorwurf; sie schien meine Schwäche oder meine Torheit zu bemerken und nannte es lächelnd — ›Schicksal‹. Sie schien auch um die mir unbekannte Ursache der langsamen Entfremdung meinerseits zu wissen, doch gab sie mir niemals eine Erklärung oder machte eine Anspielung auf die Natur dieser Ursache. Aber sie war nur ein Weib und welkte von Tag zu Tag dahin. Nach einiger Zeit erschienen und blieben zwei purpurne Flecken auf ihren Wangen, und die blauen Adern traten auf der weißen Stirn hervor. Mein ganzes Wesen schmolz manchmal in Mitleid, aber einen Augenblick später traf mich ein Blick aus ihren bedeutsamen Augen, und meine Seele wurde krank und von Schwindel ergriffen, wie jemand, der in einen finsteren, unergründlichen Abgrund blickt.

Muß ich gestehen, daß ich oft mit heftigem, verzehrendem Verlangen den Augenblick von Morellas Tod herbeisehnte? Ich tat es; doch ihr Geist klammerte sich noch manchen Tag, manche Woche, manchen lästigen Monat an seine staubgeborene Hülle, bis meine gequälten Nerven den Sieg über meine Vernunft davontrugen. Ich wurde wütend über die Verzögerung und verfluchte die Tage, die Stunden und die Minuten, die sich im gleichen Maße zu verlängern schienen, in dem ihr edles Leben sich neigte, wie die Schatten in der Todesstunde des Tages.

Aber eines Herbstabends, als alle Winde am Firmamente schliefen, rief mich Morella an ihr Lager. Ein trüber Nebel lag über der ganzen Erde und ein warmes Glühen über den Wassern, und ein Regenbogen schien vom Himmel mitten in das reiche Oktoberlaub des Waldes gefallen zu sein.

»Dies ist der Tag der Tage«, sagte sie zu mir, als ich näher kam, »der schönste Tag zum Leben oder zum Sterben. Es ist ein schöner Tag für die Söhne der Erde und des Lebens — ach, ein schöner Tag für die Töchter des Himmels und des Todes.«

Ich küßte sie auf die Stirn, und sie fuhr fort:

»Ich sterbe, doch werde ich leben.«

»Morella!«

»Nie sind die Tage gewesen, an denen du mich lieben konntest — doch die du im Leben verabscheutest, wirst du im Tode anbeten.«

»Morella!«

»Ich wiederhole es: ich sterbe. Doch in mir ist ein Unterpfand der Neigung — ach, welch geringer —, die du mir entgegenbrachtest. Und wenn mein Geist mich verläßt, wird das Kind leben, dein Kind und meines! Aber deine Tage werden Tage des Kummers sein, des Kummers, der von immerwährendem Eindruck ist, wie die Zypresse der langlebigste der Bäume. Die Stunden deines Glückes sind vorüber, und die Freude erblüht nicht zweimal im Leben, wie die Rosen von Paestum zweimal im Jahr. Myrte und Rebe wirst du nicht kennen, sondern dein Leichentuch mit dir über die Erde tragen, gleich den Muselmännern Mekkas.«

»Morella!« schrie ich auf, »Morella, wie weißt du das?« Doch sie barg ihr Gesicht in die Kissen, ein leichtes Zittern lief über ihre Glieder, sie starb, und nie mehr hörte ich ihre Stimme.

Wie sie es vorher gesagt hatte, blieb ihr Kind, das sie sterbend geboren und das erst atmete, als die Mutter zu atmen aufgehört — blieb ihre Tochter am Leben. Sie nahm sonderbar an Gestalt und Wissen zu und wurde das vollkommene Ebenbild der Abgeschiedenen. Ich liebte sie mit heißerer Liebe, als ich sie je zu einem Menschen empfunden hatte.

Doch bald verdunkelte sich der Himmel dieser reinen Zuneigung, und Schreck und Kummer zogen wie Wolken über ihn hin. Ich sagte schon, das Kind nahm seltsam an Gestalt und Weisheit zu. Seltsam in der Tat war ihr schnelles körperliches Wachstum, und schrecklich, ja, schrecklich waren die Gedanken, die sich tobend auf mich stürzten, wenn ich die Entwicklung ihres geistigen Seins betrachtete. Hätte es auch anders sein können, da ich täglich in den Gedanken des Kindes die ausgereifte Kraft und die Anschauungen des Weibes entdeckte, da die Lehren der Erfahrung über die roten, kindlichen Lippen kamen, ja, da ich stündlich die Weisheit und die Leidenschaften der Reife aus diesen dunklen, nachdenklichen Augen schimmern sah? Als dies alles meinen erschrokkenen Sinnen offenbar wurde, als ich es meiner Seele nicht länger verbergen konnte, ist es da zu verwundern, daß ein Argwohn schrecklicher, quälender Art in mein Hirn kroch, und daß meine Gedanken sich entsetzt der seltsamen Erzählungen und scharfsinnigen Theorien der verstorbenen Morella erinnerten? Ich entriß das Wesen, das mir das Schicksal zu lieben gebot, der Neugier der Welt und wachte in der strengen Abgeschlossenheit meines Heims mit tödlicher Angst über alles, was den Gegenstand meiner Liebe betraf.

Und wie die Jahre flohen und ich Tag für Tag ihr heiliges, mildes, beredtes Antlitz betrachtete und ihre reiferen Formen beobachtete, entdeckte ich immer neue Ähnlichkeiten zwischen dem Kind und der Mutter, dem Melancholischen und der Toten. Und stündlich verdichteten sich die Schatten dieser Ähnlichkeit, wurden tiefer, bestimmter, beängstigender. Daß ihr Lächeln an das Lächeln der Mutter gemahnte, konnte ich ertragen, doch schauderte ich vor einer so *vollkommenen* Ähnlichkeit; daß ihre Augen denen Morellas glichen, nahm ich hin, doch oft blickten sie in die Tiefen meiner Seele mit Morellas eigenem, durchdringendem, verwirrendem Ausdruck. Und im Umriß der hohen Stirn, in den seidenen Locken ihres Haares, in den bleichen Fingern, die sich in ihm vergruben, in dem ersten, musikalischen Tonfall ihrer Stimme und vor allem ja, vor allem in den Wortwendungen und Ausdrücken der Toten auf den Lippen der Geliebten und Lebenden fand ich Nahrung für meine verzehrenden Gedanken und mein Entsetzen — für den Wurm, der nicht sterben wollte.

So vergingen die ersten zehn Jahre ihres Lebens, und noch wandelte meine Tochter namenlos über die Erde. ›Mein Kind‹, ›mein Liebling‹ waren die Namen, die meine väterliche Zuneigung ihr verlieh, und das plötzliche Ende ihrer Tage machte jeden anderen unnötig. Morellas Name war mit ihr gestorben. Zur Tochter hatte

ich nie von der Mutter gesprochen – es war mir unmöglich gewesen. Sie hatte auch während ihres kurzen Lebens keine Eindrücke von der äußeren Welt bekommen, ausgenommen die wenigen, die ihr unsere gänzliche Zurückgezogenheit verschaffen konnte. Doch nach und nach glaubte mein nervöser, erregter Geist, in der Taufe vielleicht eine Befreiung von den Schrecken meines Schicksals zu finden. Am Taufbecken zögerte ich, einen Namen anzugeben. Eine Menge Bezeichnungen voll Weisheit und Schönheit, Namen aus alter und neuer Zeit, aus meinem Heimatland und aus der Fremde drängten sich auf meine Lippen, Benennungen für Liebliches, Glückliches, Gutes.

Was stachelte mich denn an, das Andenken an die begrabene Tote wieder wachzurufen? Welcher Dämon zwang mich, jenen Namen zu flüstern, bei dessen bloßer Erinnerung mein Blut in Strömen aus den Schläfen in das Herz schoß? Welcher böse Geist sprach aus den Abgründen meiner Seele, als ich in dem dunklen Gewölbe und im Schweigen der Nacht in das Ohr des heiligen Mannes die Silben flüsterte: »Morella«? Welches dämonische Wesen krampfte die Züge meines Kindes zusammen, übergoß sie mit Todesfarbe, als sie bei dem kaum vernehmbaren Namen erzitternd ihre verglasenden Augen vom Boden zum Himmel erhob und auf den schwarzen Steinplatten unseres Familiengrabes auf die Knie sank und mir antwortete: »Hier bin ich!«

Klar, kalt, mit ruhiger Deutlichkeit fielen diese einfachen Worte in mein Ohr und drangen von da, wie geschmolzenes Blei, zischend in mein Gehirn. Jahre, Jahre können vergehen, die Erinnerung an diesen Augenblick niemals! Ach! Blumen und Weinrebe waren mir nicht unbekannt, doch Schierling und Zypresse überschatteten mich Tag und Nacht. Ich verlor jedes Bewußtsein für Zeit und Ort, und die Sterne meines Schicksals verblichen am Himmel, und die Erde wurde finster, und ihre Gestalten wanderten wie Schatten an mir vorüber, und unter allen sah ich nur – Morella. Die Winde des Himmels flüsterten nur einen Ton in mein Ohr, und die Wellen des Meeres murmelten unaufhörlich: Morella. Doch sie starb; und mit meinen eigenen Händen trug ich sie zum Grabe und lachte ein langes, bitteres Lachen, als ich in der Gruft, in die ich die zweite bettete, keine Spuren entdeckte von der ersten – Morella.

ELEONORA

Sub conservatione formae specificae salva anima.
Raymond Lully

Ich stamme aus einem Geschlecht, das durch kraftvolle Phantasie und heiße Leidenschaftlichkeit ausgezeichnet ist. Die Menschen haben mich einen Wahnsinnigen genannt; aber es ist noch die Frage, ob der Wahnsinn nicht die höchste Stufe der Geistigkeit bedeutet, ob nicht vieles Glorreiche und alles Tiefe seinen Ursprung in einer Krankhaftigkeit des Gedankens, in dem besonderen Wesen eines Zustandes hat, der auf Kosten des allgemeinen Verstandes aufs äußerste, und zwar einseitig, erregt ist. Die Menschen, die am hellen Tage träumen, lernen Dinge kennen, die denen entgehen müssen, die nur nachts träumen. Durch den grauen Nebel ihrer Visionen dringen die ersten Lichtschimmer der Ewigkeit zu ihnen, und halb erwachend fühlen sie mit Schaudern, daß sie einen Augenblick lang an das große Geheimnis gerührt haben. Ruckweise erfassen sie einiges von der Weisheit, die gut, und vieles von der Erkenntnis, die böse ist. Sie dringen ohne Ruder und Kompaß auf dem ungeheuren Ozean des ›unaussprechlichen Lichtes‹ vor, und wieder, wie in den Abenteuern des nubischen Geographen, ›agressi sunt mare tenebrarum, quid in eo esset exploraturi‹.

Bleiben wir also dabei: ich bin wahnsinnig. Dennoch erkenne ich deutlich zwei unterscheidbare Zustände meines geistigen Seins: den Zustand vollständig klaren, nicht anzuzweifelnden Verstandes, der sich auf die Erinnerung aller Ereignisse erstreckt, welche die erste Epoche meines Lebens bildeten – und den umdunkelten Zustand voller Zweifel, in den meine Seele jetzt versunken ist und der alle Erinnerungen an Begebenheiten aus der zweiten großen Epoche meines Lebens betrifft. Glauben Sie also alles, was ich Ihnen von der ersten Periode erzähle, und von der zweiten nur das, was Ihnen glaubwürdig erscheint. Oder zweifeln Sie ruhig alles an; sollten Sie dies aber nicht können, so spielen Sie wenigstens den Ödipus vor dem Rätsel der Sphinx in meiner Seele.

Sie, die ich in meiner Jugend liebte und der zum Andenken ich dies hier niederschreibe, war die einzige Tochter der einzigen Schwester meiner langverstorbenen Mutter und hieß Eleonora. Im *Tal des Vielfarbigen Grases,* unter tropischer Sonne, hatten wir immer zusammengewohnt. Niemals betrat ein Fremder das Tal, denn es lag verborgen zwischen einer Kette gigantischer Berge, die von allen Seiten seinen Frieden umhegten und seine köstlichen Schlupfwinkel vor dem Brand der Sonne beschützten. Kein begangener oder gangbarer Pfad führte hinein; um von außen in unser glückliches Heim zu gelangen, hätte man das Geäst von vielen tausend Waldbäumen durchbrechen und die Schönheit unzähliger duftiger Blumen dem Tode weihen müssen. So lebten wir also ganz allein und kannten nichts von der Welt außerhalb des Tales — ich, meine Cousine und ihre Mutter.

Aus den nebelhaften Regionen der höchsten Bergspitzen, die unser Reich so gut verschlossen, wand sich ein schmaler, tiefer Fluß hervor, der glänzender schien als alles um uns her — es sei denn, man hätte in Eleonorens Augen gesehen. Er schlängelte sich in zahlreichen Krümmungen durch das Tal und entschlüpfte dann in eine finstere Bergschlucht, in Felsenspalten, die in noch dichterem Nebel lagen als die, aus denen er hervorgetreten. Wir nannten ihn den ›Fluß des Schweigens‹, denn eine große Beruhigung schien von seinen Fluten auszugehen. Kein Murmeln stieg aus seinen Wellen hervor; er glitt so sanft dahin, daß die perlgleichen Sandkörner tief unten in seinem Schoße, die wir so gern betrachteten, sich nicht bewegten, sondern in ruhevollem Glück an ihrem Platz liegen blieben und in immerwährendem Glanz erstrahlten.

Das Ufer des Flusses und der vielen schimmernden Bäche, die auf verschlungenen Wegen seinem Bette zuströmten, der ganze Raum vom Ufer bis zum Kieselsteingrunde in der klaren Tiefe, ja die ganze Oberfläche des Tales vom Fluß bis an die Bergwände war mit zartgrünem, dichtem, gleichmäßigem Rasen bedeckt, der vanillesüß duftete und mit gelben Ranunkeln, weißen Gänseblümchen, purpurnen Veilchen und rubinroten Asphodelen übersät war, so daß seine wunderbare Schönheit in unseren Herzen ein Loblied auf die Liebe und Herrlichkeit Gottes anstimmte. Und hier und da, Traumseltsamkeiten gleich, erhoben sich auf dem Rasen phantastische Bäume, deren schlanke Stämme nicht aufrecht standen, sondern sich dem Licht zuwandten, das zur Mittagszeit in die Mitte des Tales fiel. Ihre ebenholzfarbene Rinde war silbergesprenkelt und weicher als alles — es sei denn, man hätte Eleonorens Wangen gefühlt. Ohne die glänzenden, grünen, riesigen Blätter, die in zitternden Linien von ihrem Gipfel herabhingen und mit dem Zephyr spielten, hätte man sie für ungeheure syrische Schlangen gehalten, die der Sonne, ihrer Herrscherin, Huldigungen darbrachten.

Eleonora und ich streiften fünfzehn Jahre lang Hand in Hand in dem Tal umher, ehe die Liebe in unsere Herzen einzog. Eines Abends, gegen Ende des dritten Lustrums ihres Lebens und im vierten des meinigen, saßen wir innig umschlungen unter den Schlangenbäumen und betrachteten unser Bildnis, das der ›Fluß des Schweigens‹ widerspiegelte. Wir sprachen an diesem köstlichen Abend kein Wort, und auch am folgenden Morgen war unsere Rede noch zitternd und zögernd. Gott Eros war aus den Wellen zu uns heraufgestiegen, und wir fühlten, daß er die feurige Seele unserer Vorväter in uns entzündet hatte. Die Leidenschaftlichkeit und die blühende Kraft der Phantasie, die Jahrhunderte lang unser Geschlecht ausgezeichnet, kam über uns und hauchte ein Übermaß von Seligkeit durch das Tal des Vielfarbigen Grases. Alle Dinge veränderten sich. Seltsame, leuchtende, sterngestaltete Blumen brachen an Bäumen auf, an denen wir bis dahin nie Blüten bemerkt hatten. Die Tinten des grünen Teppichs vertieften sich, die weißen Gänseblümchen verschwanden, eins nach dem anderen, und an der Stelle eines jeden schossen je zehn rubinrote Asphodelen auf. Und Leben erhob sich auf unseren stillen Pfaden, denn der große Flamingo, den wir bis dahin noch nie gesehen, und zahllose muntere, leuchtend beschwingte Vögel entfalteten ihr strahlendes Gefieder. Gold- und Silberfische durchschossen den Fluß, aus dessen Schoß nach und nach ein Flüstern heraufklang, das zu einer sanften, wiegenden Melodie anschwoll, die himmlischer tönte als der Gesang der Äolsharfe, süßer als alles — es sei denn, man hätte Eleonorens Stimme gehört. Es kam auch eine ungeheure Wolke heran, die wir schon lange in Hesperus' Gebiet beobachtet hatten. Es rieselte in ihr von goldenem und purpurnem Lichte — gerade über uns blieb sie stehen und senkte sich Tag für Tag tiefer, bis sie auf den Spitzen der Berge ruhte, ihre Düsterkeit in Glanz verwandelte und uns unten im Tal des Vielfarbigen Grases wie in einem Schloß voll zauberhafter Herrlichkeit gefangen hielt.

Eleonorens Schönheit war die der Seraphim; doch war sie einfach und natürlich und unschuldig, wie das kurze Leben, das sie unter den Blumen unseres Tales geführt hatte. Keine Künstlichkeit verbarg die Glut der Liebe, die ihr Herz empfand — dieses Herz, dessen geheimste Verborgenheiten sie mir enthüllte, wenn wir zusammen umherstreiften und über die machtvollen Veränderungen sprachen, die sich in so kurzer Zeit in unserem Tal vollzogen hatten.

Eines Tages, als wir von jener *letzten* traurigen Veränderung sprachen, die alle Menschen erdulden müssen, ließ sie von diesem schmerzvollen Thema nicht mehr ab und wußte es in jede Wendung unseres Gesprächs zu bringen ... Sie fühlte wohl, daß der Finger des Todes ihre Brust berührt hatte — gleich dem Leben der Eintagsfliege hatte sich ihre Schönheit nur entfaltet, um zu ster-

ben; doch alle Schrecken des Todes waren für sie in dem einen Gedanken enthalten, von dem sie eines Abends im Zwielicht an den Ufern des Flusses zu mir gesprochen hatte. Es bereitete ihr Kummer, zu denken, daß ich, wenn ich sie im Tal des Vielfarbigen Grases begraben hätte, diese selige Stätte auf immer verlassen und die leidenschaftliche Liebe, die jetzt ihr galt, einer Tochter der äußeren, alltäglichen Welt schenken werde. Doch ich warf mich ihr zu Füßen und schwor ihr und dem Himmel einen Eid, daß ich niemals ein Kind der Welt zur Ehe nehmen wolle, daß ich niemals ihrem Angedenken und der Erinnerung an die heiße Liebe, mit der sie mich beseligt, abtrünnig werden würde. Ich rief den allmächtigen Herrscher der Welt zum Zeugen der frommen Feierlichkeit meines Gelübdes an. Und der Fluch, den ich von ihm und von ihr — der Heiligen im Paradiese — auf mich herabrief, sollte ich mein Gelöbnis brechen, schloß eine so schauerliche Strafe in sich, daß ich ihn nicht niederzuschreiben vermag. Bei meinen Worten erglänzten Eleonorens Augen in höherem Licht; sie seufzte auf, als sei ihr eine tödliche Last vom Herzen genommen, sie zitterte und weinte bitterlich, doch nahm sie meinen Eid entgegen ... Sie war ja noch ein Kind, und ich weiß: dieser Eid hat ihr das Sterben leichter gemacht.

Wenige Tage später, als sich der Tod ihrem Lager schon näherte, sagte sie mir, daß sie zum Dank für das, was ich für die Ruhe ihrer Seele getan habe, mit dieser selben Seele nach dem Tode über mich wachen werde. Sie wolle wiederkommen und mir des Nachts sichtbar erscheinen. Doch wenn dies über die Macht der Seelen im Paradies hinausginge, so wolle sie mir wenigstens Andeutungen ihrer Gegenwart geben. Sie werde mit dem Abendwind um mich seufzen und die Luft, die mich umwehe, mit dem Dufte der himmlischen Weihrauchschalen erfüllen. Mit solchen Worten auf den kindlich unschuldigen Lippen verschied sie.

Bis hierher habe ich wahrheitsgetreu erzählt. Aber da ich die Grenzlinie, die der Tod meiner Geliebten auf meinem Lebenspfad gezogen hat, überschreite und zur zweiten Periode meines Daseins komme, fühle ich, daß eine Wolke mein Gehirn umschattet und daß ich selbst nicht mehr an die vollständige Gesundheit meines Gedächtnisses zu glauben vermag. Doch ich will fortfahren. — — — Jahre schleppten sich langsam vorüber, und ich wohnte noch immer im Tal des Vielfarbigen Grases. Aber eine zweite Veränderung war vor sich gegangen. Die sterngestalteten Blüten hatten sich in die Rinde der Bäume zurückgezogen und kamen niemals mehr hervor. Die Tinten des grünen Teppichs verblaßten, die rubinroten Asphodelen verwelkten eine nach der anderen, und an der Stelle einer jeden erblühten zehn dunkle Veilchen, die wie weinende Augen im Tau erglänzten. Das Leben verschwand von unseren Pfaden, denn niemals mehr breitete der große Flamingo sein Scharlachgefieder vor uns aus; traurig zog er sich aus dem Tal in die Berge zurück und all die munteren Vögel mit ihm. Die Silber- und Goldfische flohen in die Schlucht an der Grenze unseres Reiches und schimmerten nie wieder durch die schönen Wasser des Flusses. Und seine zärtliche Musik, die süßer gewesen war als die der Äolsharfen, als alles, ausgenommen Eleonorens Stimme, erstarb nach und nach in Murmeln, bis auch dieses ganz verstummte und der Fluß wieder mit der Feierlichkeit seines ursprünglichen Schweigens dahinrollte. Endlich erhob sich auch die große Wolke und gab die Gipfel der Berge ihrer alten Finsternis zurück. Sie glitt wieder in Regionen des Hesperus und raubte dem Tal des Vielfarbigen Grases seinen purpurgoldenen Glanz.

Doch Eleonora hatte ihr Versprechen nicht vergessen. Ich hörte, wie Engel um mich her Weihrauchschalen schwangen und fühlte Ströme heiligen Duftes das Tal durchfluten; und in einsamen Stunden, wenn mein Herz laut schlug, trugen die Winde, die meine Stirn badeten, weiche Seufzer zu mir her. Leises Flüstern erfüllte oft nachts die Luft, und einmal — ach, nur einmal — erwachte ich aus meinem Schlummer, der tief gewesen war wie ein Todesschlaf, weil zwei unirdische Lippen die meinen berührt hatten ... Aber dies alles konnte die Leere meines Herzens nicht füllen. Es verlangte wieder nach der Liebe, von der es vorher so übervoll gewesen. Im Laufe der Zeit quälte mich der Aufenthalt im Tal, in dem mich alles an Eleonora erinnerte, und ich vertauschte es für immer gegen die Eitelkeiten und friedlosen Freuden der Welt.

Ich fand mich in einer fremden Stadt, in der alle Dinge wie geschaffen waren, mich die Träume, die ich so lange im Tal des Vielfarbigen Grases geträumt hatte, vergessen zu machen. Der Pomp und das üppige Wesen eines reichen Hofes, berauschendes Waffengetön, die strahlende Schönheit der Frauen — all dies blendete mich und machte meinen Geist trunken. Doch war meine Seele bis jetzt ihrem Gelübde treu geblieben, und immer noch gab mir Eleonora in den stillen Stunden der Nacht Anzeichen ihrer Gegenwart. Plötzlich hörten diese Zeichen auf, die Welt wurde schwarz vor meinen Augen, und ich stand erschrocken — erschrocken über die glühenden Gedanken, die in mir erwachten, über die Gewalt der schrecklichen Versuchung, die mich anfiel. Aus einem fernen, fernen, unbekannten Land kam ein Mädchen an den Hof des Königs, dem ich diente. Ihrer Schönheit ergab sich mein abtrünniges Herz im ersten Augenblick, da ich sie sah ... Ohne Widerstand warf ich mich in heißer, abgöttischer Liebe vor dem Schemel ihrer Füße nieder. Was waren meine Gefühle zu dem jungen Mädchen, das im

Tal des Vielfarbigen Grases begraben lag, im Vergleich zu der Glut, dem Übermaß und Überschwang der wilden, ganz selbstvergessenen Anbetung, mit der ich meine Seele vor dieser anderen ausströmte! O herrlich, herrlich war Ermengard! Sie, an der ich jetzt mit jedem meiner Gedanken hing! Und wenn ich in die Tiefen ihrer heißen, seltsamen Augen blickte, war Eleonora vergessen.

Ich vermählte mich mit Ermengard und fürchtete den Fluch nicht, den ich auf mich herabrief.

Da, einmal wieder, im Schweigen der Nacht, kamen die leisen Seufzer, die ich so lange nicht mehr vernommen, mit dem Winde durch mein Fenster und klangen zusammen zu einer vertrauten, süßen Stimme, die also sprach:

»Schlafe in Frieden! Der Geist der Liebe herrscht! Und wenn du Ermengard an dein wildes Herz drückst, bist du aus Gründen, die dir im Himmel offenbar werden sollen, von deinem Gelübde an Eleonora entbunden . . .«

LIGEIA

... Und der Wille liegt darin, der nicht stirbt. Wer kennt die Geheimnisse des Willens und seine Macht? Denn Gott ist nur ein großer Wille, der alle Dinge mit der ihm eigenen Kraft durchdringt. Lediglich aus Willensschwäche überliefert sich der Mensch dem Tode. *Joseph Glanvill*

Ich kann mich, bei meiner Seele, nicht mehr erinnern, wie, wann, noch wo ich die Lady Ligeia kennenlernte. Lange Jahre sind seit der Zeit verflossen, und bittere Leiden haben mein Gedächtnis geschwächt. Vielleicht kann ich mich auch bloß *jetzt* nicht mehr daran erinnern, da der Charakter meiner Geliebten, ihre seltsamen Kenntnisse, die Art ihrer so eigentümlichen, sanften Schönheit, und die scharfsinnige und sieghafte Beredsamkeit ihrer tiefen, musikalischen Stimme sich mit so gleichmäßigen, friedlichen, beständigen Schritten den Weg zu meinem Herzen gebahnt haben, daß ich nicht darauf achtete und daß es mir nie zum Bewußtsein kam.

Doch kommt es mir vor, als habe ich sie zum erstenmal und noch viele Male nachher in einer großen, alten, verfallenen Stadt am Ufer des Rheins gesehen. Ich glaube auch bestimmt, daß sie mir von ihrer Familie erzählt hat, und zweifle nicht, daß dieselbe außerordentlich alten Ursprungs war. — Ligeia! Ligeia! — In Studien vergraben, deren Natur mehr als alles andere geeignet ist, die Eindrücke der äußeren Welt abzuschwächen, genügt mir dies eine süße Wort: Ligeia, um das Bild der Abgeschiedenen vor meinen Augen wiedererstehen zu lassen. Und jetzt, während ich schreibe, durchfährt mich plötzlich wie ein Blitz die Gewißheit, daß ich ihren Familiennamen überhaupt nie gewußt habe — den Namen der Teuren, die mir Freundin und Braut war, die mein Studiengenosse und endlich die Gattin meines Herzens wurde. War es auf irgendeinen liebestörichten Wunsch meiner Ligeia geschehen — war es ein Beweis der Kraft meiner Zuneigung, daß ich mir niemals Auskunft über diesen Punkt verschaffte? Oder war es vielleicht eine Laune meinerseits — ein bizarres, romantisches Opfer auf dem Altar meiner leidenschaftlichen Anbetung? Ich kann mich nur sehr dunkel auf die Tatsache selbst besinnen — ist es also erstaunlich, daß ich die Umstände, die sie hervorriefen und begleiteten, vollständig vergessen habe? Und in der Tat, wenn jemals der Geist der Seltsamkeit, wenn jemals die bleiche Ashtophet des götzendienerischen Ägypten mit ihren finstern Schwingen unheilverkündend bei einer Hochzeit zugegen war, so war sie es bei der meinigen. Doch — was Ligeia selbst, was ihr Äußeres anbetrifft, da ist mir mein Gedächtnis vollkommen treu geblieben: sie war hochgewachsen, schlank, ja, in ihren letzten Tagen sogar sehr abgemagert. Es wäre vergebliche Mühe, wollte ich die Majestät, die ruhige Gelassenheit ihrer Haltung, die unbegreifliche Leichtigkeit und Elastizität ihres Ganges beschreiben. Sie kam und ging wie ein Schatten. Ich bemerkte niemals, daß sie in mein Arbeitszimmer getreten war, wenn ich nicht die Musik ihrer sanften, tiefen Stimme vernahm oder ihre marmorweiße Hand auf meiner Schulter fühlte. Die Schönheit ihres Antlitzes ließ sich mit nichts auf Erden vergleichen. Sie war wie die Blüte eines Opiumtraumes, wie eine unirdische, geisterhaft schöne, verzückte Vision, seltsamer und himmlischer als die Traumgebilde, die durch die schlummernden Seelen der Mädchen von Delos ziehen. Doch waren ihre Züge nicht von jener Regelmäßigkeit, die man uns in den Schöpfungen des Heidentums falscherweise zu bewundern gelehrt hat. ›Es gibt keine erlesene Schönheit‹, sagt Lord Verulam einmal, als er von allen Formen und Arten der Schönheit spricht, ›ohne eine gewisse *Seltsamkeit* in der Proportion‹. Obwohl ich jedoch sah, daß die Züge Ligeias nicht von klassischer Regelmäßigkeit waren, obwohl ich fühlte, daß ihre Schönheit erlesen und von jener Seltsamkeit vollständig durchdrungen schien, bemühte ich mich vergebens, diese Unregelmäßigkeit zu entdecken und den Sitz jenes Seltsamen zu ergründen. Ich studierte die Umrisse ihrer hohen, bleichen Stirn — sie war tadellos! Wie kalt klingt dies Wort, auf soviel göttliche Majestät angewandt —, ihre Hautfarbe, die mit dem reinsten Elfenbein wetteiferte, die imposante Breite, die Ruhe ihrer Schläfen, die graziösen Hügel über denselben, und dann jene rabenschwarze, schimmernde, üppige Fülle natürlich gelockten Haares, auf welches das Homerische Wort ›hyazinthenfarbenes Haar‹ eigens geprägt schien. Ich betrachtete die zarten Linien der Nase und entsann mich nicht, irgendwo, außer vielleicht in den Gesichtern auf alten hebräischen Medaillons, eine ähnliche Vollkommenheit gefunden zu haben. Sie hatte diese weiche, köstliche Oberfläche, diese gleiche, kaum noch wahrnehmbare Neigung zu einer kleinen Biegung, dieselben harmonisch gerundeten Nasenflügel, die auf einen freien Geist hindeuten. Ich betrachtete ihren Mund, der ein Triumph aller himmlischen Dinge zu sein schien, den glorreichen Bogen der kurzen Oberlippe, die sanfte, üppige Ruhe der

Unterlippe, die Grübchen, die spielten, und die Farbe, die sprach, die Zähne, die mit blendendem Glanze jeden Strahl des gesegneten Lichtes zurückwarfen, das ihr ruhiges, heiteres und zugleich blendendes, triumphierendes Lächeln auf sie legte. Ich erforschte die Form ihres Kinns – und fand auch da Grazie in seiner Breite, Sanftheit in seiner Majestät, Fülle und griechische Geistigkeit – jene Linie, die der Gott Apollo nur im Traume dem Cleomenes, dem Sohne des Cleomenes aus Athen, zeigte; und dann forschte ich in Ligeias großen Augen.

Für Augen finden wir in dem fernen Altertum kein Vorbild. Vielleicht barg Ligeias Schönheit gerade in ihnen jenen geheimen Reiz der Seltsamkeit, von der Lord Verulam spricht. Sie waren, glaube ich, größer als gewöhnlich die Augen der Menschen sind; und schöner geschnitten als die schönen Augen der Gazellen aus dem Tale Nourjahad. Aber nur hin und wieder, in den Momenten äußerster Erregung, wurde dies Besondere in ihnen deutlich wahrnehmbar. In diesem Augenblick war Ligeias Schönheit – es schien wenigstens meinen entflammten Blicken so – ganz unirdisch, wie die der erträumten Huris der Türken. Ihre Pupillen waren von strahlendstem Schwarz, von ebenholzfarbenen Wimpern tief überschattet, und die Brauen von leicht unregelmäßiger Zeichnung hatten die gleiche Farbe. Doch war das Seltsame, das ich in den Augen fand, unabhängig von ihrer Form, ihrer Farbe und ihrem Glanz – ich konnte es nur dem *Ausdruck* zuschreiben. Ach, ein Wort ohne Sinn! Eine große Leere, in die sich all unsere Unwissenheit auf dem Gebiete des Seelischen rettet. Der Ausdruck der Augen Ligeias! – Wie lange Stunden habe ich über ihn nachgegrübelt? Wie manche lange Sommernacht hindurch mich bemüht, ihn zu ergründen? Was war es, dies unbestimmte Etwas, das, tiefer als in den Brunnen des Demokritos, auf dem Grunde der Augen meiner Geliebten verborgen lag? Was war es? Ich war wie besessen von dem leidenschaftlichen Wunsch, es zu enträtseln. Diese Augen! Diese großen, strahlenden, himmlischen Pupillen! Sie wurden für mich das Zwillingsgestirn der Leda, und ich war ihr eifrigster Sterndeuter.

Unter den zahlreichen und unverständlichen Anomalien in der Wissenschaft der Psychologie gibt es wohl keinen Punkt, der uns mehr beschäftigen und erregen könnte als die Tatsache, daß wir, wenn wir uns auf etwas lang Vergessenes besinnen wollen, oft bis dicht an die Ufer der Erinnerung kommen, ohne uns in Wirklichkeit und völlig erinnern zu können. Und wie oft fühlte ich, wenn ich so saß und über Ligeias Augen nachsann, wie die Erkenntnis der Bedeutung ihres Ausdrucks bis dicht an mich herankam! Ich fühlte, wie sie sich näherte, ohne mich jemals zu erreichen, wie sie vollständig entschwand, da ich sie eben zu erfassen glaubte! Und seltsames, oh, seltsamstes aller Geheimnisse: ich habe in den gewöhnlichsten Gegenständen auf der Welt eine ganze Reihe von Analogien für diesen Ausdruck gefunden. Ich meine damit, daß ich nach der Zeit, in der Ligeias Schönheit meinen Geist durchdrungen hatte und in diesem wie in einem Reliquienschrein ruhte, beim Anblick verschiedener Erscheinungen der äußeren Welt eine Empfindung verspürte, die der ähnlich war, die sich unter dem Einfluß ihrer großen, leuchtenden Pupillen über mich und in mir verbreitete. Doch ist es mir ganz unmöglich, dies Gefühl zu definieren oder zu analysieren; ich kann nicht einmal behaupten, daß ich es genau empfunden habe. Ich glaubte es nur zuweilen in dem Anblick einer schnell emporgeschossenen Weinrebe wiederzuerkennen oder in der Betrachtung eines Falters, einer Larve, eines schnell dahinschießenden Wassers. Ich fand es im Ozean wieder oder beim Fall eines Meteors, ich empfand es in den Blicken mancher außerordentlich alter Menschen. Am Firmament gibt es einen oder zwei Sterne (ich denke besonders an ein flackerndes Doppelgestirn sechster Größe, das man am nördlichen Himmel nahe bei der Leier finden wird), die in mir, so oft ich sie durch das Teleskop betrachtete, eine gleiche Empfindung herstellten. Ich fühlte mich von ihr durchdrungen bei gewissen Tönen von Saiteninstrumenten und manchmal auch bei Stellen aus meiner Lektüre. Unter zahlreichen Beispielen erinnere ich mich besonders lebhaft einiger Sätze aus einem Buche Glanvills, die (vielleicht nur wegen ihrer Bizarrerie – wer weiß?) mit Sicherheit dies Gefühl in mir erweckten: ›. . . Und der Wille liegt darin, der nicht stirbt. Wer kennt die Geheimnisse des Willens und seine Macht? Denn Gott ist nur ein großer Wille, der alle Dinge mit der ihm eigenen Kraft durchdringt. Lediglich aus Willensschwäche überliefert sich der Mensch dem Tode.‹

Im Laufe der Zeit und durch langes Nachdenken gelangte ich dahin, gewisse entfernte Beziehungen zwischen diesem Ausspruch des englischen Philosophen und einem Teile von Ligeias Wesen zu entdecken. Eine besondere Intensität im Denken, Tun und Reden war bei ihr vielleicht das Ergebnis oder wenigstens das äußere Zeichen jener übermenschlichen Willenskraft, die während unseres langen Zusammenlebens noch andere und deutlichere Beweise ihres Daseins hätte geben können. Von allen Frauen, die ich je gekannt, war sie, die immer gelassene Ligeia mit dem ruhevollen Wesen, die schmerzzerrissene Beute der Geier wütendster Leidenschaftlichkeit. Ich ahnte diese Leidenschaftlichkeit nur aus der wunderbaren Ausstrahlung ihrer Augen, die mich zugleich entzückten und erschreckten, aus der zauberhaften Klangfarbe und Ruhe ihrer tiefen Stimme – ich folgerte sie aus der wilden Kraft der bizarren Worte, die sie oft aussprach und deren Wirkung durch den Kontrast zwischen ihrem Inhalt und ihrem Klang noch verdoppelt wurde.

Ich habe von den Kenntnissen Ligeias schon gesprochen: sie waren fast unbegrenzt – so wie ich sie ähnlich nie bei einer Frau gefunden habe. Sie beherrschte die klassischen Sprachen auf das gründlichste, und, so weit mein Urteil über die modernen Sprachen Europas reicht, war sie auch ihrer so mächtig, daß sie nie eine Unrichtigkeit beging. Überhaupt, bei welchem Thema der so viel gerühmten akademischen Gelehrsamkeit habe ich jemals bei Ligeia einen Irrtum bemerkt? Wie sehr zog diese Seite im Wesen meiner Frau, besonders in der letzten Periode ihres Lebens, meine Aufmerksamkeit auf sich! Ich sagte schon, daß ihr Wissen das jeder anderen *Frau*, die ich kennengelernt, weit übertraf, aber wo ist der Mann, der mit Erfolg das *ganze* ungeheure Feld der moralischen, physischen und mathematischen Wissenschaft bebaut hat? Damals sah ich noch nicht, was ich jetzt klar bemerke, daß Ligeias Gelehrsamkeit erstaunlich, geradezu beispiellos war; doch hatte ich schon ein genügendes Bewußtsein ihrer unendlichen Überlegenheit, um mich zu bescheiden und mich mit kindlichem Vertrauen von ihr durch die chaotische Welt der Erforschung des Übersinnlichen, mit der ich mich in den ersten Jahren unserer Verheiratung lebhaft beschäftigte, leiten zu lassen. Mit welch ungeheurem Triumph, mit welch innigem Entzücken, mit welch himmlischer Hoffnung fühlte ich – während Ligeia an meiner Seite an diesen so wenig gepflegten und gekannten Studien teilnahm –, wie sich mir allmählich jene wunderbare Fernsicht auftat, jener weite, kostbare, jungfräuliche Pfad, auf dem ich endlich zum Sitz einer Weisheit gelangte, die zu köstlich, zu göttlich ist, um nicht verboten zu sein! Mit welch herzzerreißendem Schmerz sah ich nach einigen Jahren meine so fest begründeten Hoffnungen auf schnellen Schwingen entfliehen! Ohne Ligeia war ich nur ein Kind, das unsicher in finsterer Nacht umhertappt. Nur ihre Gegenwart, nur ihr Beistand konnte mir die dunklen Geheimnisse der übersinnlichen Welt, in die wir uns versenkt hatten, mit lebendigem Licht erhellen. Ohne den Strahlenglanz ihrer Augen wurde diese ganze Wissenschaft, die mir bis dahin goldene Flügel verliehen hatte, düster und eine drückende Last. Ihre schönen Blicke beglänzten immer seltener die Seiten, die ich mich emsig zu entziffern bemühte. Ligeia wurde krank. Ihre seltsamen Augen flammten in zu strahlendem Feuer, die bleichen Finger nahmen die wächserne Farbe des Grabes an; und bei der leisesten Erregung schlugen die blauen Adern ungestüm an ihre hohe, weiße Stirn. Ich sah, daß sie sterben mußte, und kämpfte im Geiste verzweifelt mit dem düsteren Azreal.

Die Kämpfe dieses leidenschaftlichen Weibes waren zu meinem Erstaunen noch erbitterter als die meinigen. Etwas in ihrer starken

Natur hatte mich glauben gemacht, der Tod werde sich ihr wohl ohne seine Schrecken nahen. Es war nicht so; Worte sind zu schwach, eine Vorstellung von der Wildheit und Zügellosigkeit des Widerstandes zu geben, den sie im Kampf mit dem Schatten entfaltete. Ich seufzte oft angstvoll auf bei diesem trauervollen Schauspiel. Ich wollte sie beruhigen, wollte ihr mit Vernunftgründen Trost zusprechen, aber bei der wilden Heftigkeit ihres Verlangens, zu leben — zu leben, nur zu leben! —, waren Vernunft und Tröstung äußerste Torheit. Doch bis zu ihrem letzten Augenblick und unter den Qualen und Willenskrämpfen ihres wilden Geistes verleugnete sich nie die äußere Ruhe ihres Wesens. Ihre Stimme wurde sanfter, tiefer; ich wollte den bizarren Sinn der Worte, die sie mit so viel Ruhe aussprach, nicht verstehen. Mein Herz drohte zu zerspringen, wenn ich einmal, hingerissen, dieser übermenschlichen Melodie lauschte — ihrem Lebensverlangen und ihrer Daseinssehnsucht, die die Menschheit ähnlich bis dahin noch nicht gekannt hat.

Daß sie mich liebte, bezweifelte ich nicht; auch wußte ich genau, daß in einem solchen Herzen die Liebe nicht wie eine gewöhnliche Leidenschaft thronen könne. Aber erst bei ihrem Tode empfand ich die ganze Macht ihrer Neigung. Manche Stunde lang, während ihre Hand in der meinen ruhte, goß sie die Überfülle ihres Herzens vor mir aus, des Herzens, dessen mehr als leidenschaftliche Liebe an göttliche Verehrung grenzte. Womit hatte ich die Seligkeit, solche Geständnisse zu hören, verdient? Womit die Verdammnis, die Geliebte in der Stunde, da ich sie vernahm, verlieren zu müssen? Doch hierüber zu reden, kann ich nicht ertragen. Ich will nur noch sagen, daß ich in der mehr als weiblichen Hingebung Ligeias an eine Liebe, die nicht verdient war und die sie ganz als Geschenk gewährte, endlich den Antrieb ihres ungezügelten Willens zu dem Dasein, das jetzt so schnell entfloh, entdeckte. Dies uferlose Verlangen, diesen wilden Wunsch nach Leben — nur nach Leben! — zu beschreiben, habe ich nicht die Macht und hat die Sprache keine Worte!

Mitten in der Nacht, in der sie starb, rief sie mich an ihr Lager und ließ mich einige Verse sprechen, die sie wenige Tage vorher verfaßt hatte. Hier sind sie:

Seht! Diese Festesnacht!
In langer Jahre trübem Lauf!
Ein Engelchor, beschwingt, verhüllt,
Und tränenüberströmt
Sitzt in dem Schauspielhaus und lauscht
Dem Spiel voll Hoffnung und voll Furcht
Und das Orchester seufzt dazu
Die Melodie der Sphären.

Schauspieler nach des Höchsten Bild
Murmeln und flüstern leis
Und gehn nach rechts und gehn nach links;
Nur Puppen sind's. Sie stehn und wandeln
Nach körperloser Wesen Wunsch,
Die stets des Schauspiels Ort verändern.
Aus ihren Condorflügeln sinkt
Unsichtbar Weh.

Buntscheck'ges Drama! – Nimmermehr
Wird es vergessen werden!
Nie sein Phantom, dem eine wilde Menge
Seit Ewigkeit schon in den Kreis,
Der selbst sich wieder in sich schließt,
Nachjagt und es doch nie erreicht!
Nie all die Torheit, all die Sünde,
Der Schrecken nie, des Stückes Seele.

Doch sieh! ein kriechend Wesen schleicht
Jetzt langsam auf die Menge zu –
Von Blut gerötet wand es sich
Aus einer Höhle Einsamkeit.
Es naht!– Es naht! Zum Fraße raubt's
Die angstzerquälten Spieler sich,
Die Seraph' seufzen, da des Wurmes Zahn
Des Menschen Leib benagt.

Die Lichter löschen alle – alle,
Und über jede schaudernde Gestalt
Sinkt mit des Sturmes Macht
Der Vorhang hin – ein endlos Leichentuch –
Die Engel, bleich und blaß,
Erheben und entschleiern sich,
Und nennen dieses Drama ›Mensch‹,
Und seinen Held den ›Sieger Wurm‹.

Als ich diese Verse beendet hatte, schrie Ligeia auf, sprang auf ihre Füße und reckte die Arme wie im Krampfe zum Himmel empor. »O Gott!« rief sie aus, »o himmlischer Vater! Werden sich diese Dinge unabänderlich immer wieder erfüllen? – Wird dieser Sieger niemals besiegt werden? Sind wir nicht ein Teil, ein Hauch von Dir? Wer kennt die Geheimnisse des Willens und seine Macht? Lediglich aus Willensschwäche überliefert sich der Mensch dem Tode.«

Dann ließ sie, wie erschöpft von der Erregung, ihre weißen Arme sinken und begab sich feierlich auf ihr Todesbett. Und mit ihren letzten Zügen entrang sich ihren Lippen ein undeutliches Murmeln. Ich horchte hin und vernahm noch einmal den Schluß der Worte Glanvills: ›Nur aus Willensschwäche – überliefert sich der Mensch – dem Tode.‹

Sie starb; und ich, vernichtet, schmerzzermalmt, konnte die qualvolle Einsamkeit meiner Wohnung in der verlassenen Stadt am Rhein nicht länger ertragen. Ich hatte keinen Mangel an dem, was die Welt Glücksgüter nennt. Ligeia hatte mir viel hinterlassen, mehr, als das Schicksal im allgemeinen den Sterblichen zuteilt. Nach einigen Monaten müden, ziellosen Umherirrens in der Welt erwarb ich mir in einem ganz unkultivierten, wenig besuchten Teil des schönen England eine Abtei, deren Namen ich nicht nennen will. Die finstere, traurige Großartigkeit des Gebäudes, der Anblick der fast wilden Landschaft, die melancholischen und ehrwürdigen Erinnerungen, die sich an den Ort knüpften, paßten gut zu dem Gefühl gänzlicher Verlassenheit, das mich in diese einsame, entlegene Gegend getrieben hatte. Während ich an dem fast unversehrten Äußeren der Abtei keinerlei Änderung vornahm, entfaltete ich im Inneren mit fast kindischer Krankhaftigkeit und vielleicht auch mit der schwachen Hoffnung, meine Gedanken etwas zu zerstreuen, eine mehr als königliche Pracht. Seit früher Kindheit hatte ich viel Geschmack an dergleichen Torheiten, jetzt tobte sich mein Schmerz in ihnen aus. Ach, ich weiß, man hätte einen Anfang von Wahnsinn in der Vorliebe für jene kostbaren phantastischen Draperien entdecken können – in dem Geschmack an feierlichen ägyptischen Skulpturen, an bizarren Gesimsen und Möbeln, an den extravaganten Arabesken meiner golddurchwirkten Teppiche! Ich stand jetzt ganz unter der Herrschaft des Opiums, und alle meine Arbeiten und Pläne atmeten den Geist meiner Träume. Aber ich will nicht bei den Einzelheiten solcher Phantastereien verweilen. Nur von jenem auf ewig verfluchten Zimmer will ich noch sprechen, in das ich in einem Anfall von Wahnsinn die blonde, blauäugige Lady Rowena Trevanion von Tremaine als meine Gattin – als die Nachfolgerin der unvergeßlichen Ligeia – einführte.

Jede geringste Einzelheit in der Architektur oder der Ausschmückung des hochzeitlichen Gemaches steht mir noch klar vor Augen. Was dachte sich nur eigentlich die hochmütige Familie meiner Braut, als sie, von Goldgier gestachelt, ihrer geliebten Tochter gestattete, die Schwelle eines Zimmers zu überschreiten, das auf so seltsame Weise geschmückt war?

Ich sagte schon, die Einrichtung des Gemaches ist mir bis ins kleinste vollständig gegenwärtig, obgleich mein trauriges Gedächtnis sehr oft Dinge von größerer Wichtigkeit nicht aufbewahrt hat. Und doch war in seiner phantastischen Pracht weder Harmonie noch ein System, das sich mir besonders hätte einprägen können. Das Zimmer lag in einem hohen Turm, welcher zu der wie eine Burg befestigten Abtei gehörte. Es war fünfeckig und äußerst geräumig. Die ganze südliche Seite des Fünfecks nahm ein großes Fenster ein, das aus einer einzigen riesigen venezianischen Scheibe von dunkler Farbe bestand, so daß die Sonnen- und Mondstrahlen, die hindurchfielen, nur ein trübes, geisterhaftes Licht auf die Gegenstände im Inneren warfen. Die Decke aus fast schwarzem Eichenholz war außerordentlich hoch, gewölbt und von phantastischen, grotesken Ornamenten in halb gotischem, halb druidenhaftem Stil durchzogen. Aus der Mitte der melancholischen Wölbung hing an einer goldenen Ringkette eine große Lampe aus demselben Metall herab; sie erinnerte an ein Weihrauchfaß, war nach sarazenischem Geschmack gearbeitet und vielfach durchbrochen, so daß das Licht in Schlangenlinien durch das kapriziöse Goldgeflecht hindurchkroch.

An verschiedenen Stellen waren kostbare Ottomanen und orientalische Kandelaber aufgestellt, und das Bett – das hochzeitliche Bett – war ebenfalls in indischem Stil gehalten, niedrig, aus massivem Ebenholz geschnitzt und von einem dunklen Baldachin, der den Eindruck eines Leichentuches machte, überschattet. In den Winkeln des Zimmers erhoben sich mächtige Sarkophage; man hatte sie in uralten Königsgräbern gefunden, und in ihre Deckel waren unvergängliche Zeichen eingegraben. Doch den phantastischsten Anblick bot die Bekleidung der Wände. Sie waren ganz unverhältnismäßig hoch und von oben bis unten mit schweren Tapisserien behangen, die aus demselben Stoffe bestanden, aus dem auch die Bezüge der Ottomanen und des Ebenholzbettes, der Betthimmel, der Teppich und die schweren Vorhänge, die einen Teil des Fensters verhüllten, hergestellt waren – einem reichen Goldstoff, in den in unregelmäßigen Zwischenräumen arabeskenhafte Figuren von ungefähr einem Fuß Durchmesser hineingewebt waren, die sich tiefschwarz von dem goldenen Grunde abzeichneten. Aber die Figuren hatten nur dann arabeskenhaften Charakter, wenn man sie von einem einzigen Punkt aus betrachtete. Durch ein heute allgemein bekanntes Verfahren, dessen Spuren man je-

doch bis ins fernste Altertum verfolgen kann, waren sie so geartet, daß sich ihr Äußeres veränderte. Trat jemand in das Zimmer ein, so erschienen sie ihm einfach als monströse Häßlichkeiten; ging er weiter vor, so verschwand die Starrheit nach und nach, und Schritt vor Schritt sah er sich von einer endlosen Prozession gräßlicher Wesen umgeben, wie sie der Aberglaube des Nordens erdacht oder wie sie in den sträflichen Träumen der Mönche erstehen mögen. Dieser spukhafte Eindruck wurde noch erhöht durch einen starken künstlichen Luftzug, den ich hinter die Wandbekleidung hatte einführen lassen und der dem Ganzen eine schauderhafte, unruhige Lebendigkeit verlieh.

Dies also war die Wohnung, dies war das hochzeitliche Gemach, in dem ich mit der Lady Rowena die gottlosen Stunden des ersten Monats unserer Verheiratung verlebte – ohne zu viel Unruhe verlebte. Ich konnte mir nicht verhehlen, daß meine Frau sich vor meiner wilden Gemütsart fürchtete, daß sie mir auswich, daß sie mich nur sehr mäßig liebte – aber das freute mich fast. Ich haßte sie mit einem Hasse, der eher einem Dämon als einem Menschen zuzutrauen war. All meine Gedanken wandten sich – mit welch bohrendem Schmerz! – zu Ligeia zurück, zu der Geliebten, der Hohen, der Schönen, der Toten! Ich schwelgte in Erinnerungen an ihre Reinheit, ihre Weisheit, an ihr erhabenes himmlisches Wesen, an ihre leidenschaftliche, anbetende Liebe. In meiner Seele brannten jetzt glühendere, verzehrendere Flammen als je in der ihren. In der Erregung meiner Opiumträume – ich war jetzt ganz und gar zum Sklaven des Giftes geworden – rief ich mit lauter Stimme ihren Namen durch das Schweigen der Nacht oder tags durch die einsamen Schattenwege des Tales, als hätte ich sie durch die wilde Kraft, die feierliche Leidenschaft und die verzehrende Sehnsucht meiner Liebe wieder auf die Pfade des Lebens zurückrufen können, die sie verlassen – für immer? War es möglich, für immer?

Zu Anfang des zweiten Monats unserer Verheiratung wurde Lady Rowena von einer plötzlichen Krankheit angefallen, von der sie sich nur langsam erholte. Ein verzehrendes Fieber bereitete ihr schlaflose Nächte, und in der Unruhe des Halbschlummers sprach sie von Tönen und Bewegungen, die sie in dem Turmzimmer wahrnähme und die ich nur ihrer kranken Phantasie oder vielleicht dem spukhaften Äußern des Gemaches zuschreiben konnte. Nach längerer Zeit trat eine Besserung ein, und endlich schien sie ganz wiederhergestellt. Doch schon nach kurzen Wochen warf sie ein zweiter, heftiger Anfall, von dem sich ihre schwache Konstitution nie mehr erholte, von neuem auf ihr Schmerzenslager. Seit dieser Zeit zeigte ihre Krankheit einen höchst beunruhigenden Charakter, und noch beunruhigendere Rückfälle machten die ganze Wissenschaft und alle Anstrengungen der Ärzte zunichte. In demselben Grade, in dem ihr Übel fortschritt, wuchs ihre nervöse Reizbarkeit. Die allergewöhnlichsten Gegenstände flößten ihr oft eine wilde Furcht ein, sie sprach immer häufiger und beharrlicher von leisen Geräuschen, von seltsamen Bewegungen der Vorhänge, die sie erschreckten, ängstigten.

Eines Nachts, gegen Ende September, machte sie mich mit außergewöhnlicher Erregung auf solch unheimliche Vorgänge aufmerksam. Sie war eben aus einem unruhigen Schlummer aufgefahren. Ich saß am Kopfende des Ebenholzbettes auf einem indischen Diwan und hatte das Mienenspiel ihres abgemagerten Gesichtes mit Besorgnis und vagem Schreck beobachtet. Sie richtete sich halb auf und sprach in angstvollem Flüstern von allerlei Tönen, die sie vernähme – ich hörte sie nicht –, von Bewegungen, die sie bemerkte und die ich nicht sah. Der Luftzug strich lebhaft hinter den Wandbekleidungen dahin, und ich bemühte mich, ihr begreiflich zu machen – ich muß gestehen, ich glaubte es selbst nicht ganz –, daß diese kaum hörbaren Seufzer, diese kaum wahrnehmbaren Veränderungen der Gestalten an der Wand nur die natürliche Wirkung des gewohnten Luftzuges seien. Aber eine tödliche Blässe, die über ihr Gesicht lief, sagte mir, daß alle meine Anstrengungen, sie zu beruhigen, fruchtlos sein würden. Sie schien in Ohnmacht zu sinken. Was war zu tun? Einen Dienstboten hatte ich nicht in der Nähe. Da entsann ich mich plötzlich, daß ich eine Flasche leichten Weines, den ihr die Ärzte einmal verschrieben hatten, aufbewahrt hatte, und durchschritt das Zimmer, um ihn zu holen. Aber gerade als ich unter dem Licht der Lampe stand, erregten zwei sonderbare Umstände meine Aufmerksamkeit. Ich fühlte, daß irgend etwas Greifbares wiewohl Unsichtbares meine Gestalt leicht streifte, und sah auf dem goldfarbenen Teppich, gerade inmitten der reichen Strahlen, die das Weihrauchfaß entsandte, einen Schatten liegen – einen schwachen unbestimmten Schatten von engelhafter Schönheit –, so zart, wie man sich vielleicht den Schatten eines Schattens vorstellen kann. Aber da ich gerade an den Folgen einer übertrieben starken Dosis Opium litt, legte ich diesen Erscheinungen nur wenig Wichtigkeit bei und erwähnte sie Rowena gegenüber nicht.

Ich fand den Wein und durchschritt von neuem das Zimmer, füllte ein Trinkgefäß und näherte es den Lippen meiner halb ohnmächtigen Gattin. Sie schien sich jedoch ein wenig erholt zu haben und ergriff das Glas selbst, während ich mich, die Blicke besorgt auf sie gerichtet, wieder auf die Ottomane niederließ.

Da vernahm ich ganz deutlich leise Schritte in der Nähe des Bettes, und eine Sekunde später, als Rowena den Becher an ihre Lippen erhob, sah ich – ich mag es auch geträumt haben –, wie drei oder vier Tropfen einer glänzenden, rubinfarbenen Flüssigkeit, gleichsam aus einer unsichtbaren Quelle, die in der Luft des Zimmers zu entspringen schien, in den Wein fielen. Rowena bemerkte es jedenfalls nicht, denn sie trank ohne Zögern, und ich hütete mich wohl, ihr meine Beobachtung zu erzählen, die ja nur eine Vorspiegelung meiner Einbildungskraft sein konnte, deren krankhafte Tätigkeit durch das Opium, die späte Nachtstunde und die schreckhaften Worte meiner Frau gesteigert worden war.

Doch konnte ich mir nicht verbergen, daß sich in Rowenas Krankheit unmittelbar nach dem Fall der Rubintropfen eine Wendung zum Schlimmen vollzog. In der übernächsten Nacht bereiteten die Hände meiner Bedienten für sie das Grab, und in der dann folgenden saß ich allein in dem phantastischen Zimmer, das sie als Braut empfangen, neben ihrem in Totenschleier gehüllten Leichnam. Seltsame Visionen, die das Opium erzeugte, umschwebten mich wie Schatten. Mein unruhiger Blick schweifte über die Sarkophage, in die Ecken des Zimmers, über die bewegten Fratzen der Draperien und die schlangenförmigen Lichtstreifen der hängenden Lampe. Ich dachte an die Ereignisse jener kurz vergangenen Nacht, und meine Augen wandten sich dem glänzenden Lichtkreis zu, in dem ich den leichten Schatten bemerkt hatte. Jetzt war er nicht mehr zu erkennen; ich atmete tief auf und blickte auf die bleiche, starre Gestalt, die auf dem Bett ausgestreckt lag. Da fühlte ich, wie tausend Erinnerungen an Ligeia in mir hochwogten; tobend wie eine Meeresflut stürzte der ganze unermeßliche Schmerz, den ich empfunden, als ich *sie* im Leichentuch gesehen, über mein Herz. – Es wurde tiefe Nacht, und immer noch saß ich regungslos, die Blikke auf Rowena gerichtet, in Gedanken an Ligeia, die einzige, übermenschlich Geliebte.

Es mochte wohl Mitternacht sein, vielleicht etwas früher oder etwas später, ich hatte nicht auf die Zeit geachtet, als ein sehr leiser, sehr leichter, aber ganz deutlicher Seufzer mich aus meinen Träumereien auffahren ließ. Ich fühlte, er kam von dem Ebenholzbett, von dem Totenbett. Ich lauschte in abergläubischer Angst, aber das Geräusch wiederholte sich nicht. Ich strengte meine Augen an, um irgendeine Bewegung in dem Leichnam zu entdecken, aber ich bemerkte nicht das geringste. Und doch konnte ich mich unmöglich getäuscht haben – ich hatte das Geräusch deutlich gehört und war vollständig wach. Angestrengt und mit äußerster Spannung beobachtete ich den Körper, aber es verflossen mehrere Minuten ohne irgendein Ereignis, das Licht in dies Geheimnis hätte bringen können. Nach einiger Zeit jedoch bemerkte ich, daß eine leichte, kaum sichtbare Färbung in die Wangen gestiegen war und sich die kleinen Adern der Augendeckel entlangzog. Grauen und Entsetzen packte mich, ich fühlte, wie mein Herz zu schlagen aufhörte und meine Glieder vor Schreck erstarrten.

Doch gab mir endlich mein Pflichtgefühl die Kaltblütigkeit zurück. Ich konnte nicht länger zweifeln, daß unsere Anstalten zum Leichenbegängnis verfrüht gewesen waren, daß Rowena noch lebte. Wiederbelebungsversuche waren dringend geboten, doch war, wie gesagt, kein Dienstbote in der Nähe, da mein Turm von dem Teil der Abtei, den die Dienerschaft bewohnte, vollständig getrennt lag. Wollte ich jemanden herbeiholen, so mußte ich das Zimmer auf mehrere Minuten verlassen; und das durfte ich nicht wagen. Ich bemühte mich also allein, die entschwebende Seele zurückzurufen und zu halten. Aber nach einigen Sekunden trat ein offenbarer Rückfall ein, die Farbe verschwand aus den Wangen und Lidern, sie wurden bleicher als Marmor, und die Lippen preßten sich mit verdoppelter Kraft aufeinander und nahmen wieder den gespenstisch zusammengeschrumpften Ausdruck des Todes an; eine grauenhafte Kälte und Feuchtigkeit verbreitete sich bald über die ganze Oberfläche des Körpers, vollständige Leichenstarre trat ein. Ich sank schaudernd auf mein Ruhebett, von dem ich so angstvoll aufgeschreckt war, zurück und überließ mich aufs neue meinem leidenschaftlichen Gedenken an Ligeia.

So verfloß eine Stunde, als ich — großer Gott, wie war es nur möglich — von neuem ein verwehendes Geräusch vom Bett her vernahm. In maßlosem Entsetzen horchte ich wieder hin und hörte den Ton zum zweitenmal — es war ein Seufzer. Ich eilte auf den Leichnam zu und sah — sah deutlich —, daß seine Lippen zitterten. Eine Minute später teilten sie sich und entblößten eine glänzende Reihe perlmutterner Zähne. Ein grenzenloses Erstaunen kämpfte in meinem Geiste mit einem maßlosen Schreck. Ich fühlte meinen Blick sich verdunkeln und mein Bewußtsein schwinden, und nur durch eine gewaltige Willensanstrengung gelang es mir, mich zum Handeln aufzuraffen. Stirn, Wangen und Hals Rowenas zeigten eine schwache Lebensfarbe, eine fühlbare Wärme durchdrang den ganzen Körper, und in der Herzgegend machte sich ein leiser Pulsschlag bemerkbar. Sie lebte! Und mit verdoppeltem Eifer versuchte ich durch jedes Mittel, das mich die Erfahrung und meine ausgedehnte Lektüre medizinischer Schriften gelehrt hatten, sie zum Bewußtsein zu bringen. Plötzlich jedoch verschwand die Farbe wieder, der Puls stand still, die Lippen preßten sich wie im Todeskrampf aufeinander, und ein paar Sekunden später war der Körper eiskalt, feucht, leichenfarben und starr und zeigte all die grauenhaften Merkmale eines Leichnams, der schon seit Tagen das Grab bewohnt.

Und wieder versank ich in Träume, träumte von Ligeia, und von neuem — ist es verwunderlich, daß ich zittere, da ich dies schreibe —, von neuem tönte ein erstickter Seufzer vom Bett her an mein Ohr. Doch wozu soll ich die unbeschreiblichen Gräßlichkeiten dieser Nacht aufzählen? Wozu soll ich erzählen, wie oft sich bis zur Dämmerung dies grauenhafte Schauspiel des Wiederauferstehens erneuerte; wie jeder der erschreckenden Rückfälle einen starren, tieferen Tod zur Folge hatte; daß jedem neuen Todeskampf ein neuer, grausigerer Verfall des Körpers folgte? Ich beeile mich, zum Ende zu kommen.

Der größte Teil der Schreckensnacht war vergangen, und die, die tot war, bewegte sich wieder einmal, und zwar jäher, heftiger denn zuvor. Ich hatte schon seit langem jeden Versuch, ihr zu helfen, aufgegeben und blieb wie gebannt auf meiner Ottomane sitzen, von einem Wirbelsturm qualvollen Entsetzens gefaßt. Der Körper bewegte sich wieder — mit seltsamer Schnelle schoß Farbe in das Antlitz, die Starre der Glieder löste sich, und wären die Totenbinden und Leichentücher nicht gewesen, ich hätte geglaubt, daß Rowena zum Leben erwacht sei. Und nun mußte auch mein letzter Zweifel schwinden, als das leichentuchumhüllte Wesen sich vom Bett erhob und schwankend, mit schwachen Schritten, mit geschlossenen Augen, wie jemand, der im Schlafe wandelt — aber gerade und entschlossen — in die Mitte des Zimmers schritt.

Ich zitterte nicht, ich rührte mich nicht, denn eine Flut unausdenkbarer Gedanken, die das Aussehen, die Gestalt und der Gang des Phantoms in mir erweckten, stürzte über mich. Eine wahnsinnige Verwirrung, ein nicht zu bändigender Tumult rang in meinem Hirn. War das die *lebendige* Rowena, die ich sah? War es Rowena *überhaupt* — die blondhaarige, blauäugige Lady Rowena Trevanion von Tremaine? Weshalb, ja, *weshalb* zweifelte ich daran? Eine schwere Binde verhüllte ihren Mund — weshalb sollte das nicht der Mund der Lady von Tremaine sein? Und die Wangen? Ja, sicher waren es die Rosenwangen Rowenas. Und das Kinn, mit den Grübchen voll Gesundheit, sollte es nicht das ihre sein? — Aber: *war sie denn während ihrer Krankheit gewachsen?* Wie Wahnsinn durchschoß es mich bei diesem Gedanken. Mit einem Sprung lag ich zu ihren Füßen. Sie wich meiner Berührung aus und befreite ihr Haupt aus dem entsetzlichen Leichentuch, und in die schaudernde Atmosphäre des Zimmers strömte eine üppige Fülle langer, ungeordneter Haare — *sie waren schwärzer als die Rabenflügel der Mitternacht.* Und dann sah ich, wie sich langsam die Augen in dem Antlitz öffneten.

»Endlich! Da sind sie!« rief ich laut. »Wie sollte ich sie nicht erkennen, die großen, schwarzen, seltsamen Augen meiner verlorenen Liebe — die Augen der Lady — der Lady Ligeia?«

BERENICE

Dicebant mihi sodales, si sepulcrum amicae visitarem, curas meas aliquantulum fore levatas.

Ebn Zaiat

Mein Taufname ist Egaeus; meinen Familiennamen will ich nicht nennen. Doch gibt es im ganzen Land keine Zinnen, die mehr Jahre und Ruhm gesehen als die des düsteren Schlosses meiner Väter. Man hat unsere Familie ein Geschlecht von Geistersehern genannt; und viele Einzelheiten, die an dem Äußeren unseres Stammschlosses auffielen, gaben diesem Glauben eine gewisse Berechtigung; ich denke an die Fresken des Salons, die Wandbekleidungen der Schlafzimmer, die ziselierten Strebepfeiler der Waffenkammer, dann ganz besonders an die Galerie alter Gemälde, an den Eindruck, den das Bibliothekzimmer machte, und endlich an den Inhalt der Bibliothek selbst.

Alle Erinnerungen aus meiner frühen Jugend sind mit diesem Zimmer und seinen Büchern, von denen ich jedoch nichts weiter sagen will, aufs engste verbunden. In diesem Gemach starb meine Mutter. Hier wurde ich geboren. Aber es ist wohl müßig, zu behaupten, daß ich nicht schon vorher gelebt — daß unsere Seele keine Vorexistenz habe. Sie leugnen es? Wir wollen nicht weiter darüber streiten! Ich bin überzeugt und habe kein Verlangen, andere zu überzeugen. Ich bin überzeugt, denn mich begleitet eine Erinnerung an ätherische Formen, an geisterhafte, vielsagende Augen, an melodische, traurige Töne — eine Erinnerung, die mich nie verlassen wird, ein Andenken, wie ein Schatten unbestimmt, unbeständig, veränderlich und auch einem Schatten ähnlich in der Unmöglichkeit, mich davon zu befreien, solange die Sonne meiner Vernunft leuchtet.

In diesem Zimmer wurde ich also geboren. Ich kam aus der langen Nacht, die nur scheinbar das Nicht-Dasein ist, in ein Geisterland, in ein Zauberschloß, in die seltsamen Gefilde des Gedankens und klösterlicher Gelehrsamkeit.

Ist es da verwunderlich, daß ich mit erschrockenen, heißen Augen um mich blickte, daß ich mein Knabenalter unter Büchern begrub und meine Jugend an Träumereien verlor?

Seltsam und verwunderlich ist nur, daß, als die Jahre flohen und

der volle Mittag meiner Männlichkeit mich noch im Hause meiner Väter fand, die Quellen meines Lebens plötzlich zu versiegen schienen und sich eine vollständige Veränderung in dem Wesen selbst meiner gewöhnlichsten Gedanken vollzog. Die Wirklichkeiten der Welt berührten mich wie Visionen und *nur* wie Visionen, während die seltsamen Vorstellungen des Traumlandes nicht etwa die Nahrung meines Daseins wurden, sondern einzig und allein dies Dasein selbst!

Berenice und ich waren Geschwisterkinder und wuchsen zusammen in meinem väterlichen Hause auf. Doch entwickelten wir uns verschieden: ich war kränklich und stets in tiefen Melancholien versunken — sie dagegen lebhaft, graziös und von überströmender Lebenskraft. Ich vergrub mich in mein Studierzimmer — sie sprang munter auf den Hügeln und Feldern umher. Ich lebte nur in meinem Herzen und weihte Körper und Geist den tiefsten schmerzvollsten Betrachtungen — sie eilte sorglos durch das Leben, ohne an die Schatten auf ihrem Pfade zu denken oder jemals über die schweigsame Flucht der schwarzbeschwingten Stunden zu erschrekken.

Berenice! Berenice! Laut rufe ich ihren Namen, und in wildem Aufruhr flattern auf finsteren Eulenflügeln tausend Gedanken aus den grauen Ruinen der Erinnerung hervor! Und wieder steht sie deutlich vor mir wie in den ersten Tagen ihrer leichtherzigen Fröhlichkeit, Berenice, die strahlende, phantastische Schönheit, die Sylphide in den Gebüschen der heimatlichen Flur, die Najade ihrer Quellen!

Und dann wurde alles in ihr Geheimnis und Grauen — dann begann eine Geschichte, die man nicht erzählen sollte.

Ein Übel, ein verhängnisvolles Übel überfiel sie wie ein Samum. Vor meinen Augen wurden ihr Körper, ihr Gemüt, die ganze Einheit ihres Wesens eine Beute des gräßlichen Zerstörers, der wie ein Vernichter kam und ging! Doch wo blieb sein Opfer? Die Kranke kannte ich nicht — kannte sie nicht als Berenice!

Unter dem zahlreichen Gefolge von Leiden, welche dieser erste furchtbare Aufruhr in dem körperlichen und geistigen Verhalten der Cousine nach sich zog, muß ich eine Art von Epilepsie als eines der traurigsten und hartnäckigsten bezeichnen. Diese ging häufig in vollständigen Starrkrampf über, der alle Merkmale der wirklichen Auflösung an sich trug, obwohl sich die Kranke stets wieder, und zwar ganz plötzlich, von ihm erholte.

Zu gleicher Zeit wuchs mein eigenes Übel erschreckend schnell und bildete sich zu einer Monomanie aus, die sich auf ganz neue, außerordentliche Weise äußerte. Von Stunde zu Stunde, von Minute zu Minute wurde sie stärker und errang zuletzt eine unbeschränkte Herrschaft über mich. Diese Monomanie bestand in einer krankhaften Reizbarkeit jener geistigen Fähigkeit, welche die psychologische Wissenschaft unter dem Ausdruck ›die Fähigkeit zur Aufmerksamkeit‹ begreift. Man wird mich höchstwahrscheinlich nicht verstehen, denn ich fürchte, es wird auf keine Art und Weise möglich sein, einen genauen Begriff von der Innerlichkeit des nervösen Interesses zu geben, mit welchem ich mich auf die Betrachtung der allergewöhnlichsten Gegenstände des Weltalls warf und in diese vergrub.

Ich konnte stundenlang und unermüdlich über irgendeine kindische, oberflächliche Bemerkung am Rand oder im Text eines Buches nachsinnen. Zuweilen wurde ich den größten Teil eines Sommertages ganz von der Betrachtung irgendeines Schattens in Anspruch genommen, der schräg auf die Tapete oder den Fußboden fiel. Es war möglich, daß ich mich eine ganze Nacht hindurch in den Anblick der ruhigen Flamme einer Lampe oder der Glut eines Kohlenfeuers verlor oder ganz monoton ein alltägliches Wort so lange wiederholte, bis sein Klang jeden Sinn für mich verloren hatte. Manchmal erstickte ich auch in mir jedes Gefühl körperlichen Daseins durch eine hartnäckig fortgesetzte, vollkommene Ruhe.

Das sind einige der häufigsten und harmlosesten Abirrungen meines kranken Geistes. Vielleicht erscheinen sie nicht ganz ohne Beispiel – jedenfalls spotten sie jeder Erklärung.

Doch möchte ich nicht mißverstanden werden. Diese ungebührlich tiefe, krankhafte Aufmerksamkeit, welche von an sich ganz unbedeutenden Dingen erregt wurde, darf nicht mit dem natürlichen Hang zum Grübeln verglichen werden, den alle Menschen mehr oder weniger verspüren und dem sich ganz besonders Personen mit lebhafter Phantasie oft überlassen. Meine Krankheit war nicht, wie es vielleicht scheinen könnte, der äußerste Ausdruck dieser Neigung, sondern etwas von ihr ursprünglich und wesentlich Verschiedenes. Im ersten Fall wird der Träumer, der Schwärmer, gewöhnlich durch einen *nicht* alltäglichen, *nicht* banalen Gegenstand angeregt, und in einer Wildnis von Deduktionen und Suggestionen, die ihm derselbe aufzwingt, verliert er unbemerkt diesen Gegenstand selbst aus den Augen, so daß er schließlich, am Ende seiner Träume, die für ihn selbst übrigens meist angenehm, wollüstig angenehm sind, die erste Ursache seines Nachdenkens verloren und vergessen hat. In meinem Fall jedoch war der Ausgangspunkt stets unbedeutend, obwohl er durch das Medium meiner krankhaften Anschauung eine scheinbare Wichtigkeit erhielt. Nur äußerst selten gab ich mich irgendwelchen Folgerungen hin; und wenn es einmal der Fall war, kehrten sie stets wieder mit Hartnäckigkeit auf ihren Ausgangspunkt zurück.

Die Betrachtungen waren *niemals* angenehm; und zum Schluß

war mir die erste Ursache der Grübelei nicht entschwunden, sondern hatte in mir eben jenes unheimliche, unnatürlich gesteigerte Interesse erregt, das als das eigentliche Merkmal meines Übels anzusehen ist.

Kurz also: die Fähigkeit des Geistes, die bei mir krankhaft reizbar war, bestand, wie ich schon sagte, in einer *Fähigkeit zur Aufmerksamkeit*, während bei dem gewöhnlichen Träumer die *Gabe der Betrachtung* in Tätigkeit tritt.

Wenn die Bücher, die ich in jener Epoche las, das Übel auch nicht gerade erregten, so steigerte ihr mystischer und zuweilen wenig logischer Inhalt, der mich zu immer neuem Grübeln trieb, meine Krankheit doch in beängstigender Weise. Ich erinnere mich unter anderem noch sehr genau der Abhandlung des edlen Italieners Coelius Secundus Curio ›De Amplitudine Beati Regni Dei‹, des großen Werkes des heiligen Augustinus ›Der Gottesstaat‹ und Tertullians ›De Carne Christi‹, in welchem sich der paradoxe Ausspruch findet, der mich mehrere Wochen lang in schwerem, fruchtlosem Nachdenken gebannt hielt: ›Mortuus est Dei filius; credibile est quia ineptum est; et sepultus resurrexit; certum et quia impossibile est.‹

Mein Geist, den so unbedeutende Dinge aus dem Gleichgewicht bringen konnten, mochte wohl Ähnlichkeit mit jenem Meeresfelsen haben, von dem Ptolemäus Hephestion erzählt, daß er aller menschlichen Gewalt, ja dem wilden Ansturm der Elemente widerstand, doch in seinen Grundfesten erbebte, wenn man ihn mit der Blume Asphodill berührte. So wird nur ein oberflächlicher Denker glauben können, daß ich über die Verwüstungen, die das unglückselige Leiden in dem seelischen Zustand Berenicens angerichtet hatte, in meiner krankhaften Art nachgegrübelt hätte. Tatsächlich war dies durchaus nicht der Fall.

In meinen klaren Augenblicken empfand ich wohl sehr viel Kummer über ihr Unglück; der Gedanke an den vollständigen Schiffbruch, den ihr schönes heiteres Leben erlitten, schnitt mir tief ins Herz, und ich dachte oft und mit Bitterkeit über die bösen Zauberkräfte nach, die eine so grauenhafte Umwandlung bewirken konnten. Doch hatten diese Reflexionen nichts von der Idiosynkrasie meines Übels an sich und mochten in dieser Gestalt unter ähnlichen Umständen wohl an allen Menschen angestellt werden. Mein krankes Grübeln beschäftigte sich vielmehr mit den weniger wichtigen, aber vielleicht auffallenderen Veränderungen, die sich in der körperlichen Erscheinung Berenicens vollzogen hatten — mit der sonderbaren und erschreckenden Verzerrung ihres äußeren Wesens.

Ich wußte bestimmt, daß ich sie in den strahlenden Tagen ihrer unvergleichlichen Schönheit nicht geliebt hatte. Die seltsame Anomalie in meinem Dasein ließ meine Gefühle *niemals* dem Herzen, ließ meine Leidenschaften *stets* dem Gedanken entspringen. In früher, grauer Morgendämmerung, zu Mittag unter den zitternden Schatten des Waldes, des Nachts in der Stille meines Bibliothekzimmers war sie vor meinen Augen erschienen: nicht als die lebende, atmende Berenice, sondern als die Berenice eines Traumes; nicht als ein irdisches Wesen von Fleisch und Blut, sondern als die Abstraktion eines solchen Geschöpfes, nicht als ein Gegenstand der Bewunderung, sondern als ein Objekt der Analyse, nicht als ein Wesen, geschaffen zur Liebe, sondern als Thema sinn- und planlosen Nachdenkens. Und *nun* — *nun* erbebte ich in ihrer Gegenwart, nun erblaßte ich, wenn sie sich mir näherte, und plötzlich ward mir bewußt, daß sie mich seit langem liebte, und ich sprach ihr in einer bösen Stunde trotz ihres zerfallenen, trostlosen Zustandes von Heirat.

Der Tag, den wir für die Hochzeit festgesetzt hatten, nahte heran. Ich saß an einem Winternachmittag — es war ein sonderbar ruhiges, nebeliges, warmes Wetter — in meinem Bibliothekzimmer und glaubte mich allein. Doch als ich meine Augen erhob, sah ich Berenice vor mir stehen.

Lag es an meiner übererregten Phantasie — oder an dem Einfluß der Nebelluft, an der unbestimmten Dämmerung im Zimmer, an der dunklen Kleidung, die sie in langen Falten umhüllte, daß mir ihre Umrisse so schwankend und undeutlich erschienen? Ich vermag es nicht zu entscheiden. Vielleicht war sie während ihrer Krankheit gewachsen?! Sie sagte kein Wort, und ich — hätte nicht für die Welt eine Silbe sprechen können. Ein Schauder durchfuhr meinen Körper; ein Gefühl unerträglicher Angst bedrückte mich; eine verzehrende Neugierde rang sich in meiner Seele hoch; ich sank in meinen Stuhl zurück und verharrte eine Zeitlang regungslos, atemlos, die Blicke fest auf Berenice gerichtet. Ach, wie erschreckend sie abgemagert war! Ich konnte keine Spur des früheren Wesens auch nur im flüchtigsten Umriß wiedererkennen.

Meine wilden Blicke fielen endlich auf ihr Gesicht: die Stirn war hoch, sehr bleich und sonderbar ruhig. Ihr früher pechschwarzes Haar fiel zum Teil über die Stirn und beschattete die hohlen Schläfen mit zahllosen Locken von schreiend gelber Farbe, deren phantastischer Anblick grausam gegen die müde Trauer ihrer Züge abstach. Die Augen waren ohne Leben und Glanz und scheinbar ohne Pupillen, und unwillkürlich schraken meine Blicke vor ihrem gläsernen Starren zurück und betrachteten ihre dünnen, zusammengeschrumpften Lippen. Sie teilten sich, und mit einem besonderen, bedeutsamen Lächeln enthüllten sich die Zähne der also veränderten Berenice. Wollte Gott, daß ich sie nie gesehen hätte oder daß ich nach ihrem Anblick gestorben wäre!

Das Geräusch einer sich schließenden Tür schreckte mich empor: ich gewahrte, daß meine Cousine das Zimmer wieder verließ. Doch das weiße Gespenst ihrer Zähne war aus meinem Gehirn nicht zu bannen, nicht fortzutreiben. Jedes Fleckchen auf deren Oberfläche, jede Tönung auf deren Email, jede Ausbuchtung an der Schneide hatte ihr flüchtiges Lächeln meinem Gedächtnis unauslöschlich eingebrannt! Ich sah sie *jetzt* sogar deutlicher, als ich sie *soeben* gesehen, diese Zähne! – Diese Zähne! – Sie waren hier – und waren dort – und überall, sichtbar, greifbar vor mir: lang, schmal und außerordentlich weiß. Bleiche Lippen zogen sich um sie herum, genau wie in dem schrecklichen Augenblick, da ich sie zuerst gesehen! Dann überfiel mich meine krankhafte Einbildungssucht mit wilder Wut, und vergebens kämpfte ich gegen ihre unerklärliche, unwiderstehliche Gewalt! Unter den zahllosen Gegenständen der äußeren Welt hatte ich nur noch Gedanken für diese Zähne. Nach ihnen trug ich ein wahnsinniges Verlangen. Alle Erscheinungen der Welt, alle Interessen des Lebens wurden davon aufgesogen. Sie – sie allein waren meinem inneren Auge gegenwärtig, ihr Wesen wurde zum alleinigen Inhalt meines Gedankenlebens. Ich betrachtete sie von jedem Gesichtspunkt, von jeder Seite aus. Ich studierte ihre besonderen Merkmale, ich sann über ihre Eigentümlichkeiten nach, ich grübelte über ihre Ähnlichkeit untereinander. Ich forschte nach den Veränderungen, denen sie unterworfen waren. Und als ich ihnen in meiner Vorstellung Gefühlskraft und Ausdrucksfähigkeit auch ohne den Beistand der Lippen zuschreiben mußte, da schauderte ich! Von Mademoiselle Salle hat man sehr bezeichnend gesagt: ›Que tous ses pas étaient des sentiments‹, und von Berenice glaube ich viel fester, *daß alle ihre Zähne Ideen* seien. Ideen! War das der idiotische Gedanke, der mich zugrunde richten sollte? Ideen! Begehrte ich sie wohl deshalb so wahnsinnig? Ich fühlte, daß nur ihr Besitz allein mir jemals Frieden, jemals den Verstand zurückgeben konnte.

So senkte sich der Abend auf mich herab, und die Dunkelheit der Nacht kam, blieb und verschwand wieder – ein neuer Tag erschien, und die Nebel einer zweiten Nacht schlugen um mich zusammen – und noch immer saß ich regungslos in meinem einsamen Zimmer – noch immer saß ich in Betrachtungen versunken – noch immer übte das Gespenst der Zähne seine schreckliche Macht und schwebte mit lebendiger, gräßlicher Deutlichkeit da und dort durch die wechselnden Lichter und Schatten des Zimmers. Endlich brach in meine Träume ein Schrei des Entsetzens und der Furcht, dem nach einer Pause trostlose Stimmen und banges, schmerzerfülltes Seufzen folgten. Ich erhob mich von meinem Sitz, öffnete die Tür des Bibliothekzimmers und fand im Vorraum eine Dienerin, die mir tränenüberströmt verkündete, daß Berenice nicht mehr sei! Am frühen Morgen hatte ein Epilepsie-Anfall sie heimgesucht. Nun, bei Anbruch der Nacht, waren die Vorbereitungen zur Bestattung beendet – das Grab erwartete seinen Bewohner.

Ich fand mich in der Bibliothek wieder. Allein. Es schien mir, als sei ich eben aus einem verwirrten, aufgeregten Traume erwacht. Ich wußte, daß es Mitternacht war und daß man nach Sonnenuntergang Berenice begraben hatte. Doch besaß ich keine Vorstellung

von dem, was sich in der Zwischenzeit zugetragen hatte. Meine Erinnerung daran war ein Gefühl wie Schrecken, den seine Unbestimmtheit nur grausiger, wie Entsetzen, das seine Gegenstandslosigkeit nur noch gräßlicher machte. Es war eine fürchterliche Stunde meines Lebens, angefüllt mit nebelhaften, unaussprechlichen, scheußlichen Erinnerungen. Ich bemühte mich, die Wirklichkeit zu erkennen, die ihnen zugrunde lag; vergebens! Von Zeit zu Zeit drang der schrille, durchdringende Schrei einer Frauenstimme wie das Gespenst eines verwehten Tones an mein Ohr. Ich hatte eine Tat vollbracht — doch welche? Laut stellte ich mir diese Frage, und das flüsternde Echo des Zimmers antwortete mir: — ›doch welche?‹

Neben mir auf dem Tisch brannte eine Lampe, und ihr zur Seite stand eine kleine Kiste aus Ebenholz. Es war nichts Besonderes an ihr, und ich hatte sie schon oft gesehen, denn sie gehörte unserem Hausarzt. Aber wie kam sie da auf meinen Tisch, und weshalb schauderte ich, als ich sie erblickte? Doch — es war wohl nicht der Mühe wert, darüber nachzudenken! Meine Blicke wandten sich ab und fielen auf ein offenes Buch und eine Sentenz in demselben, die jemand unterstrichen hatte. Es waren die sonderbaren, aber einfachen Worte des Dichters Ebn Zaiat: ›Dicebant mihi sodales, si sepulcrum amicae visitarem, curas meas aliquantulum fore levatas.‹ Wie kam es, daß sich beim Lesen dieses Satzes mein Haar emporsträubte, daß mein Blut in den Adern erstarrte?

Man klopfte leise an die Tür des Bibliothekzimmers, und bleich wie ein dem Grabe Entstiegener kam ein Diener auf den Zehenspitzen herein. Seine Blicke waren schreckverwirrt, und er sprach mit leiser, zitternder, erstickter Stimme. Was sagte er mir? — Ich vernahm nur Bruchstücke. Er sprach von einem gräßlichen Schrei, der das Schweigen der Nacht unterbrochen hatte — sagte, daß die Dienerschaft zusammengelaufen sei und in der Richtung des Tones gesucht habe. Dann wurde seine Stimme gellend deutlich — er redete von der Schändung des Grabes, von dem entstellten, aus den Leichentüchern gerissenen Körper, der noch stöhnte, noch pulsierte, *noch lebte!*

Er deutete auf meine Kleider; sie waren mit Kot und Blut beschmutzt. Er sprach nicht, sondern ergriff sanft meine Hand, sie trug die Male menschlicher Nägel. Er richtete meine Aufmerksamkeit auf einen Gegenstand, der an der Wand lehnte — es war ein Spaten. Mit einem Schrei stürzte ich zum Tisch und ergriff die Ebenholzkiste. Ich hatte nicht die Kraft, sie zu öffnen, sie glitt aus meiner zitternden Hand, fiel schwer zu Boden und sprang entzwei; mit Gerassel rollten einige zahnärztliche Instrumente heraus und zweiunddreißig kleine, weiße, wie Elfenbein schimmernde Gegenstände, die sich auf dem Fußboden verstreuten. . .

DAS OVALE PORTRÄT

Mein Fieber war äußerst hitzig und langwierig. Alle Heilmittel, die ich mir in den wilden Apenninen verschaffen konnte, hatte ich schon erfolglos angewandt. Mein Kammerdiener und einziger Mitbewohner des einsamen Schlosses war zu nervös und zu ungeschickt, um mich zur Ader zu lassen; überdies hatte ich auch bei dem Zusammenstoß mit den Banditen Blut genug verloren. Da fiel mir ein, daß ich noch ein kleines Paket Opium in meiner Tabatière bei mir hatte. Pedro reichte mir die Büchse; doch als ich mir einen Teil von dem Gift abschneiden wollte, zögerte ich ein wenig. Beim Rauchen kam es nicht so sehr darauf an, wie viel man nahm, doch hier lag die Sache anders. Ich hatte noch nie Opium gegessen. Aber ich half mir aus der Verlegenheit, indem ich beschloß, zuerst nur eine ganz kleine Dosis zu nehmen. Sollte sie nicht wirken, so wollte ich sie so lange gradweise verstärken, bis ich fühlte, daß das Fieber sich verminderte und der Schlaf, der mich nun schon seit fast acht Tagen floh, sich auf meine taumelnden Sinne herabsenken würde.

Das Schloß, in das mein Diener gewaltsam eingedrungen war, damit ich in meinem beklagenswerten Zustand die Nacht nicht im Freien zubringen müsse, war ein Gebäude von halb großartiger, halb melancholischer Bauart und mochte wohl schon lange, lange finster in die Apenninen hinabgeschaut haben. Allem Anschein nach war es erst seit kurzem und nur für kurze Zeit verlassen worden. Wir richteten uns in einem der kleinsten und am wenigsten prunkvoll möblierten Zimmer ein. Es lag in einem Eckturm des Schlosses und war mit reichem, wenn auch altem, teils zerfallenem Schmuckwerk ausgestattet. Die Mauern waren mit einer wahrhaft erstaunlichen Menge moderner Gemälde behangen, die nicht nur die Hauptwände des Zimmers, sondern auch die zahlreichen Nischen und Erker schmückten. Ich befahl Pedro, meinem Diener, die schweren Vorhänge vor die Fenster zu ziehen und, da es Nacht wurde, einen großen, vielarmigen Kandelaber anzuzünden, der am Kopfende des Bettes stand. Dann hieß ich ihn die schwer befransten, schwarzsamtenen Bettgardinen beiseite schieben. Ich wollte, falls ich nicht schlafen konnte, die Gemälde betrachten und den kleinen Band durchlesen, den ich auf den Kissen gefunden hatte und der eine Beschreibung und Kritik der Gemälde enthielt.

Ich las lange, lange und betrachtete die Bilder voll Ehrfurcht und Andacht. Schnell, mit glänzenden Flügeln entflohen die Stunden, und die tiefe Mitternacht zog heran. Die Stellung des Kandelabers mißfiel mir, und um meinen schlafenden Diener nicht zu wecken, streckte ich selbst mit Mühe die Hand aus und wandte ihn so, daß seine Strahlen voller auf mein Buch fielen.

Diese kleine Bewegung hatte eine ganz ungeahnte Wirkung. Die Strahlen der zahlreichen Kerzen fielen jetzt in eine Nische, die bis dahin tief im Schatten eines Bettpfostens gelegen hatte, und ich erblickte in hellster Beleuchtung ein bis jetzt unbemerktes Porträt. Es war das Bild eines jungen, zum Weibe reifenden Mädchens. Ich blickte es schnell an und schloß dann sofort die Augen. Weshalb ich das tat, wußte ich im ersten Augenblick selbst nicht, und ich begann mit geschlossenen Lidern über den Beweggrund nachzugrübeln. Es war wohl eine instinktive Bewegung gewesen, um Zeit zum Nachdenken zu gewinnen – um mich zu vergewissern, daß mein Blick mich nicht getäuscht – um meine Phantasie zu beruhigen, damit sie den Gegenstand nüchtern und ruhig betrachte. Nach ein paar Sekunden blickte ich das Gemälde wieder fest an.

Daß ich nun richtig sah, konnte ich nicht länger bezweifeln, noch wollte ich es – denn der erste Widerschein der Kerzen auf der Leinwand hatte die träumerische Versunkenheit, die sich vielleicht über meine Sinne gebreitet hatte, verwischt und mich plötzlich vollständig wach gemacht.

Das Bild war, wie schon gesagt, das Porträt eines jungen Mädchens – nur der Kopf und die Schultern, und zwar in jener Art gemalt, die man mit dem technischen Ausdruck ›Vignettenstil‹ bezeichnet. Die Arme, der Busen und selbst die Spitzen ihres schimmernden Haares gingen unmerklich in den unbestimmten, tiefen Schatten über, der den Hintergrund des Gemäldes bildete. Der Rahmen war oval, reich vergoldet und in maurischem Geschmack verziert. Rein als Kunstwerk genommen, konnte es nichts Bewunderungswerteres geben als dieses Porträt – und doch hätte weder die vollkommene Ausführung des Bildes noch die himmlische Schönheit der dargestellten Person mich so plötzlich und so heftig erregen können. Auch sah ich sehr wohl ein, daß ich im ersten Augenblick des Erwachens aus meinen Träumereien das Bild nicht etwa für eine lebendige Person hätte halten können: die vignettenhafte Art der Ausführung und der glänzende Rahmen hätten einen solchen Gedanken überhaupt wohl nicht aufkommen lassen... Ich dachte über dies alles vielleicht eine Stunde lang nach,

in meine Kissen zurückgelehnt, und hielt meine Blicke immer fest auf das Porträt gerichtet, bis ich endlich das ganze Geheimnis dieses sonderbaren Bildes entdeckte. Sein Reiz bestand nämlich in der vollkommenen Lebensähnlichkeit seines Ausdrucks, der mich beim ersten Anblick so lebhaft erregt, verwirrt, ja, erschreckt hatte. Mit einem Gefühl tiefen, ehrfürchtigen Schauderns schob ich den Kandelaber in seine frühere Stellung zurück, und nachdem ich so die Ursache meiner lebhaften Erregung meinen Blicken entzogen hatte, ergriff ich das Buch, das die Beschreibung und die Geschichte der Gemälde enthielt. Ich suchte die Nummer des ovalen Porträts auf und las die deutungsreichen, sonderbaren Worte:

»Sie war ein Mädchen von seltenster Schönheit und so heiter wie liebenswürdig. Und verhängnisvoll war die Stunde, in welcher der Maler sie sah, liebte und zur Gattin nahm. Er war leidenschaftlich, grüblerisch, streng und hatte schon eine Braut in seiner Kunst. . . Sie aber war ganz Licht und Lächeln und zu Scherzen aufgelegt wie ein junger Pfau; sie liebte und hätschelte alle Dinge und haßte nur eins: die Kunst, die ihre Rivalin war, und fürchtete nur die Palette und die Pinsel und die übrigen verhaßten Werkzeuge, die ihr den Anblick des Geliebten so oft entzogen hatten. Mit Schrecken vernahm sie den Wunsch ihres Gatten, sie zu porträtieren. Doch war sie ergeben und gehorsam und saß geduldig lange Wochen hindurch in dem düsteren, hohen Turmzimmer, durch das nur von oben ein bleiches Licht auf die graue Leinwand fiel. Er aber, der Maler, setzte seinen ganzen Stolz in dies Werk, das täglich, stündlich seiner Vollendung entgegenging. Und er war ein leidenschaftlicher, seltsamer, grüblerischer Mann, der sich in Träumereien verlor, so daß er nicht sah oder nicht sehen *wollte*, daß das Licht, das so gespenstisch in jenes einsame Turmzimmer fiel, die Gesundheit und die Seele seiner Frau zerstörte, die für alle Welt, nur nicht für ihn, sichtbar dahinsiechte. Dennoch lächelte sie immer und klagte niemals, weil sie sah, daß der Maler, der weit über das Land berühmt war, in seinem Schaffen tiefen Genuß fand und Tag und Nacht arbeitete, um die zu malen, die ihn so grenzenlos liebte — und die täglich müder und schwächer wurde. Und alle, die das Porträt sahen, sprachen mit unterdrückter Stimme von seiner Ähnlichkeit wie von einem unerklärlichen Wunder, wie von einem machtvollen Beweis von der Kunst des Malers und seiner Liebe zu ihr, die er so vollendet ähnlich auf die Leinwand bannte. Doch als sich die Arbeit ihrem Ende nahte, wurde niemand mehr in den Turm zugelassen, denn der Maler war wie besessen vom Eifer für sein Werk und wandte nur selten noch seine Blicke von dem Bild auf die Züge seiner Frau. Und er *wollte* nicht sehen, daß die Farben, die er auf die Leinwand auftrug, von den Wangen der Frau verschwanden, die vor ihm saß. Und als viele Wochen vorübergegangen waren und nur noch wenig zu tun blieb — noch ein Strich über die Lippen, noch ein letzter Glanz über dem Auge —, flackerte die Seele der jungen Frau noch einmal auf wie eine verglimmende Lampe. Und der Maler machte den Strich über die Lippen und legte den Glanz über das Auge, und er stand einen Augenblick wie entzückt vor dem Werk seiner Hände. Im nächsten Augenblick aber, während er noch in Anschauung versunken war, begann er zu zittern und wurde totenbleich und schrie, von einem Entsetzen jäh angefaßt, mit lauter Stimme: ›Das ist ja das Leben selbst!‹ und wandte sich zu seiner Geliebten. — Sie war tot!«

DAS STELLDICHEIN

Erwarte mich! Ich will dich nicht verfehlen,
dich wieder treffen in dem hohlen Tal der Schatten!
Leichenrede Henry Kings, Bischofs von Chichester,
beim Tode seiner Gattin.

Unseliger, geheimnisvoller Mann*! – O du –, zerstört durch die brennende Glut deiner eigenen Phantasie, verschlungen von den schlagenden Flammen deiner allzu heißen Jugend! Wieder sehe ich dich vor mir! Wieder ist deine Gestalt vor meinen Augen erstanden; nicht die, welche jetzt in dem kalten Tale der Schatten irrt, nein: die, welche noch sein könnte und dann ein Leben prächtiger Träumereien in jener Stadt nebelhafter Gesichte verschwenden würde – in *deinem* Venedig, dem von den Sternen geliebten Elysium des Meeres, wo die hohen Palastfenster mit tiefer, bitterer Bedeutung auf die Geheimnisse der schweigenden Wasser hinabsehen. Ja, ich sehe dich! Oh, und gewiß: es gibt noch andere Welten als diese irdische, andere Gedanken als die plumpen der Menge, andere Weisheiten als die allzu klugen Sophismen im Philosophenhirn! Wer könnte dich wohl um deines Lebens willen zur Verantwortung ziehen; wer dich tadeln für die Stunden, in denen du fern, fern, weltentrückt warst? Wer möchte ernsthaft dein traumgeweihtes Dasein ein ›verlorenes‹ nennen?

In Venedig, unter dem gedeckten Bogengang, der die Seufzerbrükke heißt, da traf ich den Mann, von dem ich hier rede, zum dritten- oder viertenmal. Verwirrt ist meine Erinnerung: der Einzelheiten vermag ich mich nicht zu entsinnen. Und doch – vergessen werd ich's nie ... Wenn ich so zurückdenke: Wie tief die Mitternacht war, die über jener Brücke damals lag. Und diese erlesene Formschönheit. Und der ganze Geist des Seltsamen, der schwebend über dem Kanal lag, an seinen Ufern auf und nieder glitt.

Die Nacht war unheimlich dunkel; die große Glocke auf der Piazza hatte eben die zwölfte Stunde geschlagen. Schweigend und verlassen lag der Campanile da. Die Lichter in dem alten Dogenpalaste erloschen eins nach dem anderen. Ich kam durch den großen Kanal von der Piazetta, und als meine Gondel gegenüber der

* *Gemeint ist Lord Byron. Anm. d. Übers.*

Mündung des Kanals San Marco angekommen war, brach plötzlich der wilde, hysterische, lang anhaltende Schrei einer weiblichen Stimme durch die Nacht. Erschrocken sprang ich auf, während mein Gondoliere sein einziges Ruder fallen ließ, das in der pechschwarzen Finsternis auf immer verlorenging, so daß wir uns der Strömung überlassen mußten, die hier von dem größeren in den kleineren Kanal treibt. Wie ein ungeheurer, trauerflorbedeckter Kondor glitt unsere Barke langsam der Seufzerbrücke zu, als tausend Fackeln in den Fenstern und auf der Treppe des Dogenpalastes aufflackerten und die tiefe Düsterheit mit einem Schlage in einen totenbleichen, phantastischen Tag verwandelten.

Ein Kind war aus den Armen seiner eigenen Mutter aus einem der oberen Fenster des mächtigen Bauwerkes in den tiefen, trüben Kanal gefallen. Schweigend hatten sich die ruhigen Wasser über ihrem Opfer wieder geschlossen; und obgleich meine Gondel die einzige in der Nähe war, hatte sich mancher kühne Schwimmer schon in die Strömung geworfen und suchte vergebens den Schatz auf der Oberfläche, der, ach, nur im Abgrund zu finden war. Auf den mächtigen schwarzen Marmorfliesen am Eingange des Palastes, nur wenige Fuß über dem Wasser, stand eine Gestalt, die niemand, der sie dort gesehen, jemals wieder vergessen haben kann. Es war die Marchesa Aphrodite — die von ganz Venedig Angebetete — die Strahlendste der Strahlenden — die Schönste unter all den Schönen — die junge Gattin des alten Intriganten Mentoni, die Mutter jenes reizenden Kindes, ihres ersten und einzigen, das nun tief unter dem schlammigen Wasser in bitterer Todesnot an ihre süßen Liebkosungen dachte, sich mühte, ihren Namen zu rufen, und so in Qualen zugrunde ging.

Sie stand allein. Ihr kleiner, nackter, silberglänzender Fuß schimmerte auf dem schwarzen Marmor. Das Haar, halb dem künstlichen Aufbau entwunden, den sie auf dem Fest getragen, das eben erst geendet, umringelte in blauschwarzen, von Diamantentau betropften Lockentrauben den herrlichen Kopf. Ein schneeig weißes, schleierleichtes Gewand schien als einzige Hülle ihre zarte Gestalt zu bedecken; doch die Mittsommermitternacht war heiß, schwül, bleiern, und keine Bewegung in der statuengleichen Gestalt verschob die Falten des Nebelgespinstes, das sie umhing, wie der schwere Marmor die Niobe umhängt. Aber — wie seltsam! — ihre großen, lichtstrahlenden Augen ruhten nicht unten auf dem Grabe, das eben ihre schönsten Hoffnungen verschlungen — sie starrten weit, weit hinaus . . .

Ich glaube, das Gefängnis der alten Republik ist das stattlichste Gebäude von ganz Venedig; jedoch — wie konnte die Marchesa Aphrodite es nur so anstarren, jetzt, da ihr eigenes Kind im Todeskampf dort unten lag? Und jene dunkle, düstervolle Nische, die gerade dem Fenster ihres Zimmers gegenüber aufgähnt — was konnte nur in ihrem Schatten, an ihrer Architektur, an ihren mit eisernem Laubwerk umrankten Friesen sein, das die Marchesa di Mentoni nicht schon tausendmal vorher gesehen? Müßige Frage! — Wer wüßte nicht, daß das Auge wie ein zertrümmerter Spiegel die Bilder seines Schmerzes vervielfältigt und in jedem noch so weit entfernten Ort den Jammer sieht, der vor seinen Füßen liegt?

Ein paar Stufen höher als die Marchesa, unter dem Portal, stand, noch in vollem Festanzug, die satyrgleiche Gestalt Mentonis. Er klimperte auf seiner Gitarre herum und schien unglaublich gelangweilt, während er hin und wieder Befehle zur Rettung des Kindes gab. Ich, meinerseits, war bestürzt und wie leblos und fand nicht Kraft, meine jähe aufrechte Stellung, zu welcher mich der Schrei emporgerissen hatte, zu verändern; geisterhaft und vorbedeutend muß ich mit bleichem Angesicht und erstarrten Gliedern in meiner trauerflorgefiederten Gondel an der erregten Gruppe am Ufer vorübergeglitten sein.

Alle Rettungsversuche waren natürlich vergebens, und selbst die kühnsten Schwimmer gaben ihre Anstrengungen auf und überließen sich düsterer Stimmung. Das Kind schien hoffnungslos verloren (wie viel hoffnungsloser mußte die Mutter sein!), als plötzlich aus dem Inneren jener dunklen Nische des alten republikanischen Gefängnisses eine mantelumhüllte Gestalt in die Helle heraustrat, einen Augenblick am Rand des schwindelhohen Ufers stehenblieb und dann kopfüber in den Kanal stürzte. Als sie einen Augenblick später mit dem noch atmenden Kind in den Armen auf den Marmorfliesen an der Seite der Marchesa stand, fiel sein schwer von Wasser durchtränkter Mantel zu seinen Füßen nieder und enthüllte den verwunderten Zuschauern die anmutvolle Gestalt eines jungen Mannes, von dessen Namen damals ganz Europa widerklang.

Kein Wort sprach der Retter. Aber die Marchesa! Nun wird sie ihr Kind umfangen — wird es an ihr Herz drücken — wird seine kleine Gestalt an sich pressen und mit ihren Zärtlichkeiten beruhigen! Ach! *Andere* Arme nahmen es von dem Fremden entgegen — andere Arme trugen es fort, von der Mutter unbeachtet, in den großen Palast! Und die Marchesa! Ihre Lippen — ihre schönen Lippen zittern; Tränen steigen in ihre Augen, und sieh! ein Schauder fährt aus ihrer Seele auf, durchbebt ihre ganze Gestalt — die Statue wird lebendig! Über die Blässe ihres marmornen Antlitzes, über die Rundung des Marmorbusens, über die leuchtende Reinheit ihrer marmornen Füße rinnt plötzlich eine Flut schimmernden Rosenlichtes, und ein leichtes Erschauern geht über ihr zartes Gesicht wie die liebliche Luft Neapels über die schlanken Silberlilien im Grase.

Weshalb nur mochte die Dame erröten? Vielleicht, weil sie in der angstvollen Hast ihres mütterlichen Herzens die Verschwiegenheit ihres Gemaches verließ, ohne ihre zarten Füße in die Pantöffelchen zu stecken und die gewohnte Hülle um ihre schneeigen Schultern zu breiten? Welch anderen Grund könnte man sonst für ihr Erröten finden, für das Aufglänzen ihrer seltsam verlangenden Augen, für den Aufruhr in ihrem wildklopfenden Busen, für den krampfhaften Druck ihrer zitternden Hand, ihrer Hand, die, als Mentoni in den Palast zurückgekehrt, wie zufällig auf die Hand des Fremden fiel? Welchen Grund mochte es wohl haben, daß sie sonderbar leise mit den eilig geflüsterten sinnlosen Worten von ihm Abschied nahm: »Du hast gesiegt, das Murmeln der Wasser hat mich nicht getäuscht. Du hast gesiegt, eine Stunde nach Sonnenaufgang werden wir uns treffen – so soll es sein!«

Der Tumult ließ nach, die Lichter im Palast erloschen eins nach dem anderen, und der Fremde, der mir wohlbekannt war, stand allein auf den Fliesen. Er schauderte einen Augenblick mit einer seltsamen Bewegung zusammen, dann blickte sein Auge suchend nach einer Gondel umher. Ich konnte nicht umhin, ihn aufzufordern, sich meiner eigenen zu bedienen – und er nahm das Anerbieten an. Es gelang uns, ein neues Ruder aufzutreiben, und bald glitten wir seiner Wohnung zu, während er nach und nach, doch immerhin schnell, seine Selbstbeherrschung zurückgewann und mit herzlichem Tone von unserer früheren flüchtigen Bekanntschaft sprach.

Es gibt einige Menschen, über die ich sehr *eingehend* sprechen möchte, und die Person des Fremden – lassen Sie ihn mich so nennen, denn für diese Welt war er stets ein Fremder – gehört zu ihnen. Seine Größe war vielleicht eher unter als über dem Mittelmaß, obwohl sich seine Gestalt in Augenblicken der Leidenschaftlichkeit reckte und wuchs, so daß sie diese Behauptung wieder Lügen strafte. Die leichte, fast zarte Symmetrie seines Antlitzes redete mehr von Taten solch raschen Handelns, wie er es an der Seufzerbrücke gezeigt, als von jener übermenschlichen Kraft, die er ohne Anstrengung bei gefährlicheren Gelegenheiten schon bewiesen hatte. Der Mund, das Kinn waren schön wie die eines Gottes – die Augen seltsam, wild, glutvoll und klar, und ihr Glanz schwankte zwischen reinstem Haselbraun und grundlosestem, glänzendstem Jettschwarz – aus einer Fülle dunklen Lockenhaares schimmerte eine ungewöhnlich breite Stirn in lichtem Elfenbein. Niemals sah ich Züge voll solch klassischer Regelmäßigkeit; nur den marmorstarren Linien des Kaisers Commodus waren sie vergleichbar. Doch gehörte sein Antlitz zu denen, die jeder Mensch in seinem Leben einmal gesehen hat – und dann niemals wieder. Es hatte keinen besonderen, keinen bleibenden, herrschenden Ausdruck, der sich dem Gedächtnis hätte einprägen können; ein Antlitz, das man sah und vergaß: doch mit dem unbestimmten Wunsche vergaß, es sich wieder ins Gedächtnis zurückrufen zu können. Wohl warf der Geist jeder schnellen Leidenschaft sein deutliches Abbild auf den Spiegel dieses Antlitzes; aber der Spiegel hielt, spiegeltreu, keine Spur der Leidenschaft zurück, wenn jener Geist wieder entflohen war.

Als ich ihn in der Nacht nach unserem Abenteuer verließ, bat er mich, wie es mir vorkam, ziemlich dringend, ihn am Morgen *sehr* früh zu besuchen. Kurz nach Sonnenaufgang fand ich mich denn auch in seinem Palast ein, in einem jener ungeheuren Gebäude von düsterem, phantastischem Pomp, die sich an dem Wasser des großen Kanals in der Nähe des Rialto auftürmen. Man wies mich eine breite, gewundene, mosaikbelegte Treppe hinauf in ein Gemach, dessen unvergleichliche Pracht wie ein strahlender Lichtstrom durch die offene Tür zu mir hinausglänzte, mich blendete und schwindlig machte.

Ich wußte, daß mein Freund sehr reich war. Die Fama sprach von seinen Besitztümern in Ausdrücken, die ich einmal als lächerliche Übertreibung zu bezeichnen gewagt hatte. Doch als ich nun meine Blicke umherschweifen ließ, kam mir der Gedanke, daß der Reichtum keines Mannes in ganz Europa genügt haben würde, diese kaiserliche Pracht, die um mich her strahlte und glühte, herbeizuschaffen.

Obwohl, wie ich sagte, die Sonne schon aufgegangen, war das Gemach noch glänzend erleuchtet. Ich schloß aus diesem Umstand und auch aus den Spuren der Erschöpfung in den Zügen meines Freundes, daß er während der ganzen Nacht nicht zur Ruhe gegangen war. Aus der Architektur und der Ausschmückung des Zimmers sprach die offenbare Absicht, zu blenden und Erstaunen zu erregen. Auf die eigentliche Möblierung oder nationale Eigentümlichkeit in der Zimmerausstattung hatte man nur sehr wenig Aufmerksamkeit verwandt. Das Auge wanderte von Gegenstand zu Gegenstand und blieb auf keinem haften — weder auf den Grotesken griechischer Maler noch den Skulpturen aus der besten Zeit Italiens noch auf den riesigen Teppichen Ägyptens. An allen Seiten des Zimmers zitterten reiche Draperien unter dem Hauche einer leisen, melancholischen Musik, deren Ursprung ich nicht entdecken konnte. Auf den Sinnen lasteten vermischte, miteinander streitende Düfte, die mit gleißenden, flackernden Zungen grünen oder violetten Lichtes aus sonderbaren, verschnörkelten Weihrauchschalen emporstiegen. Die Strahlen der eben aufgegangenen Sonne überströmten das Ganze durch Fenster, die je aus einer einzigen karmesinroten Scheibe bestanden. Auf den Vorhängen, die wie Katarakte von geschmolzenem Silber aus ihren Nischen hervorquollen, in tausend Reflexen widerspiegelnd, vermischten sich die natürlichen Strahlen mit dem künstlichen Lichte und wogten in zwiefach glänzenden Strömen über einen Teppich von reichem, wie flüssig schimmerndem Goldstoff.

»Hahaha! – Hahaha!« – lachte der Herr des Hauses, als er mich nach meinem Eintritt zu einem Sitze geleitete und sich selbst dann der Länge nach auf eine Ottomane warf. »Ich sehe«, fuhr er fort, da er zu bemerken schien, daß ich mich nicht sofort mit einem so eigentümlichen Empfang abfinden konnte, »ich sehe, Sie sind über dies Gemach erstaunt – über die Statuen, die Bilder, über meine ganze originelle Anordnung und Einrichtung; Sie sind ganz berauscht – was? – von der Pracht! Doch verzeihen Sie mir, lieber Freund (hier nahm seine Stimme einen Ton an, als spräche der Geist der Herzlichkeit selbst aus ihr), verzeihen Sie mir mein liebloses Lachen. Aber Sie sahen so ungeheuer erstaunt aus! Und überdies sind manche Dinge so spaßhaft, daß der Mensch lachen *muß* ober sterben. Lachend zu sterben muß der glorreichste aller glorreichen Tode sein. Sir Thomas More – er war ein prachtvoller Mensch – Sir Thomas More starb lachend, wie Sie wissen. Und in den ›Absurditäten‹ des Ravisius Textor steht eine lange Liste von Menschen, die das gleiche, prachtvolle Ende fanden. Wissen Sie vielleicht«, fuhr er nachdenklich fort, »daß in Sparta, dem jetzigen Palaeochori, im Westen der Stadt, unter einem Chaos kaum sichtbarer Ruinen eine Art Sockel steht, auf dem noch die Buchstaben *ΛΑΞΜ* lesbar sind? Sie sind zweifelsohne ein Teil des Wortes *ΓΕΛΑΞΜΑ*. Nun gab es in Sparta wohl tausend Tempel und geweihte Orte für tausend verschiedene Gottheiten. Wie außerordentlich seltsam, daß der Altar des Lachens alle anderen überdauert hat! Doch eigentlich habe ich jetzt«, schloß er mit sonderbar veränderter Stimme und Haltung, »kein Recht, auf Ihre Kosten lustig zu sein. Sie hatten Grund, erstaunt auszusehen. Europa kann nichts so Prächtiges hervorbringen, wie dies kleine königliche Kabinett ist. Meine übrigen Gemächer gleichen ihm nicht. Im Gegenteil, sie sind wahre Ultras moderner Abgeschmacktheit. Dies jedoch ist besser als jede Mode – nicht wahr? Und mancher brauchte es nur zu sehen, um ganz rasend darüber zu werden, daß er es sich auf Kosten all seines Vermögens nicht verschaffen konnte. Ich habe es jedoch vor jeder Profanierung bewahrt. Mit einer alleinigen Ausnahme sind Sie das einzige menschliche Wesen außer mir und meinem Kammerdiener, der zu den Geheimnissen dieses kaiserlichen Gebietes Zutritt hat, seit es so, wie Sie es nun erblicken, ausgeschmückt ist!«

Ich verbeugte mich schweigend, denn der überwältigende Eindruck dieser Pracht, der Düfte und der Musik sowie sein unerwartetes exzentrisches Benehmen und Reden ließen mich meine Bewunderung nicht in Worte kleiden und in einem Kompliment zusammenfügen.

»Hier«, begann er wieder, sprang auf, nahm meinen Arm und wanderte mit mir durch das Zimmer, »hier sind Gemälde von den Griechen bis Cimabue und von Cimabue bis zum heutigen Tage. Viele habe ich, wie Sie sehen, mit wenig Achtung vor der Tugend gewählt. Doch sind sie alle würdiger Schmuck für ein solches Zimmer. Hier sind ein paar Meisterwerke unbekannter Großer; und hier unfertige Entwürfe von Männern, die während ihres Lebens berühmt gewesen und deren Namen die scharfsinnigen Akademien der Vergessenheit und — mir überlassen haben. Was denken Sie«, fragte er dann plötzlich brüsk, »von der Madonna Della Pieta?«

»Es ist ja Guidos Original!« antwortete ich mit all der Begeisterung meines Wesens, denn ich hatte ihre Lieblichkeit schon lange staunend betrachtet. »Es ist Guidos Original! Wie ist es möglich, daß Sie es erlangt haben? Sie ist zweifellos das in der Malerei, was die Venus in der Skulptur bedeutet!«

»Ach«, sagte er gedankenvoll, »die Venus — die schöne Venus? — Die Venus von Medici? Mit dem kleinen Kopf und dem goldenen Haar? Ein Teil des linken Armes« (hier senkte er seine Stimme, so daß ich ihn nur mit Mühe verstehen konnte) »und der ganze rechte Arm sind nachträglich ersetzt worden, und in der Koketterie jenes rechten Armes liegt für mein Empfinden die Quintessenz aller Affektation. Geben Sie *mir* den *Canova!* Auch der Apollo ist eine Kopie — zweifellos —, und ich blinder Tor kann nichts von der vielgerühmten Offenbarung in dem Apollo verspüren! Ich muß — bedauern Sie mich — den Antinous vorziehen. Sagte nicht Sokrates, daß der Bildhauer dies Bild in dem Marmorblock gefunden? So wäre also Michelangelo nicht der erste mit seinem:

›Non ha l'ottimo artista alcin concetto
Che un marmo solo in se non circonscriva.‹«

Man hat sehr oft oder könnte sehr oft bemerkt haben, daß das Benehmen eines bedeutenden Menschen sich in *jedem* Augenblick von dem Benehmen eines Alltagsmenschen unterscheidet, ohne daß man genau zu erklären vermag, worin der Unterschied eigentlich besteht. Das fühlte ich nie so deutlich als an jenem ereignisreichen Morgen; und ich kann die Besonderheit im Wesen meines Freundes, die ihn von allen menschlichen Geschöpfen wesentlich unterschied, nur als die *Gewohnheit* beständigen Denkens kennzeichnen, die selbst seine trivialsten Handlungen durchdrang, seine Tändeleien vertiefte und sogar in den Ausbrüchen seiner Heiterkeit noch spürbar war — wie die Nattern, die sich aus den Augen der grinsenden Masken an den Friesen der Tempel von Persepolis herauswinden.

Doch fiel mir wiederholt an dem halb leichtsinnigen, halb feierlichen Ton, mit dem er an diesem Morgen oft weitläufig über Dinge von geringer Wichtigkeit sprach, ein gewisses Schaudern auf — eine gewisse nervöse Salbung in seinem Tun und Reden — eine unstete Erregbarkeit des ganzen Wesens, die mir unerklärlich schien und mich ein paarmal mit Unruhe erfüllte. Häufig brach er auch mitten in einem Satz, dessen Anfang er vergessen zu haben schien, ab und lauschte mit tiefster Aufmerksamkeit, als erwarte er in jedem Augenblick einen Besucher oder als höre er Klänge, die nur seiner Phantasie vernehmbar sein konnten.

Während eines jener Augenblicke, da er ganz in Träumerei oder Lauschen versunken war, entdeckte ich, als ich in einem Buch blätterte, das in der Nähe der Ottomane lag, eine mit Bleistift unterstrichene Zeile. Es war eine Stelle gegen Ende des dritten Aktes des ›Orfeo‹, der ersten schönen italienischen Tragödie — eine Stelle, die das Herz erbeben machte, die, obwohl voll wüster Begierde, kein Mann ohne den Schauder einer *nie* gefühlten Erregung, keine Frau ohne einen Seufzer lesen wird. Die ganze Seite war von frischen Tränen durchtränkt, und auf dem folgenden Blatte las ich Verse, von der Hand meines Freundes, jedoch so anders als sonst geschrieben, daß ich nur mit Mühe die Schrift als die seine wiedererkannte:

Du warst mir alles, Liebe,
Was meine Seele erfleht,
Ein grünes Eiland, Liebe,
Ein Quell und Heiligenschein,
Umrankt von Früchten und von Blumen,
Und alle Blumen waren mein.

Ach Traum! Zu schön, zu währen!
Ach Hoffnungsstern! Erglommen nur
Zu eiligem Verlöschen!
Der Zukunft Stimme ruft mir zu:
»Voran!« Doch über der Vergangenheit
Trübdunklem Golfe schwebt mein Geist
Stumm — regungslos — erstarrt!

Denn wehe! Weh! Für mich erlosch
Des Lebens Licht auf ewig.
Und nimmer — nimmer — nimmermehr
— Solch' Wort ruft feierlich die See
Dem Sand der Küsten zu —

Wird neu erblühn der blitzgetroffne Baum,
Schwellt neue Kraft des kranken Adlers Flug!

Entrückung bringt mir jede Stunde,
Und jeder Traum der Nacht
Sucht Deines dunklen Augen Glanz,
Fragt, wo Dein Fuß Dich wiegt?
In welchem Feentanz?
An welchem fernen Strand?

Weh über jene Höllenstunde,
Da Dich die Woge mir entführt,
Der Lieb' entführt zu Würden und Verbrechen,
Entführt auf ein unheilig Pfühl,
Ach! *mir* entführt und unserm Nebellande,
In dem die Silberwelle um Dich weint.

Daß diese Verse in englischer Sprache geschrieben waren, überraschte mich nicht. Ich kannte die ausgedehnten Kenntnisse meines Freundes zu gut und auch seine sonderbare Neigung, dieselben so viel wie möglich zu verbergen. Aber der Ort des Datums setzte mich doch in Erstaunen. Das Gedicht war in London verfaßt worden, später hatte man ein anderes Wort über den Namen geschrieben, jedoch nicht so, daß ein forschendes Auge den ersten nicht mehr hätte lesen können. Ich sage, daß mich dies alles in Erstaunen setzte, denn ich erinnerte mich wohl, daß ich in einer früheren Unterhaltung meinen Freund einmal gefragt hatte, ob er nicht in London mit der Marchesa di Mentoni, die dort einige Jahre vor ihrer Verheiratung lebte, zusammengetroffen sei. Damals gab er mir eine Antwort, aus der ich entnehmen mußte, daß er die Hauptstadt Großbritanniens nie besucht habe. Ich kann hier noch erwähnen, daß ich sehr oft gehört hatte (natürlich ohne einem so unwahrscheinlichen Gerücht Glauben zu schenken), der Mann, von dem ich spreche, sei nicht nur von Geburt, sondern auch durch seine ganze Erziehung ein *Engländer.*

»Hier ist noch ein Bild«, sagte er, ohne zu bemerken, daß ich in der Tragödie blätterte, »das Sie noch nicht gesehen haben.« Er zog einen Vorhang beiseite und enthüllte ein Bild der Marchesa Aphrodite. Noch nie war es irdischer Kunst gelungen, überirdische Schönheit gleich vollkommen nachzubilden. Wieder stand ihre ätherische Gestalt, genau wie in der vorhergehenden Nacht auf den Stufen des Dogenpalastes, vor mir. Doch in dem Ausdruck ihrer Züge, die über und über im Lächeln strahlten, lauerte schon (unbegreiflicher Widerspruch!) jener verhängnisvolle Schatten von Traurigkeit, der von der vollkommenen Schönheit nun einmal unzertrennlich ist.

Der rechte Arm deckte halb ihren Busen. Mit der Linken deutete sie auf eine sonderbar geformte Vase nieder. Ihr kleiner Feenfuß berührte nackt den Boden, und in der leuchtenden Luft, die ihre ganze Lieblichkeit einrahmte, dehnten sich, kaum wahrnehmbar, zwei hauchzarte Flügel. Mein Blick fiel von dem Bilde auf die Gestalt meines Freundes, und die kraftvollen Worte des Bussy d'Ambois kamen mir unwillkürlich auf die Lippen:

»Dort steht er wie das Steinbild eines Römers!
Und wird so stehn, bis ihn der Tod
in Marmor wandelt!«

»Kommen Sie«, sagte er endlich und führte mich zu einem reich emaillierten, massiv silbernen Tische, auf dem phantastisch gearbeitete Becher und zwei etruskische Vasen standen, die nach dem sonderbaren Modell im Vordergrund des Porträts angefertigt zu sein schienen und mit Johannisberger gefüllt waren. »Kommen Sie«, sagte er, »wir wollen trinken; es ist zwar früh, doch wir wollen trinken. — Es ist wirklich früh«, fuhr er plötzlich, wie in tiefen Gedanken, fort, als eine Uhr im Gemache die erste Stunde nach Sonnenaufgang schlug, »es ist wirklich früh — aber was tut's? Wir wollen trinken, wir wollen der feierlichen Sonne, die diese prunkvollen Lampen und Weihrauchschalen vergebens verdunkeln möchte, ein Opfer bringen.« Und er trank mir aus einem der Riesenkelche zu und stürzte dann in rascher Folge noch mehrere Becher Weins hinunter.

»Träumen«, sagte er und nahm den zerstreuten, flüchtigen Ton seiner Unterhaltung wieder auf. »Träumen war das Tun meines Lebens. Ich habe mir deshalb dieses Haus hergerichtet. Könnte ich hier im Herzen Venedigs ein besseres haben? Sie sehen allerdings einen Mischmasch der verschiedensten Bilder der Schönheit. Antidiluvianische Sprüche beleidigen die Keuschheit der Jonia, und ägyptische Sphinxe strecken sich auf golddurchwirkten Teppichen aus, und doch ist die Wirkung nur für den Furchtsamen unharmonisch. Eigentümlichkeiten des Ortes und besonders der Zeit sind der Popanz, welcher der Menschheit die Betrachtung des Erhabenen verleidet. Wie jene arabeskengezierten Weihrauchschalen windet sich mein Geist in Feuern, und das Delirium dieses Daseins macht mich reich für die wilderen Visionen im Lande jener wirklichen Träume, in das ich nun schnell enteile.« Hier schwieg er plötzlich, neigte sein Haupt und schien auf einen Ton zu lauschen, den ich nicht hören konnte. Dann richtete er sich auf, blickte empor und flüsterte jene Worte des Bischofs von Chichester:

»Erwarte mich! Ich will dich nicht verfehlen.
Dich wieder treffen in dem hohlen Tal der Schatten!«

Im nächsten Augenblick sprang er auf und warf sich — der Wein mochte wirken — in voller Länge auf die Ottomane. Da hörte ich einen schnellen Schritt auf der Treppe und gleich darauf ein lautes Klopfen an der Tür. Ich eilte zu öffnen, weil ich eine Störung fürchtete. Ein Page aus Mentonis Palast stürzte in das Gemach und stammelte mit abgehetzter Stimme die unzusammenhängenden Worte: »Meine Herrin, meine Herrin! Vergiftet — vergiftet! O schöne Aphrodite!«

Bestürzt eilte ich auf die Ottomane zu, um den Schläfer zu wekken, doch seine Glieder waren starr, seine Lippen totenbleich, seine eben noch glänzenden Augen versteint. Ich schwankte auf den Tisch zu, meine Hand fiel auf einen zersprungenen, schwarz angelaufenen Becher, und die Erkenntnis der ganzen, gräßlichen Wahrheit blitzte in meiner Seele auf.

LANDORS LANDHAUS

Als ich im vergangenen Sommer eine Fußtour durch einige Grafschaften in der Nähe New Yorks machte, wußte ich eines Tages gegen Abend nicht mehr genau, auf welchem Wege ich mich befand. Die Gegend war merkwürdig hügelig, und mein Pfad hatte sich während der letzten Stunde bei seinem Bestreben, in den Tälern zu bleiben, so verworren hin und her gewunden, daß ich nicht mehr wußte, in welcher Richtung ich das liebliche Dorf B., in dem ich die Nacht zu bleiben beschlossen hatte, suchen müßte. Während des Tages, der unangenehm schwül gewesen war, hatte die Sonne eigentlich kaum einmal wirklich geschienen. Ein dampfiger Nebel hüllte alle Dinge ein und machte mich noch unsicherer. Doch war ich durchaus nicht beunruhigt. Wenn ich das Dorf auch vor Sonnenuntergang oder vor Einbruch der Dunkelheit nicht erreichte, so mußte ich doch höchstwahrscheinlich bald auf eine kleine holländische Farm oder ein ähnliches Gebäude stoßen, obgleich die Umgebung, vielleicht weil sie mehr malerisch als fruchtbar war, nur spärlich bewohnt wurde. Und im schlimmsten Fall hätte mich die Notwendigkeit, mit meinem Tornister als Kissen und meinem Hund als Schildwache unter freiem Himmel biwakieren zu müssen, auch nur amüsiert. So vertraute ich denn Ponto meine Flinte an und streifte nach Herzenslust weiter; und als ich endlich anfing, genauer zuzusehen, ob die zahllosen kleinen Pfade, die hin und zurück liefen, wirklich Wege sein sollten, führte mich bald der verlockendste von ihnen auf einen wirklichen Fahrweg. Man bemerkte deutlich die Spuren leichter Räder, und obgleich das hohe Gesträuch und das aufgeschossene Unterholz oben wieder zusammenschlugen, bot sich unten doch nicht das geringste Hindernis dar, nicht einmal für einen virginischen Bergkarren, der doch das anspruchsvollste Vehikel ist, das ich kenne. Der Weg selbst hatte, abgesehen davon, daß er frei durch das Gehölz lief – wenn Gehölz für dies schmächtige Gesträuch nicht ein viel zu grober Name ist – und Räderspuren aufwies, nicht die geringste Ähnlichkeit mit all den Wegen, die ich bis dahin gesehen hatte. Die Spuren waren nur sehr schwach sichtbar, da seine angenehm feuchte Oberfläche fest war: sie erinnerte an grünen genuesischen Sammet. Er war mit einem Rasen bedeckt, so kurz, dicht, gleichmäßig, von so glänzender Farbe, wie wir ihn sonst nur in England kennen. In den Räderfurchen lag nicht das kleinste Hindernis, kein Stückchen Holz, kein welker Zweig. Die Steine, die ehemals die Bahn versperrten, hatte man sorgfältig an den Rand des Weges *gelegt*, nicht geworfen, so daß sie eine seitliche Grenze mit einer Art zufälliger Genauigkeit angaben, die äußerst malerisch wirkte. Aus den Zwischenräumen wuchsen üppige Büsche wilder Blumen hervor.

Ich wußte nicht recht, was für Schlüsse ich aus all dem ziehen sollte. Daß ich hier zweifellos eine Kunstäußerung vor mir hatte, überraschte mich nicht, denn im eigentlichen Sinne sind ja alle Straßen Werke der Kunst. Auch kann ich nicht sagen, daß mich das *Maß* der angewendeten Kunst so sehr verwunderte. Alles, was man getan hatte, konnte man vielleicht *hier* bei den günstigen natürlichen Vorbedingungen (so heißt es, glaub ich, in den Büchern über Landschaftsgärtnerei) mit wenig Mühe und Kosten getan haben. Es war also nicht der Aufwand, sondern der *Charakter* der Kunst, der mich veranlaßte, mich auf einen der blumenüberwucherten Steine niederzulassen und den elfenhaft schönen Pfad wohl eine halbe Stunde oder länger in wundersamem Erstaunen anzuschauen. Und je länger ich schaute, desto offenbarer wurde mir eins: nur ein Künstler, und zwar einer mit dem empfindlichsten Auge für Formenschönheit, konnte diese Anlage geschaffen haben. Er hatte die größte Sorgfalt darauf verwandt, zwischen dem Sauberen und Anmutigen einerseits und dem Pittoresken im wahren Sinne des italienischen Wortes anderseits die richtige Mitte zu halten. Man sah wenig gerade und keine langen ununterbrochenen Linien. Die gleiche, durch eine Biegung oder eine Farbe hervorgerufene Wirkung erschien gewöhnlich von einem bestimmten Gesichtspunkte aus zweimal, doch nicht öfter. Überall herrschte Abwechslung in der Einheitlichkeit. Das Ganze war eine Komposition, an der auch der anspruchsvollste kritische Geschmack nichts mehr zu verbessern gefunden haben würde.

Ich hatte mich, als ich den Weg betrat, nach rechts gewandt und verfolgte aufsteigend dieselbe Richtung. Der Pfad zog sich in kurzen Serpentinen dahin, so daß ich ihn keinen Augenblick lang weiter als zwei oder drei Schritte überschauen konnte. Seine Oberfläche wies nicht die geringste Veränderung auf.

Plötzlich klang mir Wassergemurmel lieblich ins Ohr, und ein paar Augenblicke später, als ich mit dem Wege eine etwas schärfere Wendung machte, als es bisher geschehen war, erblickte ich am Fuße eines sanften Abhanges gerade vor mir ein Gebäude. Ich konnte es jedoch wegen des Nebels, der das kleine Tal vor mir füllte, nicht genau erkennen. Die Sonne ging gerade unter — ein sanfter Wind sprang plötzlich auf. Und während ich auf dem First des Abhanges stehen blieb, zerstreute sich der Nebel und flatterte in Flocken über dem Bilde vor mir.

Wie dieses nun sichtbar wurde, ganz allmählich, nach und nach — hier ein Baum, dort ein aufschimmernder Wasserstreifen, dann wieder ein Stückchen Dachfirst —, konnte ich mich der Vorstellung nicht erwehren, das Ganze sei nur ein Spiegelbild.

Während der letzte Nebel vollständig hinwegtrieb, war die Sonne hinter die anmutigen Hügel gesunken und schien mir plötzlich, als habe sie einen kleinen Schritt gegen Süden gemacht, durch einen Hohlweg, der im Westen aus dem Tal hinausführte, in vollem purpurnem Glanze entgegen. Wie durch Zauberkraft wurde das ganze Tal und alles in ihm von glänzendstem Licht erleuchtet.

Der erste Blick auf die Landschaft, nachdem die Sonne in die eben beschriebene Lage gesunken war, machte mir den Eindruck, den ich als Kind oft von der Schluß-Szene eines Melodramas oder sonst eines geschickt gemachten theatralischen Schauspiels empfing. Alles erinnerte mich daran, selbst die Übertriebenheit der Farben war die gleiche; denn das Sonnenlicht schoß in flammendstem Orange und Purpur durch den Hohlweg, und das strahlende Grün des Rasens wurde von der leichten Dunstdecke, die mir noch immer zu Häupten hing, als zögere sie, sich von diesem so bezaubernd schönen Anblick zu trennen, auf alle Dinge zurückgeworfen.

Das kleine Tal, in das ich, so unter meinem Nebeldache stehend, hinabblickte, mochte nicht mehr als vierhundert Ellen lang sein; seine Breite schwankte zwischen fünfzig, hundertfünfzig, ja vielleicht zweihundert Ellen, am nördlichen Ende war es am engsten und erweiterte sich, doch nicht regelmäßig, nach Süden zu. Vielleicht achtzig Ellen vom Südende entfernt war es am weitesten. Die Abhänge, die das Tal umrahmten, konnten mit Ausnahme derer am Nordende kaum Hügel genannt werden. Dort jedoch erhob sich ein steiler Granitblock zu einer Höhe von etwa neunzig Fuß; und das Tal war, wie ich schon bemerkte, an dieser Stelle nicht mehr als fünfzig Fuß breit. Ging man jedoch nach Süden zu, so fanden sich zur Rechten und zur Linken Abhänge, die weniger hoch, weniger steil und felsig waren. Kurz, nach Süden hin wurde alles niedriger und sanfter; und doch war das ganze Tal so von mehr oder minder hohen Anhöhen umgeben, daß nur zwei Stellen frei blieben. Eine von diesen habe ich schon erwähnt: sie lag nach Nordwesten und ließ durch einen regelmäßigen, natürlichen Spalt in der Granitmauer das Licht der untergehenden Sonne hinein. Dieser Spalt mochte, so weit das Auge in ihn hineindringen konnte, an seiner weitesten Stelle zehn Ellen breit sein und schien wie eine natürliche Chaussee in das Innere noch unerforschter Berge und Wälder zu führen. Die andere Öffnung befand sich genau am südlichen Ende des Tales. Hier waren die Hügel im allgemeinen nur sanfte Abhänge, die sich vielleicht hundertundfünfzig Ellen weit von Osten nach Westen hin ausdehnten. Ungefähr in ihrer Mitte war eine Senkung, deren Boden mit dem des Tales gleiche Höhe hatte. Auch die Vegetation wurde, wie alles andere, nach Süden hin niedriger und sanfter. Im Norden erhoben sich, wenige Schritte von dem steilen Abgrund entfernt, die prächtigen Stämme weißer und schwarzer Nuß-, Eichen- und Kastanienbäume, deren starke Seitenäste sich weit über den Rand des Abgrundes erstreckten. Weiter nach Süden hin erblickte der Beschauer dieselben Bäume, doch waren sie da weniger hoch, weniger zahlreich, überhaupt weniger großartig in ihrer Erscheinung; hier wuchs die zartere Ulme, inmitten von Sassafras- und Heuschreckenbäumen, weiter grünte die lieblichere Linde, der sanfte Ahorn, und auf diese folgten noch anmutigere, biegsamere Arten. Der ganze südliche Abhang war mit Buschwerk bestanden, nur hin und wieder erhob sich eine Silberweide oder Silberpappel darüber hinaus. Auf dem Boden des Tales selbst (alles bis jetzt Erwähnte wuchs, wie man sich erinnern wird, an den Abhängen und auf den Felsen) sah man drei einzeln stehende Bäume. Einer von ihnen war eine Ulme, von schlanker Größe und ausgesucht schöner Form. Sie stand wie eine Wache am südlichen Eingang des Tales. Der zweite war ein weißer Walnußbaum, ausladender als die Ulme, überhaupt viel prächtiger, obwohl sie beide in ihrer Art herrlich waren; er schien den nordwestlichen Eingang behüten zu wollen, entsprang mitten in dem Schlunde der Schlucht zwischen Felsbrocken und streckte seinen schönen Körper in einem Winkel von fünfundvierzig Grad weit in den Sonnenschein des Amphitheaters hinein. Ungefähr dreißig Ellen nach Osten von diesem Baum stand jedoch der Stolz des Tales – ohne Zweifel der schönste Baum, den ich je gesehen. Es war ein dreistämmiger Tulpenbaum – ein Liriodendron tulipiferum – aus der Ordnung der Magnolien. Die drei Stämme trennten sich etwa drei Fuß über dem Boden voneinander, wandten sich leicht und regelmäßig voneinander ab und waren an der Stelle, an welcher der stärkste Stamm Laubwerk ansetzte, vielleicht vier Fuß voneinander entfernt (es geschah in einer Höhe von vielleicht acht Fuß). Die Gesamthöhe der Hauptabteilung mochte hundertundzwanzig Fuß betragen. Nichts kann die Schönheit der Form und das glänzende Grün der Blätter des Tulpenbaumes übertreffen. Augenblicklich mochten sie wohl acht Zoll breit sein, aber ihre Herrlichkeit wurde durch die strahlende Pracht üppigsten Blütenreichtums noch verdunkelt. Stellen Sie sich einmal nahe zusammengedrängt eine Million der größten, glänzendsten Tulpen vor! Nur auf diese Weise kann ich ein Bild von dem Anblick geben.

Und dann die kraftvolle Anmut der sauberen, zart gekörnten, säulenschönen Stämme; der größte von ihnen maß zwanzig Fuß über dem Boden vier Fuß im Durchmesser. Seine zahllosen Blüten, deren Hauch sich mit denen anderer, kaum weniger schöner, doch bei weitem nicht so großartiger Bäume mischte, erfüllten das Tal mit den süßesten Wohlgerüchen.

Der Boden des Amphitheaters war mit dem gleichen Gras bewachsen, das ich schon auf der Landstraße bewundert hatte; vielleicht war es noch zarter, dicker, sammetähnlicher, noch tiefer grün. Es war schwer zu begreifen, wie man eine solche Schönheit hatte erzielen können.

Ich sprach eben von den zwei Eingängen, die in das Tal führten. Aus dem nordwestlichen schoß ein Flüßchen hervor, das mit sanftem Murmeln und weißem Schäumen die Schlucht hinuntersprudelte, bis es sich an den Felsbrocken, aus denen der weiße Walnußbaum sproßte, stieß. Es schlang sich um den Baum herum, wandte sich dann ein wenig nach Nordosten, wobei es den Tulpenbaum vielleicht zwanzig Fuß südlich liegen ließ, floß ohne Änderung in seinem Laufe weiter, bis es in die Mitte zwischen der östlichen und der westlichen Talgrenze kam. An diesem Punkte wandte es sich im rechten Winkel nach Süden und schlängelte seinen Weg dahin, bis es sich in einen kleinen See von unregelmäßiger, im allgemeinen ovaler Form verlor, der schimmernd am unteren Ende des Tales lag. Er mochte an seiner breitesten Stelle vielleicht hundert Ellen breit sein. Sein Wasser war klar wie der reinste Kristall und sein Boden, den man deutlich sehen konnte, über und über mit glänzend weißen Kieselsteinen bestreut. Seine smaragdgrünen Ufer rundeten sich mehr, als daß sie abfielen, in den klaren Widerschein des Himmels unten; und so klar war dieser Wasserhimmel, so vollständig spiegelte er alle Dinge wider, daß es schwer war, zu unterscheiden, wo die grüne, wirkliche Uferbank aufhörte und ihr Spiegelbild begann. Die Forellen und einige andere Fischarten, die ich in diesem See erblickte, schienen wirklich und wahrhaftig zu fliegen. Es war ganz unmöglich, zu glauben, daß sie nicht wirklich in der Luft dahinschossen. Ein leichtes birkenes Boot, das ruhig auf dem Wasser lag, wurde getreuer als von dem besten Spiegel mit seinen kleinsten Maserungen widergestrahlt. Ein Inselchen, das im Schmucke seiner blühenden Blumen heiter wie ein Lächeln schimmerte und gerade groß genug war, um ein reizendes kleines Vogelhaus zu tragen, erhob sich nicht weit von der nördlichen Küste des Sees und war mit derselben durch eine unglaublich zart aussehende, doch ganz einfache Brücke verbunden, die aus einem einzigen breiten, dicken Brett aus Tulpenbaumholz bestand. Sie war vierzig Fuß lang und bog sich in leichtem, doch deutlichem Bogen, der jedes Schwanken ausschloß, von Küste zu Küste. Am südlichen Ende des Sees trat das Flüßchen wieder aus demselben heraus, schlängelte sich vielleicht noch dreißig Ellen weiter, trat durch die schon beschriebene Senkung in der Mitte der südlichen Abhänge aus dem Tal, sprang dann einen steilen Abgrund von vielleicht hundert Fuß hinab und machte sich auf den vielfach gewundenen Weg zum Hudson.

Der kleine See war tief, an manchen Stellen wohl dreißig Fuß, während das Flüßchen selten mehr als drei Fuß tief und acht Fuß breit war. Sein Boden und seine Ufer waren genauso wie die des Sees — wenn man ihnen vom Standpunkt des Malerischen aus hätte einen Vorwurf machen wollen, so wäre es der absoluter Sauberkeit gewesen.

Die große, grüne Rasenfläche wurde hier und da durch glänzendes Buschwerk, wie Hydrangea oder Schneeball oder duftendes Syringengesträuch, unterbrochen; häufiger noch durch einen Tuff Geranien, die in allen Farben prächtig in Blüte standen. Sie wuchsen in Töpfen, die sorgfältig in dem Boden vergraben waren, so daß es den Eindruck machte, als seien sie eingepflanzt. Außerdem war der Rasensammet wie besprenkelt mit Schafen, die mit drei zahmen Rehen und einer großen Zahl glänzend befiederter Enten im Tal umherstreiften. Ein sehr großer Bullenbeißer schien alle diese Tiere zu bewachen.

An den östlichen und westlichen Felswänden, die ziemlich steil abfielen, wuchs üppigster Efeu, so daß nur hier und da der nackte Fels zum Vorschein kam. Der nördliche Abhang war fast vollständig von selten schönen Weinranken bedeckt, die zum Teil dem Boden am Fuße des Felsens, zum Teil den Spalten in seinem Angesicht entsprossen.

Die leichte Erhebung, die die untere Grenze dieses Besitztums bildete, wurde von einer kleinen Steinmauer gekrönt, die hoch genug war, das Entkommen der Rehe zu verhindern. Nirgendwo sonst war eine Einfriedung zu sehen, da die natürlichen Grenzen jeden Zaun unnötig machten. Wenn sich zum Beispiel ein Schaf verirrte und durch die Schlucht aus dem Tale entweichen wollte, so fand es seinen Weg ein paar Ellen weiter an dem abstürzenden Felsrande aufgehalten, über den das Wässerchen sprang, das zuerst meine Aufmerksamkeit erregte, als ich mich dem Besitztum näherte. Als einziger Aus- und Eingang diente ein Tor, das die zwischen Felsen dahinführende Straße abschloß, wenige Schritte unter dem Punkt, auf dem ich stand und das Bild vor mir überschaute.

Ich sagte schon, daß sich das Flüßchen oder der Bach während seines ganzen Laufes sehr unregelmäßig hin und her schlängelte. Seine Hauptrichtung ging erst von Westen nach Osten und dann von Norden nach Süden. Bei der Biegung schwenkte er zurück,

machte eine fast kreisförmige Schlinge, so daß er eine Halbinsel umschloß, die fast eine vollständige Insel war und wohl ein sechzehntel Morgen groß sein mochte. Auf dieser Halbinsel stand ein Wohnhaus – und wenn ich von diesem Hause sage, daß es, wie die von Vathek gesehene unterweltliche Terrasse, ›était d'une architecture inconnue dans les annales de la terre‹, so meine ich damit, daß sein ganzer Anblick das stärkste Gefühl von Eigenart und Zweckdienlichkeit in mir auslöste – kurz von Poesie (denn ich könnte nur mit diesen beiden Worten eine scharfe Definition des abstrakten Begriffes Poesie geben) – meine ferner, daß der Eindruck des bloß Außergewöhnlichen in keiner Hinsicht überwog.

Man konnte sich in der Tat nichts Einfacheres, nichts Anspruchsloseres denken als diese Hütte. Sie verdankte ihre wunderbare Wirkung vollständig ihrem künstlerischen Aufbau als Gemälde. Wenn man sie so ruhig betrachtete, konnte einem wohl der Gedanke kommen, daß irgendein hervorragender Landschaftsmaler sie mit seinem Pinsel aufgeführt habe.

Der Punkt, von dem aus ich das Tal überschaute, war nicht *durchaus,* wenn auch *fast* der beste, von dem aus man ein Haus in Augenschein nehmen konnte. Ich möchte das Landhaus deshalb so beschreiben, wie ich es später sah – von der Steinmauer am südlichen Ende des amphitheatralischen Bildes aus.

Das Hauptgebäude war ungefähr vierundzwanzig Fuß lang und sechzehn breit – auf keinen Fall länger oder breiter. Seine ganze Höhe vom Boden zur Dachspitze konnte nicht mehr als achtzehn Fuß betragen. An das westliche Ende dieses Bauwerkes schloß sich ein weiteres an, das in allen seinen Verhältnissen ein Drittel kleiner war. Seine Fassade lag vielleicht zwei Ellen weiter zurück als die des Hauptgebäudes, und auch sein Dach war naturgemäß niedriger. Im rechten Winkel zu diesen Gebäuden und vom hinteren Teil des größeren, doch nicht vollständig in der Mitte, erhob sich ein dritter, sehr kleiner Flügel, in allem wohl ein Drittel schmaler als der westliche, kleinere Teil des Ganzen. Die Dächer der zwei größeren Partien waren sehr steil, beschrieben vom First aus eine lange, konkave Kurve und ragten wohl wenigstens vier Fuß über die Frontmauern hinaus, so daß sie zur gleichen Zeit die Dächer für zwei Laubengänge bildeten. Sie hatten natürlich keine Stütze nötig; da es jedoch so *aussah,* als wäre dies der Fall, hatte man ihnen an den Ecken leichte, vollständig glatte, einfache Säulen als Ruhepunkte gegeben. Das Dach des nördlichen Flügels bestand vollständig aus einem solch herüberragenden Teil des Hauptdaches. Zwischen dem Hauptgebäude und dem westlichen Flügel erhob sich ein ziemlich hoher, schlanker, viereckiger Kamin von harten holländischen, teils schwarz, teils rot gefärbten Ziegeln, den ein kleiner Fries von hervorkragenden Ziegeln krönte. Auch über den Dachstuhl ragten die Dächer ziemlich weit hinaus, bei dem Hauptgebäude vielleicht vier Fuß nach Osten und zwei nach Westen. Der Haupteingang befand sich nicht genau am Hauptgebäude, sondern lag ein wenig nach Osten, während zwei Fenster die Front des westlichen Teiles unterbrachen. Sie reichten nicht ganz bis zum Boden, waren jedoch viel länger und enger, als man es im allgemeinen gewohnt ist; jedes war durch einen türähnlichen Fensterladen verschlossen; die Scheiben waren aus großen rautenförmigen Flächen zusammengesetzt. Die obere Hälfte der Tür bestand ebenfalls aus Glas, aus einer rautenförmig eingeteilten Scheibe. Ein großer Laden verschloß sie zur Nacht. Die Tür des westlichen Flügels befand sich unter dem Dachstuhl und war ganz einfach. Ein einziges Fenster ging nach Süden hinaus. Der nördliche Flügel hatte keine Tür und ebenfalls nur ein nach Osten gehendes Fenster. An der glatten Mauer, die den östlichen Dachstuhl trug, lief eine Treppe schräg hinauf, die von Süden her aufstieg. Beschützt von dem weit vorragenden Dach, führten diese Stufen zu einer Tür, die sich in die Mansarden oder vielmehr auf den Speicher öffnete, denn dieser ganze Teil wurde nur durch ein nach Norden gehendes Fenster erhellt und schien als Vorratskammer zu dienen.

Die Säulengänge des Hauptgebäudes und des westlichen Flügels hatten einen durchaus originellen Fußboden; vor den Türen und vor jedem Fenster lagen große, flache, unregelmäßig geformte Granitplatten, zwischen denen der wundervolle Rasen hervorquoll; dadurch waren die Wege bei jedem Wetter gangbar. Auf gleiche Weise hergestellte hübsche Pfade leiteten zu einer vielleicht fünf Schritt seitlich gelegenen kristallhellen Quelle, auf die Landstraße hinaus und zu ein paar Gartenhäuschen, die nördlich, jenseits des Flüßchens, zwischen Johannisbrotbäumen und Catalpas versteckt lagen.

Ungefähr sechs Schritte vor dem Haupteingang erhob sich der abgestorbene Rumpf eines phantastisch geformten Birnbaumes, der von der Wurzel bis zum Wipfel über und über mit den farbenprächtigsten Begonien bedeckt war, so daß man nur mit Mühe erkennen konnte, was dies reizende Ganze im Grunde eigentlich war. An verschiedenen Ästen des Baumes hingen Vogelkäfige. In einem von ihnen, einem großen, zylinderförmigen aus Weidengeflecht, in dem ein Ring baumelte, hüpfte eine Spottdrossel hin und her, in einem anderen eine Goldamsel, in einem dritten die freche Reisammer — während drei oder vier zarter gebaute Gefängnisse von holdzwitschernden Kanarienvögeln erfüllt waren.

Die Säulen, die die Säulengänge stützten, waren von Jasmin und Geißblatt umrankt, und in dem Winkel, den das Hauptgebäude mit dem westlichen Flügel bildete, kletterte ein Weinstock von beispielloser Üppigkeit empor. Jeden Versuch der Abgrenzung verachtend, war er zuerst auf das niedrige Dach geklettert, dann auf das höhere, und rankte und schlängelte sich nun am Dachfirst entlang, warf verschwenderische Ranken rechts und links herab, bis er sich vom östlichen Dache hinunterstürzte und über die Treppe schleppend dahinzog.

Das Haus und die Nebenflügel waren nach alter holländischer Art mit breiten, an den Ecken ungerundeten Schindeln erbaut. Dies Material hat die Eigentümlichkeit, den Häusern, die aus ihm erbaut sind, den Anschein zu geben, als wären sie unten am Grunde breiter als oben am Dach, etwa nach dem Muster alter ägyptischer Architektur; in unserem Fall wurde dieser außerordentlich malerische Eindruck durch zahlreiche große Blumentöpfe mit reichen Blüten, die am Boden fast das ganze Haus umgaben, noch verstärkt. Die Schindeln waren mit gedecktem Grau bemalt, und wie glücklich ihr neutraler Ton in das lebhafte Grün der Tulpenbäume, die das Haus zum Teil überschatteten, überging, kann sich jeder Künstler leicht vorstellen.

Von der erwähnten Steinmauer aus konnte man die Gebäude am besten übersehen, denn der vorspringende südöstliche Winkel ließ das Auge die beiden Fassaden übersehen, dazu den malerischen westlichen Dachstuhl, einen bedeutenden Teil des Nordflügels, ein Stück des reizenden Treibhausdaches und fast die Hälfte einer zierlichen Brücke, die den Bach in der Nähe des Hauptgebäudes überspannte.

Ich blieb nicht lange auf dem Gipfel des Hügels stehen, doch lange genug, um das Bild zu meinen Füßen gründlich in Augenschein zu nehmen. Da sich jeder sagen mußte, daß ich mich auf meinem Wege zum nächsten Dorf verirrt hatte, machte ich von dem guten Recht aller Wanderer Gebrauch, öffnete ohne weitere Zeremonien das Tor und trat in die kleine Besitzung ein, um nach meinem Weg zu fragen.

Der Weg vom Tor senkte sich sacht den nordöstlichen Abhang hinab. Er führte mich an den Fuß des nördlichen Abhanges und von da aus über die Brücke, an dem östlichen Flügel vorbei zum Haupteingang. Ich bemerkte beim Gehen, daß die Gartenhäuschen im Tal überhaupt nicht zu sehen waren.

Als ich um die Ecke des Hauses bog, sprang der Bullenbeißer auf mich zu, schweigend, aber in Blick und Haltung drohend wie ein Tiger. Ich hielt ihm jedoch zum Zeichen der Freundschaft meine Hand hin, denn ich habe nie einen Hund gekannt, der einen solchen Appell an seine Höflichkeit widerstanden hätte. Er wedelte daraufhin denn auch nicht nur mit dem Schweif, sondern bot mir sogar seine Pfote dar und dehnte seine Liebenswürdigkeit auch auf Ponto aus.

Da ich keine Klingel bemerkte, klopfte ich mit meinem Stock gegen die halb offen stehende Tür. Im selben Augenblicke erschien auf der Schwelle die Gestalt einer jungen Frau von vielleicht achtundzwanzig Jahren — schlank, fast zart und etwas mehr als mittelgroß. Als sie sich mir mit einer unbeschreiblich anmutigen, bescheidenen Bestimmtheit des Schrittes näherte, mußte ich mir sagen, daß ich hier die Vollkommenheit natürlicher Grazie im Gegensatz zu aller künstlichen gefunden hatte. Die zweite und bei weitem stärkere Empfindung bei ihrem Anblick war lebhaftes Entzücken. Noch nie war mir ein solcher Ausdruck von Romantik, von — ich möchte sagen — Außerweltlichkeit, wie er aus dem Blick ihrer tiefen Augen sprach, mit gleicher Gewalt ins innerste Herz gedrungen. Ich weiß nicht, wie es kommt, doch dieser besondere Ausdruck der Augen, der sich oft in dem Schwung der Lippen widerzuspiegeln scheint, ist der mächtigste, wenn nicht der einzigste Reiz, der meine Aufmerksamkeit auf eine Frau lenkt. Romantik — ich nehme an, daß meine Leser vollständig verstehen, was ich alles mit diesem Worte sagen will — Romantik und Weiblichkeit scheinen mir zwei gleichbedeutende Ausdrücke zu sein, und schließlich liebt kein Mann in einer Frau etwas anderes als ihre Weiblichkeit. Annies Augen — ich hörte, wie jemand aus dem Innern des Hauses ihr »liebe Annie« zurief — waren von durchseeltem Grau, ihr Haar ein helles Kastanienbraun; dies war alles, was ich in der kurzen Zeit von ihr wahrnehmen konnte.

Auf ihre höfliche Einladung hin trat ich ein und durchschritt zuerst ein ziemlich geräumiges Vestibül. Da ich gekommen war, um zu beobachten, blickte ich mich ein wenig um und bemerkte zu meiner Rechten ein Fenster, das genauso gestaltet war wie die an der Vorderseite; zu meiner Linken war eine Tür, die in das Hauptgemach führte, während ich dem Eingang gegenüber durch eine offene Tür in ein kleines Zimmer blickte, das, genauso groß wie das Vestibül, als Studierzimmer eingerichtet war und ein nach Norden gehendes Bogenfenster hatte.

Ich trat ins Wohnzimmer und befand mich Herrn Landor gegenüber — dies war, wie ich später erfuhr, der Name des Hausherrn. Er kam mir höflich, ja, herzlich entgegen, doch lag mir in dem Augenblick mehr daran, die Einrichtung des Hauses, das mich so sehr interessierte, zu studieren, als die persönliche Erscheinung seines Bewohners.

Den nördlichen Flügel füllte, wie ich jetzt sah, das Schlafzimmer aus, dessen Tür zum Wohnzimmer zu offen stand. Westlich von der Tür ging ein Fenster auf den Bach hinaus. Am äußeren Ende des Wohnzimmers befanden sich ein Kamin und eine Tür in den westlichen Flügel, der allem Anschein nach die Küche enthielt.

Man konnte sich nichts Schlichteres und Einfacheres denken als die Ausstattung des Wohnzimmers. Den Boden bedeckte ein Teppich von gefärbter Wolle und von ausgezeichnetem Gewebe. Der Grund war weiß und mit kleinen, kreisrunden grünen Zeichnungen dicht besät. Die Fenster waren mit schneeweißen Jaconet-Vorhängen verhüllt, die ziemlich schwer in starr regelmäßigen, parallel laufenden Falten bis auf den Boden hingen, gerade bis *auf* den Boden. Die Wände waren mit sehr zarter französischer Tapete bekleidet, auf deren silbernem Grund eine blaßgrüne Zickzacklinie lag. Die Wandfläche wurde von drei ausgezeichneten Lithographien von Julien unterbrochen, die, ohne Rahmen, als einziger Wandschmuck dienten. Eine dieser Zeichnungen gab ein Bild von orientalischem Luxus, morgenländischer Üppigkeit; eine andere eine unvergleichlich lebensprühende Karnevalsszene; die dritte stellte einen griechischen Frauenkopf dar: niemals habe ich ein himmlischeres Antlitz mit einem reizvolleren, unbestimmteren Ausdruck gesehen.

Der gröbere Teil der Ausstattung bestand aus einem runden Tisch, einigen Stühlen, einem Schaukelstuhl, einem Sofa oder vielmehr einem Kanapee, dessen Holzwerk aus weißgemaltem, leicht mit grünen Fäden durchwobenem Ahorn und dessen Sitz aus Rohr bestand. Die Stühle und der Tisch gehörten zueinander, doch all ihre Formen hatte offenbar dasselbe Hirn ausgedacht, das die Anlagen draußen angelegt hatte — man konnte sich unmöglich etwas Anmutigeres vorstellen.

Auf dem Tisch lagen ein paar Bücher, ein großes viereckiges Kristallflakon mit irgendeinem neuen Parfüm, standen eine einfache Astrallampe aus poliertem Glas mit einem italienischen Lampenschirm und eine große Vase mit prachtvoll blühenden Blumen. Ihre strahlenden Farben und ihr zarter Duft waren das einzige, das *nur* als Dekoration diente. Den Herd des Kamins füllte ein Topf leuchtender Geranien fast vollständig aus. Auf den Eckbrettern in jedem Winkel des Zimmers standen ähnliche Vasen; sie unterschieden sich voneinander nur durch ihren verschiedenfarbigen Inhalt. Ein oder zwei kleinere Bouquets schmückten den Mantel des Kamins, und Büschel frisch gepflückter Veilchen standen auf den Fensterbrettern umher.

Ich schließe — denn diese Arbeit sollte nur ein genaues Bild von dem Landhause des Herrn Landor geben, wie ich es eines Tages auf meinen Streifzügen fand.

DAS GUT ZU ARNHEIM

Der Garten war geschmückt wie eine schöne Frau,
Die hingestreckt in wonn'gem Schlummer liegt,
Geschloßnen Aug's hinauf zum Himmel träumt.
Die Azurflur spannt oben rund sich aus,
Und an den Irisblicken unten lasten schwere Tropfen
Von Glitzertau und schimmern manchmal auf,
Wie Sterne zwinkern in des Abends tiefem Blau.

Gills Fletcher

Von der Wiege bis zum Grabe segelte mein Freund Ellison in einem wahren Sturm von Wohlergehen dahin. Ich meine hier das Wort Wohlergehen noch nicht einmal so sehr in seinem äußeren, weltlichen Sinne, sondern verstehe darunter wirkliches inneres Glück. Die Person, von der ich rede, schien geboren zu sein, um den Doktrinen eines Turgot, Price, Priestley und Condorcet als Symbol zu dienen – ein leuchtender Beweis für die Möglichkeit dessen, was man einmal die ›Chimäre der Perfektionisten‹ genannt hat. Es kommt mir vor, als hätte ich während der Lebensdauer Ellisons das Dogma widerlegt gesehen, welches sagt, daß im Wesen des Menschen ein geheimnisvolles Prinzip als Gegner jeglichen Glückes wirke. Eine genaue Untersuchung seiner Lebensweise hat in mir die Ansicht befestigt, daß im allgemeinen das Elend der Menschen seinen Ursprung in der Verletzung einiger einfacher Gesetze der Menschlichkeit hat – daß die Elemente der Zufriedenheit latent in uns liegen – und daß selbst heutzutage, in der Dunkelheit und Verworrenheit aller Gedanken über die große soziale Frage, der Mensch, das Individuum, unter gewissen ungewöhnlichen Umständen glücklich sein kann.

Mein junger Freund war von solchen und ähnlichen Ansichten vollkommen durchdrungen; indes ist es nicht überflüssig zu bemerken, daß das ungetrübte Glück, das sein Leben überstrahlte, das Resultat eines streng befolgten Systems war. Denn es liegt wohl auf der Hand, daß sich Ellison ohne jene instinktive Philosophie, die zuweilen die Erfahrung vollkommen ersetzt, in den Wirbel von Unglück gestürzt haben würde, der alle vom Schicksal außerordentlich begünstigten Menschen umkreist. Doch beabsichtige ich nicht, einen Essay über das Glück zu schreiben. Die Ideen meines Freundes lassen sich in wenige Worte zusammenfassen.

Sie beschränken sich auf nur vier Prinzipien oder, genauer, vier Elementarbedingungen zum Glück. Für die hauptsächlichste hielt er — es klingt seltsam genug — körperliche Übungen im Freien. Er pflegte zu sagen: »Die Gesundheit, die man auf andere Weise erwirbt, ist dieses Namens kaum wert.« Er sprach mit Feuer von den Freuden der Fuchsjagd und nannte die Ackerbauern die einzigen Menschen, die man als Klasse füglich für glücklicher halten könne als irgendeine andere. Die zweite Bedingung war die Liebe zum Weibe. Die dritte und am schwersten erfüllbare war die Verachtung jeglichen Ehrgeizes. Die vierte Bedingung endlich war das Objekt seines unaufhörlichen Strebens; und er behauptete, daß, wenn alle anderen Bedingungen gleich gut erfüllt würden, die Größe des erreichbaren Glücks im Verhältnis zu der Geistigkeit dieses Objektes stehe.

In ganz merkwürdiger Weise hatte das Schicksal meinen Freund Ellison mit seinen Gaben überhäuft. An Anmut und persönlicher Schönheit übertraf er alle Menschen, die ich je gekannt habe. Sein Verstand war von der Art, für die die Erwerbung von Kenntnissen weniger eine Arbeit als Intuition und Notwendigkeit ist. Seine Familie gehörte zu den vornehmsten des Landes. Seine Gattin war die lieblichste und zärtlichste Frau. Er hatte stets ein bedeutendes Vermögen besessen; als er volljährig wurde, stellte es sich heraus, daß das Schicksal zu seinen Gunsten wieder einmal eine jener Bizarrerien vollführt hatte, die das ganze soziale Milieu, in dem sie sich ereignen, in höchstes Erstaunen setzen und es kaum jemals verfehlen, die moralische Konstitution der von ihnen Betroffenen gänzlich umzugestalten.

Ungefähr hundert Jahre vor der Großjährigkeit des Herrn Ellison war in einer entfernten Provinz ein gewisser Herr Seabright Ellison gestorben. Dieser Herr hatte ein fürstliches Vermögen erworben, und da er keine direkten Verwandten besaß, war er auf die Laune verfallen, dies Vermögen — und zwar für den Zeitraum von hundert Jahren von seinem Tode an — sich einfach aufhäufen zu lassen. Nachdem er selbst auf das genaueste und mit großer Klugheit bestimmt hatte, wie das Geld angelegt werden sollte, vermachte er seinen gesamten Besitz derjenigen Person, die, nach Ablauf des hundertsten Jahres nach seinem Tode, sein nächster Blutsverwandter sein werde. Mehrere Versuche waren gemacht worden, dies seltsame Vermächtnis für nichtig zu erklären, da jedoch alle Einwendungen ex post facto kamen, blieben sie wirkungslos. Sie hatten nur zur Folge, daß die Eifersucht der Regierung erregt wurde und ein Gesetz ins Leben trat, das eine derartige Anhäufung von Kapital für die Zukunft untersagte. Es konnte jedoch nicht mehr verhindern, daß der junge Ellison an seinem einundzwanzigsten Geburtstage als Erbe seines Vorfahren Seabright in den Besitz eines Vermögens von vierhundertundfünfzig Millionen Dollar gelangte.

Als es bekannt wurde, welch großen Reichtum er geerbt hatte, wurden, was erklärlich ist, viele Vermutungen über die Art seiner Anwendung laut. Die ungeheure Höhe der Summe und ihre sofortige Erreichbarkeit verwirrten alle Köpfe, die sich mit der Lösung dieser Frage abgaben. Hätte es sich um den Besitzer irgendeiner berechenbaren Summe gehandelt, so hätte man sich wohl vorstellen können, auf welche von den tausend landläufigen Arten er sein Geld ausgeben würde. Hätten seine Reichtümer bloß die seiner Mitbürger überschritten, so hätte man mit Sicherheit annehmen dürfen, daß er sich irgendeiner gerade modernen Extravaganz überlassen werde, daß er sich in den Strudel der politischen Intrigen stürzen oder nach der Ministerwürde streben, daß er sich einen höheren Adelsrang erkaufen oder Kunstsammlungen anlegen, daß er die Rolle eines freigebigen Mäzens der Künste und Wissenschaften spielen oder große wohltätige Stiftungen fundieren werde. Für den unschätzbaren Reichtum jedoch, der ihm so plötzlich zugefallen, boten alle diese und ähnliche Arten, Geld anzuwenden, ein viel zu beschränktes Feld. Man berechnete, daß selbst zu dem niedrigsten Zinssatze von drei Prozent das jährliche Einkommen Ellisons nicht weniger als dreizehn Millionen fünfhunderttausend Dollar betragen würde, monatlich also eine Million einhundertfünfundzwanzigtausend Dollar, oder sechsunddreißigtausendneunhundertsechsunddreißig Dollar täglich; oder eintausendfünfhunderteinundvierzig Dollar in der Stunde, gleich sechsundzwanzig Dollar in der Minute. Der Weg für Vermutungen war also überallhin versperrt. Man konnte sich durchaus nicht denken, was nun geschehen sollte. Einige gingen so weit, zu vermuten, daß Herr Ellison sich selbst wenigstens der Hälfte seines Vermögens als einer lästigen Überfülle berauben und die ganze Schar seiner Verwandten mit diesem Überfluß bereichern werde. In der Tat trat Ellison seinen Angehörigen das außergewöhnlich große Vermögen ab, das er schon vor seiner ungeheuerlichen Erbschaft besessen hatte.

Es überraschte mich nicht im geringsten, daß er selbst sich über die Frage, die seinen Freunden so viel Kopfzerbrechen machte, längst im klaren war. Auch setzte mich seine Entscheidung durchaus nicht in Erstaunen. Den Forderungen der Nächstenliebe hatte sein Gewissen Genüge getan. Und an die Möglichkeit einer von Menschen selbst vollbrachten Vervollkommnung des allgemeinen Zustandes der Menschen überhaupt glaubte er, wie ich leider gestehen muß, in nur sehr beschränktem Maße. Kurz, zu seinem Glück oder Unglück kehrte er stets wieder auf sich selbst zurück.

Er war im edelsten und weitesten Sinne ein Poet. Er verstand überdies den wahren Charakter, die erhabenen Ziele, glaubte an die höchste Würde und größte Notwendigkeit des poetischen Gefühls. Sein Instinkt sagte ihm, daß die vollkommenste, wenn nicht die einzige Befriedigung dieses Gefühles in dem Schaffen neuer Formen der Schönheit bestehe. Einige Besonderheiten, in seiner Erziehung vielleicht oder in der Natur seiner Verstandesfähigkeiten, hatten seinen ethischen Spekulationen eine Neigung zum Materialismus gegeben; und wahrscheinlich führte ihn diese Neigung zu dem Glauben, daß das beste, wenn nicht allein berechtigte Gebiet der Ausübung poetischer Fähigkeiten das Schaffen neuer Formen rein *physischer* Schönheit sei. Dies war wohl auch die Ursache, daß er weder Musiker noch Dichter wurde — wenn wir hier dieses Wort einmal in seiner Alltagsbedeutung gebrauchen wollen. Vielleicht hatte er es auch nur versäumt, das eine oder andere zu werden, weil er seiner Lieblingsidee folgte, der Überzeugung nämlich, daß in der Verachtung jeglichen Ehrgeizes eine der wesentlichsten Bedingungen zum Erdenglücke liegt. Und ist es wirklich so schwer zu glauben, daß, wenn ein Genie höherer Ordnung notwendig ehrgeizig ist, ein solches höchster Ordnung selbst über dem steht, was man Ehrgeiz nennt? Und könnte es auf diese Weise nicht vorkommen, daß viel Größere als Milton zufrieden ›stumm und ruhmlos‹ blieben? Ich glaube, daß die Welt — wenn nicht durch eine Reihe anstachelnder Zufälle ein Genie jener höchsten Ordnung zu der ihm widerstrebenden Ausführung seiner Ideen gezwungen wird — niemals das vollkommene, triumphierende Werk sehen und nie bemerken würde, was die menschliche Natur auf den reichsten Gebieten der Kunst zu schaffen fähig ist.

Ellison wurde weder Musiker noch Dichter, obwohl kein Mensch Musik und Dichtung heißer liebte als er. Unter anderen Lebensumständen wäre er vielleicht Maler geworden. Die Skulptur ist, obgleich ihrem Wesen nach dichterisch, eine Kunstform, deren Sphäre und Wirkung zu beschränkt ist, als daß sie seine Aufmerksamkeit lange und tiefer in Anspruch hätte nehmen können. Ich habe nun alle Gebiete aufgezählt, in welchen sich der poetische Geist nach Behauptung der Kenner äußern kann. Ellison jedoch behauptete, daß das reichste, wirklichste und natürlichste, wenn nicht sogar das allerausgedehnteste Gebiet in unerklärlicher Weise vernachlässigt worden sei. Noch nie hat irgendeine Definition von dem Landschaftsgärtner als von einem Dichter gesprochen; mein Freund jedoch glaubte, daß die Schöpfung eines Landschaftsgartens der Muse eine ganz besonders glückliche Gelegenheit zu Äußerungen geben werde. Hier breitete sich in der Tat der Phantasie das herrlichste Feld zu unaufhörlicher Verbindung von neuen Formen der Schönheit aus; denn die Elemente dieser Verbindungen sind die schönsten, die die Erde dem Künstler überhaupt darbietet. In der Vielgestalt und Farbigkeit der Blumen und Bäume erkannte Ellison den mittelbarsten und kräftigsten Willen der Natur zu physischer Schönheit. Und zu der Leitung und Konzentration dieses Willens — oder besser, zu seiner Anpassung an die Augen, die ihn auf Erden erkennen sollten, glaubte er sich verpflichtet, die besten Mittel anzuwenden und fruchtbringend zu arbeiten: um so nicht nur seinen Beruf als Dichter zu erfüllen, sondern auch den erhabenen Zwecken zu dienen, um derentwillen die Gottheit dem Menschen das poetische Gefühl gegeben habe.

»Seine Anpassung an die Augen, die ihn auf Erden erkennen sollen.«

Durch die Erklärung, die Ellison diesem Satz gab, wurde mir etwas offenbar, das mir lange Zeit ein Rätsel geschienen — ich meine die Tatsache (die nur ein Ignorant bestreiten kann), daß in der Natur keine solche Verbindung von Szenerien besteht, wie ein genialer Maler sie schaffen kann. Man findet in der Wirklichkeit keine Paradiese, wie sie auf der Leinwand Claude Lorrains erstrahlen. In der entzückendsten, natürlichen Landschaft wird man immer einen Fehler oder ein ›Allzuviel‹, viele Fehler, viele ›Allzuviel‹ entdecken. Während die einzelnen wesentlichen Bestandteile der Geschicklichkeit jedes Menschenkünstlers Hohn sprechen, wird die Zusammensetzung dieser Teile stets der Verbesserung bedürfen. Kurz, auf der ganzen Oberfläche der Erde wird man keinen Punkt finden können, von dem aus gesehen die *Komposition* der Landschaft für ein künstlerisches Auge nicht irgendeinen Fehler enthält. Und doch, wie unverständlich ist dies! Man hat uns mit Recht gelehrt, in jeder anderen Beziehung die Natur als vollkommen zu verehren, und wir fürchten uns, bei der Nachbildung ihrer Einzelheiten mit ihr zu rivalisieren. Wer wagte es, die Farben der Tulpen nachzuahmen oder die Proportionen der Lilie zu verbessern? Die Kritik, die von der Skulptur oder Porträtkunst behauptet, daß hier die Natur mehr geadelt und idealisiert als nachgeahmt wird, befindet sich im Irrtum. Keine gemalte oder plastische Nachbildung von Elementen menschlicher Schönheit kann mehr tun, als sich der lebenden, atmenden Schönheit *nähern*. Nur auf die Landschaft allein kann dieses Prinzip der Kritik mit Recht Anwendung finden, und da sie seine Wahrheit hier fühlte, trieb die unbesonnene Neigung zu Verallgemeinerungen sie dazu, dasselbe auch auf allen anderen Kunstgebieten für richtig zu halten. Da sie seine Wahrheit *fühlte*, sagte ich, denn das Gefühl führt uns niemals zu erkünstelter Überzeugung und Trugschlüssen. Die Mathematik hat keine absolutere Beweiskraft, als das Kunstgefühl für den Künstler hat. Er *glaubt* nicht nur, sondern *weiß* positiv, daß diese und jene scheinbar willkürliche Zusammenstellung seiner Stoffe die wahre Schönheit zum Resultat haben wird. Seine Gründe jedoch sind noch nicht bis zur Formel gereift. Einer Analyse, die tiefer sieht als alle bis jetzt bekannten, bleibt es überlassen, diese Gründe vollständig zu erforschen und zu formulieren. Immerhin ist der Künstler schon heute durch die Stimme all seiner Brüder von der Richtigkeit seiner instinktiv gefaßten Meinungen vollständig überzeugt. Stellen wir uns einmal eine fehlerhafte Komposition vor, und nehmen wir an, daß man ihre Anordnung verbessert und daß man die Verbesserung allen Künstlern der Welt zur Beurteilung vorlegt. Ein jeder von ihnen wird ihre Notwendigkeit zugeben. Mehr noch! Um dem Fehler der betreffenden Komposition abzuhelfen, würde jeder der Künstler die *gleiche* Verbesserung vorgeschlagen haben.

Ich wiederhole, daß allein in der Komposition der Landschaft die physische Natur der Vervollkommnung fähig ist, und daß ich das Geheimnis, weshalb sie gerade in diesem einen Punkte der Verbesserung fähig erscheint, nicht lösen konnte. Meine eigenen Gedanken hierüber lagen in dem Glauben beschlossen, daß der Urwille der Natur die Oberfläche der Erde so geschaffen habe, daß sie in jedem Punkte dem Gefühl des Menschen für die Vollkommenheit in der Schönheit, dem Erhabenen oder dem Malerischen Genüge tue, daß jedoch diese ihre Urabsicht durch die bekannten geologischen Umwälzungen vereitelt worden sei — durch die Umwälzungen von Formen und Farbenzusammenstellungen, in deren Verbesserungen und Mischungen die Seele aller Kunst liegt. Die überzeugende Kraft dieser Annahme wurde jedoch durch die aus ihr resultierende Notwendigkeit, diese Umwälzungen als anomale und zwecklose anzusehen, sehr abgeschwächt. Ellison jedoch behauptete, daß sie Anzeichen des *Todes* seien, und suchte sie so zu erklären: »Nehmen wir an, die irdische Unsterblichkeit des Menschen sei eigentlich ihre Urabsicht gewesen. Die erste Anordnung der Oberfläche der Erde war also diesem seligen Zustande angepaßt, einem Zustand, der nicht verwirklicht, doch beabsichtigt wurde. Diese Umwälzungen waren nur Vorbereitungen für seinen später beabsichtigten *und* auch verwirklichten sterblichen Zustand.«

»Überdies« — behauptete mein Freund weiter — »was wir als eine Vervollkommnung der Landschaft ansehen, kann wirklich eine solche sein, doch nur vom moralischen oder menschlichen Standpunkte aus. Jede Änderung der natürlichen Szenerie kann möglicherweise für das Gesamtbild einen Makel bedeuten, wenn wir uns dasselbe, im großen, en masse gesehen, von irgendeinem von der Oberfläche der Erde entfernten, doch nicht außerhalb ihrer Atmosphäre liegenden Punkte überschaut vorstellen. Jeder wird leicht verstehen, daß die Vervollkommnung eines in der Nähe gesehenen Details den allgemeinen, erst auf eine gewisse Entfernung hin erreichbaren Eindruck stören kann. Es ist auch nicht unmöglich, daß es eine Klasse von Wesen gibt, welche, einst menschlich, dennoch der Menschheit unwahrnehmbar bleiben, für die ordentlich erscheint, was uns *un*ordentlich, malerisch, was uns *nicht* malerisch ist; mit anderen Worten eine Art irdischer Engel, für deren durch den *Tod* verfeinertes Schönheitsgefühl noch mehr als für unseres die Gottheit vielleicht die ungeheuren Landschaftsgärten der Hemisphären entstehen ließ.«

Im Laufe dieses Gespräches führte mein Freund eine Stelle aus dem Buche eines Schriftstellers an, den man für eine Autorität auf dem Gebiete der Landschaftsgärtnerei hält:

»Eigentlich teilt sich die Landschaftsgärtnerei nur in zwei Stile, den natürlichen und den künstlichen. Der eine sucht die ursprüngliche Schönheit der Landschaft wieder zu erwecken, indem er seine Mittel der Umgebung anpaßt; indem er Bäume pflanzt, die mit den Hügeln oder der Ebene ringsumher harmonieren und jene schönen Beziehungen von Größen, Verhältnissen und Farben entdeckt oder unterstreicht, die sich, dem gewöhnlichen Beobachter verborgen, dem erfahrenen Schüler der Natur sofort enthüllen. Das Resultat des natürlichen Stils der Gärtnerei äußert sich mehr als Abwesenheit aller Fehler und Störungen und in der Herrschaft einer gesunden Harmonie und Ordnung als in der Schöpfung irgendwelcher besonderen Wunder und Mirakel. Der künstliche Stil hat so viel Variationen, wie es Geschmacksarten zu befriedigen gibt. Er hat eine gewisse allgemeine Beziehung zu den verschiedenen Baustilen. Erinnern wir uns an die majestätischen Alleen und stillen Verstecke von Versailles; an die italienischen Terrassen; an den zusammengesetzten alten englischen Stil, der mit der häuslichen Gotik oder dem alten Elisabethanischen Stil Ähnlichkeit hat. Was man auch immer gegen den Mißbrauch der künstlichen Landschaftsgärtnerei sagen mag, die Einführung reiner Kunst in einen Landschaftsgarten teilt ihm eine neue, große Schönheit mit. Diese ist zum Teil eine moralische, zum Teil eine äußere, die dem Auge durch ihren Ausdruck von Ordnung und Absicht gefällt. Eine Terrasse mit einer alten, moosbewachsenen Balustrade ruft uns sofort die schönen Geschöpfe ins Gedächtnis zurück, die in früheren Zeiten auf ihr geweilt haben. Das geringste Zeichen von Kunst spricht uns von Sorgfalt und menschlichem Interesse.«

»Aus dem eben Gesagten«, sprach Ellison weiter, »werden Sie schon entnommen haben, daß ich die Idee, die ursprüngliche Schönheit der Landschaft wiederherstellen zu wollen, zurückweise. Diese Schönheit ist niemals so groß wie jene, die man neu hinzufügen könnte. Natürlich hängt alles von der Wahl eines geeigneten Ortes ab. Was von dem ›Entdecken oder Unterstreichen jener schönen Beziehungen von Größen, Verhältnissen und Farben‹ gesagt war, ist von einer Unbestimmtheit, die nur die unzureichenden Gedanken verschleiern sollte. Der fragliche Satz bedeutet vielleicht etwas, vielleicht auch nichts, und kann uns zu nichts nützen. Und daß ›das Resultat des natürlichen Stils der Gärtnerei sich mehr in der Abwesenheit aller Fehler und Störungen und der Herrschaft einer gesunden Harmonie und Ordnung als in der Schöpfung irgendwelcher besonderen Wunder und Mirakel äußert‹, ist eine Behauptung, die mit Rücksicht auf den schleichenden Verstand der Masse, nicht für den genialen Menschen gemacht wurde. Das eben erwähnte negative Verdienst konnte nur von jener hinkenden Kritik gefällt werden, die auf dem Gebiete der Literatur einen Addison in den Himmel heben wollte. In der Tat, jene Tugend, die darin besteht, das Laster zu meiden, appelliert unmittelbar an den Verstand und kann folglich auch in eine *Regel* beschränkt – jene erhabenere Tugend jedoch, die im Schaffen glüht, kann nur in ihren *Resultaten verstanden* werden. Eine Regel ist nur auf negative Verdienste anwendbar – über diese hinaus kann die Kunst der Kritik nichts weiter als suggerieren. Man kann uns lehren, einen ›Cato‹ zu konstruieren, kann uns jedoch nicht sagen, *wie* man ein ›Parthenon‹, ein ›Inferno‹ schafft. Ist das Werk jedoch geschaffen, das Wunder vollbracht, so wird die Fähigkeit, es zu verstehen, allgemein. Die Sophisten der negativen Schule, die aus Unfähigkeit, zu schaffen, das Schaffen beschimpften, rufen jetzt am lautesten Beifall. Was in dem embryonalen Zustande des Prinzips ihren Pedantenverstand beleidigte, zwingt ihrem Instinkt für Schönheit im Zustande der Vollendung stets Bewunderung ab.

Die Ansichten des Autors über den künstlichen Stil sind weniger verwerflich. ›Die Einführung reiner Kunst in einen Landschaftsgarten teilt ihm eine neue, große Schönheit mit.‹ Dies ist richtig. Und auch die auf das Gefühl von menschlichem Interesse bezügliche Bemerkung. Sein Prinzip ist, so wie er es ausdrückt, unbestreitbar. Doch vielleicht reicht es nicht aus, ist über dasselbe hinaus noch etwas zu finden – eine Wirkung, die den Bereich der Mittel, über die die Menschen gewöhnlich verfügen, überschreitet und die, wenn sie erreicht wird, in die Landschaftsgärtnerei einen Reiz einführen würde, der denjenigen, der ihr ›das Gefühl‹ bloß ›menschlichen Interesses‹ geben kann, weit überträfe. Ein Dichter, der über ungewöhnlich große pekuniäre Hilfsquellen verfügte, könnte, während er die notwendige Idee von Kunst oder Kultur, oder, wie unser Autor sich ausdrückt, von ›Interesse‹ beibehält, seine Entwürfe so mit neuer Schönheit, mit Unendlichkeit in der Schönheit durchtränken, daß sie in dem Betrachter das Gefühl von dem Wirken *geistiger* Kräfte lösten. Und man wird begreifen, daß, wenn er ein solches Resultat erzielt, sein Werk all die Vorteile jenes ›menschlichen Interesses‹ behält und noch dazu von der Sprödigkeit und der sichtbaren Technik der bloß weltlichen ›Kunst‹ befreit ist.

In der rauhesten Wildnis, in der abschreckendsten Landschaft äußert sich die *Kunst* eines Schöpfers, doch ist diese Kunst nur durch Nachdenken zu erkennen. Sie hat niemals die unwiderstehliche Kraft eines Gefühles. Stellen wir uns also vor, daß dieser Ausdruck der Absicht Gottes *einen Grad weniger stark* hervortrete, mit dem Gefühl für menschliche Kunst harmoniere, demselben so angepaßt ist, daß er ein Mittelding zwischen beiden bilde: stellen wir uns zum Beispiel eine Landschaft vor, deren Großartigkeit und geschickte Abgrenzung, deren Schönheit, Pracht und Seltsamkeit in uns die Vorstellungen von Sorgfalt, Pflege und Überwachung seitens höherer, jedoch der Menschheit verwandter Wesen auslösen, so wäre das Gefühl des Interesses gewahrt, und die neue Kunst, von der das Werk durchdrungen wäre, würde ihm den Hauch einer vermittelnden oder sekundären Natur geben — einer Natur, die nicht Gott noch eine Emanation Gottes, sondern die Natur ist, wie sie sein würde, wenn sie aus den Händen jener Engel hervorginge, die zwischen Gott und dem Menschen schweben.«

In dem Opfer seines ungeheuren Vermögens für die Verkörperung eines solchen Planes — in der persönlichen Überwachung der Ausführung seines Werkes, die ihn zu Übungen im Freien nötigte — in dem Gegenstand all seiner Pläne — in der hohen Geistigkeit dieses Gegenstandes — in der Verachtung jeglichen Ehrgeizes nach außen hin — in den unversiegbaren Quellen, die sein Ziel seinem Durst nach Schönheit öffnete, dieser herrschenden Leidenschaft seiner Seele, die dennoch nie ganz gesättigt werden konnte — und vor allem in der Liebe seiner Frau, deren Schönheit und Güte sein Dasein wie die Purpurlüfte eines Paradieses umschmeichelten, suchte und *fand* Ellison Befreiung von den der Menschheit angeborenen Sorgen und ein größeres, positiveres Glück, als es Madame de Staël je in ihren hingerissenen Träumereien blühen sah.

Ich fürchte, es wird mir unmöglich sein, dem Leser eine deutliche Vorstellung von den Wundern zu geben, die mein Freund ausführte. Ich möchte sie gerne beschreiben und schrecke doch vor der Schwierigkeit zurück und zögere zwischen der Beschreibung von Einzelheiten und dem Gesamtbilde. Vielleicht ist es das beste, die beiden in ihren Extremen zu vereinigen.

Herr Ellison richtete seine Aufmerksamkeit natürlich zuerst auf die Wahl eines geeigneten Ortes. Anfangs dachte er an die üppige Natur der Inseln im Stillen Ozean. Schon hatte er sich zu einer Reise in die Südsee entschlossen, als eine mit Nachdenken zugebrachte Nacht genügte, um diesen Plan wieder fallenzulassen.

»Wenn ich ein Misanthrop wäre«, sagte er, »so würde ich einen solchen Ort wählen. Die gänzliche Einsamkeit, die vollkommene

Abgeschlossenheit, die Schwierigkeit, dort hin- und wieder zurückzugelangen, wäre in diesem Falle der größte Reiz. Doch bin ich kein Timon. Ich wünsche Ruhe, doch nicht den Druck der Einsamkeit. Ich muß es stets in meiner Gewalt haben, die Dauer meiner Zurückgezogenheit bestimmen zu können. Es werden sehr oft Stunden kommen, in denen ich der Sympathie poetischer Geister für mein vollendetes Werk bedarf. Ich muß einen Ort finden, der nicht allzuweit entfernt von einer großen Stadt liegt, deren Nähe mir im übrigen auch die Ausführung meines Werkes wesentlich erleichtern wird.«

Auf der Suche nach einem solchen Orte reiste Ellison mehrere Jahre umher, und ich hatte den Vorzug, ihn begleiten zu dürfen. Unzählige Orte, die mich mit Entzücken erfüllten, schienen ihm aus Gründen, die mich nach einigem Nachdenken stets überzeugten, ungeeignet. Endlich gelangten wir an ein hochgelegenes Tafelland von wunderbarer Fruchtbarkeit und Schönheit, das einen Rundblick gewährte, der an Weite dem, welchen man vom Gipfel des Ätna hat, nicht viel nachstand und sowohl meiner als Ellisons Meinung nach die weitgerühmte Aussicht von jenem Berge in allen Dingen des wahrhaft Malerischen übertraf.

»Ich weiß sehr wohl«, sagte er einmal mit einem Seufzer des Entzückens, nachdem er das Bild wohl eine Stunde lang wie gebannt betrachtet hatte, »ich weiß sehr wohl, daß in meiner Lage neun Zehntel aller Menschen hier zufrieden bleiben würden. Dies Panorama ist wirklich wundervoll, und ich würde mich in Frieden an ihm erfreuen, wenn es nicht eben so übermäßig herrlich wäre. Alle Architekten, die ich kenne, hatten die Neigung, um der ›Aussicht‹ willen ihre Gebäude auf der Spitze eines Hügels oder Berges zu errichten. Es liegt auf der Hand, daß dies eine schlechte Spekulation ist. Größe jeder Art, doch besonders die des Raumes, macht unruhig, regt auf – ermüdet auf die Dauer und drückt nieder. Es kann nichts Besseres geben für eine gelegentlich gesehene Landschaft – für eine, die man immer vor Augen haben muß, gibt es nichts Schlimmeres. Die für den beständigen Anblick unangenehmste Größe ist die der Ausdehnung und die schlimmste Ausdehnung der Raum. Sie steht in Widerspruch mit dem Gefühl und dem Bedürfnis nach Abgeschlossenheit, das wir zu befriedigen wünschen, wenn wir uns ›aufs Land zurückziehen‹. Wenn wir von dem Gipfel eines Berges ausschauen, können wir der Empfindung nicht wehren, ›draußen‹ in der Welt zu sein. Der Seelenkranke meidet weite Aussichten wie die Pest.«

Erst gegen Ende des vierten Jahres unserer Nachforschungen fanden wir eine Gegend, die Ellison zu befriedigen schien. Es ist ohne Zweifel überflüssig zu sagen, *wo* sich diese Gegend befand. Der kürzlich erfolgte Tod meines Freundes öffnete sein Besitztum einer gewissen Klasse von Besuchern und gab dem Gute von Arnheim eine Art geheimer, fast feierlicher Berühmtheit, die, obwohl sie bedeutend größer war, derjenigen glich, die Fonthill so lange Zeit hindurch auszeichnete.

Gewöhnlich begab man sich auf dem Flusse nach Arnheim. Man verließ die Stadt am frühen Morgen. Während des Vormittags glitt man an Ufern von ruhiger und traulicher Schönheit vorüber, wo auf den glänzend grünen Wiesen Scharen weißwolliger Schafe weideten. Nach und nach schwand der Eindruck von Kultur zu dem eines bloß pastoralen Lebens hin. Dieser änderte sich allmählich in einen Eindruck von Abgeschlossenheit, der sich bald zu einem vollkommenen Bewußtsein von Einsamkeit steigerte. Als sich der Abend nahte, wurde der Fluß enger, die mit reicherem, üppigerem, dunklerem Laubwerk bewachsenen Ufer langsam steiler und das Wasser durchsichtiger. Der Fluß machte tausend Biegungen, so daß man seine Oberfläche niemals weiter als bis vielleicht auf eine achtel Meile überschauen konnte. Jeden Augenblick schien das Fahrzeug in einen Zauberkreis gekommen zu sein, den undurchdringliche Laubwände ringsum abschlossen, ein Dach aus ultramarinblauer Seide überspannte, und der ohne Boden war, denn der Kiel des Schiffes tanzte mit wundervoller Geschicklichkeit auf dem eines phantomhaften Fahrzeuges, das irgendein Zufall umgestürzt und das nun das wirkliche Schiff beständig zu stützen und zu begleiten schien. Die Wasserstraße wurde nun eine Schlucht – ich bediene mich dieses Wortes, obwohl es hier eigentlich nicht anwendbar ist, weil die Sprache kein anderes hat, das den auffallendsten und unterscheidendsten Zug der Landschaft besser wiedergibt. Der Eindruck der Schlucht wurde nur durch die hohen, parallel laufenden Ufer hervorgerufen, sonst war nichts in der Landschaft dazu angetan, ihn zu erregen. Die Wände dieses Hohlweges, zwischen denen das Wasser klar und friedlich dahinströmte, erhoben sich bis zu einer Höhe von hundert, ja, wohl hundertfünfzig Fuß und waren so gegeneinander geneigt, daß sie beinahe kein Tageslicht hindurchließen, während das lange, federartige Moos, das dicht von dem überragenden Gesträuch herabhing, dem Abhang eine seltsame, feierliche Düsterkeit verlieh. Die Windungen des Flusses wurden immer häufiger und geschwungener und schienen im Kreislauf wieder auf sich zurückzukommen, so daß der Reisende längst jede Vorstellung von der Richtung, die er verfolgte, verloren hatte. Überdies fühlte er sich immer tiefer in eine erlesene Empfindung von Seltsamkeit versinken. Noch hatte er das Gefühl, sich in der Natur zu befinden, doch schien ihr Wesen eine Veränderung erfahren zu haben. Aus diesem ihrem Werke sprach eine geheimnisvolle, feierliche Symmetrie, eine ergreifende Übereinstimmung, eine zauberhafte Eigentümlichkeit. Kein abgestorbener Zweig, kein welkes Blatt, kein verlorener Kieselstein, kein Klümpchen brauner Erde war irgendwo zu sehen. Das kristallhelle Wasser schwoll an dem glatten Granit und dem fleckenlosen Moos in so scharfer Linie empor, daß es das Auge zugleich verwirrte und entzückte. Wenn man nun einige Stunden den engen Wasserkanal entlanggeglitten war und die Düsterkeit der Landschaft mit jedem Augenblick zunahm, brachte eine unerwartete Biegung das Schiff plötzlich in ein kreisrundes, im Vergleich zu der Breite des Schlundes sehr großes Becken. Es hatte ungefähr zweihundert Ellen Durchmesser und war rings, ausgenommen an der Stelle, die dem Einfahrtspunkte gerade gegenüberlag, von Hügeln umgeben, die genauso hoch wie die Mauern, die sich am Fluß entlang erhoben, doch von ganz anderem Charakter waren. Vom Rande des Wassers an erhoben sie sich in einem Winkel von einigen vierzig Grad und waren ohne die geringste Unterbrechung von oben bis unten in das Gewand prächtigster Blüten gehüllt. Kaum ein grünes Blatt war in dieser Flut duftender, wallender Farben zu entdecken. Das Becken war sehr tief, das Wasser jedoch so durchsichtig, daß der Boden, der mit kleinen, runden, alabasterweißen Kieselsteinen über und über bedeckt lag, deutlich zu sehen war, das heißt, wenn man es übers Herz bringen konnte, einen Blick von dem Abbild der blühenden Hügel im Wasser zu verwenden. Auf ihnen wuchsen weder Bäume noch Gesträuch irgendwelcher Art. Dieser Anblick löste in dem Beschauer ein Gefühl von Reichtum, Wärme, Farbe, Ruhe, Einheitlichkeit, Güte, Zartheit, Anmut, Lust und einer zauberhaften Überkultur aus, die ihm Träume von einem unbekannten Stamme von Feen erregten, die fleißig, mit vollkommenstem Geschmack begabt, mächtig und prachtliebend sein mußten; doch wenn das Auge von der feinen Abschlußlinie am Wasser unten an dem tausendfarbigen Abhang entlang hinauf bis zu den Falten der überhängenden Wolken nach oben glitt, drängte sich einen unwillkürlich die Vorstellung eines weiten Kataraktes von Rubinen, Saphiren, Opalen und goldenen Onyxen auf, der sich schweigend in unaussprechlicher Pracht vom Himmel stürzte.

Der Besucher, der plötzlich aus der Finsternis der Schlucht in diese Bucht gelangt, sieht mit Entzücken und Erstaunen die volle Sonnenscheibe, die er längst hinter dem Horizont verschwunden glaubte, als einzige Grenze einer unermeßlichen Fernsicht durch eine andere wundersame Spalte in der Hügelkette.

Hier verläßt der Reisende das Schiff, das ihn bisher getragen, und besteigt ein leichtes, elfenbeinernes Boot, das außen und innen mit Arabesken in lebhaftem Scharlach geziert ist. Der Schnabel und der Schwanz des Schiffes erheben sich hoch über dem Wasser und endigen in einer scharfen Spitze, so daß das Ganze die

Form einer unregelmäßigen Sichel hat und mit der stolzen Anmut eines Schwanes auf dem hellen Spiegel ruht. Auf dem mit Hermelin bedeckten Boden liegt ein Ruder aus Atlasholz, aber kein Diener, kein Ruderer ist zu sehen. Der Gast braucht jedoch nicht den Mut zu verlieren: die guten Geister nehmen sich seiner an. Das größere Schiff verschwindet, und er bleibt allein in dem Boot zurück, das regungslos in der Mitte des Sees liegt. Doch während er darüber nachdenkt, welche Richtung einzuschlagen sei, empfindet er eine sanfte Bewegung der zauberhaften Barke. Sie kreist langsam um sich selbst, bis ihr Schnabel gegen die Sonne gerichtet ist. Mit sanfter, doch stetig zunehmender Geschwindigkeit gleitet sie vorwärts, während das leichte Gekräusel, das sie hervorruft, sich als himmlische Melodie an den Elfenbeinwänden zu brechen scheint — und so die einzig mögliche Erklärung für die süße, melancholische Musik abgibt, nach deren geheimnisvollem Ursprung sich der staunende Reisende vergeblich umsieht.

Das Boot gleitet unterdessen immer weiter und nähert sich dem Felsentore, das die Durchsicht begrenzt. Zur Rechten erhebt sich eine Kette hoher, üppig bewachsener Hügel. Doch bemerkt man noch immer, daß die charakteristische Eigenschaft — größte Sauberkeit — selbst an der Stelle vorherrscht, wo die Ufer langsam ins Wasser sinken. Nicht das geringste Anzeichen von Uferschlamm oder von sonstigen Unreinlichkeiten ist zu entdecken. Die Ansicht zur Linken ist sanfter und trägt mehr den Anschein der Künstlichkeit. Hier steigt das Ufer sehr weich auf und bildet einen breiten Rasenteppich, der sammetglatt und so strahlend grün ist, daß er den Vergleich mit dem reinsten Smaragd aushalten kann. Die Breite dieses Plateaus schwankt zwischen zehn und dreihundert Ellen und reicht vom Flußufer bis zu einer Mauer, die sich, fünfzig Fuß hoch, in zahllosen Windungen, die jedoch im allgemeinen dem Flusse parallel laufen, dahinzieht, bis sie sich in der Ferne nach Westen hin verliert. Sie besteht aus einem einzigen fortlaufenden Felsen und ist dadurch entstanden, daß man den ursprünglich zerklüfteten Abhang am südlichen Flußufer in einiger Entfernung senkrecht abschnitt; doch nicht das geringste Zeichen dieser Arbeit ist zurückgeblieben. Die Schnittfläche des Steines hat die Farbe von Jahrhunderten und ist mit Efeu, Geißblatt, Heckenrosen und Clematis üppig bewachsen. Die Einförmigkeit der Boden- und Gipfellinie der Mauer wird durch hohe, prächtige Bäume angenehm unterbrochen, die einzeln oder in kleinen Gruppen auf dem Plateau der Mauer entlang und auf der Domäne hinter der Mauer, doch in ihrer nächsten Nähe, wachsen, so daß sie ihre langen Äste über dieselbe hinwegstrecken und bis in das Wasser tauchen. Eine undurchdringliche grüne Laubwand läßt dem Auge daher keinen Blick über die Mauer hin frei.

Dies alles beobachtet man, während das Boot der Stelle zugleitet, die ich das Felsentor, das die Durchsicht begrenzt, genannt habe. Je mehr man sich ihm nähert, desto mehr verliert man den Eindruck eines Abgrundes; man erblickt zur Linken einen neuen Ausweg aus der Bucht, und auch die Mauer läuft in dieser Richtung, immer den Fluß entlang, weiter. Das Auge kann jedoch nicht weit in diese neue Richtung hineindringen, denn Wasser und Mauer biegen sich immer mehr nach links, und bald ist die eine, bald das andere im Laubwerk verschwunden.

Der Kahn jedoch gleitet wie durch Zauber die Windungen hinab, und das der Mauer gegenüberliegende Ufer bietet hier denselben Anblick wie vor dem sogenannten Tore. Hohe Hügel, die sich zuweilen zu Bergen erheben und eine wilde, üppige Vegetation tragen, schließen noch immer jede Fernsicht seitlich aus.

Mit sanfter, doch stetig zunehmender Geschwindigkeit gleitet der Reisende vorwärts, bis er nach vielen kurzen Windungen seinen Weg plötzlich durch ein riesiges Tor aus gebräuntem Gold aufgehalten sieht, das, mit seltsam prächtigen Gravierungen und Ziselierungen geschmückt, die Strahlen der sinkenden Sonne zurückwirft, die mit ihren letzten Flammen den ganzen Wald ringsumher zu durchlohen scheint. Das Tor ist in die Mauer eingelassen, die hier den Fluß im rechten Winkel zu durchschneiden scheint. Ein paar Augenblicke später jedoch sieht man, daß der Hauptteil des Wassers in sanfter, weit geschweifter Biegung zur Linken, wie früher, die Mauer entlang weiter fließt, während sich ein immerhin wasserreicher Arm vom Hauptstrom abzweigt und mit leichtem Schäumen unter dem Tore verschwindet. Der Kahn gerät in diesen kleineren Strom und nähert sich dem Tore, dessen schwere Flügel sich langsam und majestätisch öffnen. Das Boot gleitet durch sie hindurch und eilt schnell in ein weites Amphitheater hinunter, das vollkommen von purpurnen Bergen eingeschlossen ist, deren Fuß ringsumher ein glänzender Fluß bespült. Und nun eröffnet sich unseren Blicken das ganze Paradies von Arnheim. Eine hinreißende Melodie klingt in unser Ohr; ein seltsam schwerer, süßer Duft umflutet uns, und wir sehen einen traumhaften Reichtum von hohen, schlanken, morgenländischen Bäumen, üppige Büsche, Scharen goldener, strahlend gefiederter Vögel, lilienumrahmte Seen, Wiesen, die mit Veilchen, Tulpen, Mohn, Hyazinthen und Tuberosen übersät sind, weich gewundene Bänder silberner Flüßchen und, wie in seliger Verwirrung hier und da aufspringend, Bauwerke halb gotischen, halb maurischen Stils, die wie durch einen Zauber in der Luft zu schweben scheinen, mit Hunderten von Erkern, Minaretten, Zinnen und Bogenfenstern in der roten Sonne schimmern und das phantastische Werk aller Sylphen, Feen, Genien und mächtigen Zwerge der Welt zu sein scheinen.

HANS PFAALLS MONDFAHRT

Nach jüngsten Berichten aus Rotterdam scheinen sich alle Philosophen der Stadt in höchster Aufregung zu befinden. Es haben sich dort in der Tat so unerwartete, so absolut neue Phänomene gezeigt — Phänomene, die so im Widerspruch mit den bis jetzt behaupteten Ansichten stehen, daß ich fürchte, ganz Europa wird nach nicht allzulanger Zeit in eine Art Aufruhr geraten, die ganze Physik wird sich empören, der gesunde Menschenverstand und die Astronomie werden sich in den Haaren liegen.

Den Berichten nach hatte sich also im Monat . . . am . . . (ich erinnere mich des Datums nicht mit Bestimmtheit) auf dem großen Börsenplatz der erwähnten Stadt Rotterdam zu einem nicht genauer erwähnten Zweck eine große Volksmenge versammelt. Der Tag war warm — ungewöhnlich warm sogar für die Jahreszeit, kein Lüftchen wehte, und der Menge war es durchaus nicht unangenehm, daß von Zeit zu Zeit aus den großen, weißen Wolken, die über das blaue Himmelsgewölbe zogen, ein leichter Regen niederrieselte. Gegen Mittag nun machte sich in der versammelten Menge eine leichte, doch deutlich spürbare Erregung bemerkbar. Darauf folgte das Gemurmel von zehntausend Stimmen, und eine Minute später wandten sich zehntausend Gesichter zum Himmel empor, zehntausend Pfeifen fielen wie auf einen Schlag aus zehntausend Mündern, und ein Schrei, der nur mit dem Getöse der Niagarafälle verglichen werden kann, erscholl durch die ganze Stadt und über die ganze Umgebung von Rotterdam.

Was die Ursache dieses immerhin seltsamen Gebarens gewesen war, wurde bald offenbar. Hinter der scharf umrissenen Masse einer der schon erwähnten Wolken trat langsam hervor und glitt in eine der blauen Himmelslagunen ein rätselhaftes, heterogenes, doch offenbar stofflich festes Etwas von so sonderbarer Gestalt, so phantastischer Zusammensetzung, daß es die wohlbeleibten Bürger, die mit offenem Munde nach oben starrten, nicht verstehen konnten, aber auch nicht zu bewundern müde wurden. Was konnte es sein? Im Namen aller Teufel von Rotterdam, was konnte das zu bedeuten haben? Niemand wußte es, niemand hatte auch nur eine Ahnung; niemand, nicht einmal der Bürgermeister, Mynheer Superbus van Underduk, fand die geringste Vermutung, die es ermöglicht hätte, das Geheimnis aufzuklären, so daß schließlich ein jeder, da man doch nichts Vernünftigeres tun konnte, seine Pfeife wieder sorgfältig in den Mundwinkel steckte, ein Auge beharrlich auf das Phänomen gerichtet hielt, paffte, eine Pause machte, mal nach rechts und links wackelte, bedeutungsvoll grunzte und – wieder paffte.

Mittlerweile jedoch kam der Gegenstand so außerordentlicher Neugierde und die Ursache so vielen Dampfes der guten Stadt näher und näher. In wenigen Minuten war das Wunder so nahe, daß man es deutlich erkennen konnte. Es schien – nein, es *war* bei Gott eine Art von Ballon, doch hatte man einen *solchen* Ballon in Rotterdam noch nie zuvor erblickt. Denn wer, lassen Sie mich fragen, wer hat jemals einen Ballon gesehen, der ganz aus schmutzigen Zeitungen gemacht ist? In Holland gewiß niemand! Und gerade vor der Nase oder vielmehr gerade über der Nase all dieser Leute befand sich nun ein solches Ding, eins, das, wie ich aus bester Quelle erfahren habe, gerade aus dem Material hergestellt war, von dem noch niemand gehört hatte, daß es je zu einem solchen Zwecke verwendet worden wäre. Das erschien dem gesunden Menschenverstand der Bürger von Rotterdam eine ungeheuere Beleidigung zu sein.

Was die Gestalt des Ballons anging, nun, so war sie noch tadelnswürdiger, denn sie hatte keine andere Form als die einer riesigen umgestülpten Narrenkappe. Und diese Ähnlichkeit verminderte sich durchaus nicht, als die Menge bei genauerem Hinsehen von der Spitze eine große Troddel herabhängen und an dem oberen Rand oder der Basis des Kegels kleine Instrumente herumbaumeln sah, die Schafsglocken glichen und fortwährend die Melodie des schönen Liedes ›Wilhelmus van Nassauen‹ klingelten. Aber es sollte noch schlimmer kommen!

An blauen Bändern hing vom Rand dieser phantastischen Maschinerie ein riesiger, grauer Castorhut wie eine Gondel herab. Die Ränder waren übertrieben breit, der halbkugelförmige Kopf mit einem schwarzen Band und einer silbernen Schnalle geschmückt. Es muß jedoch höchst merkwürdig erscheinen, daß mancher Einwohner von Rotterdam schwor, er habe den Hut früher schon öfters gesehen – ja, die ganze versammelte Menge schien ihn mit den Augen eines guten Bekannten zu betrachten. Und Mevrouw Grettel Pfaall stieß gar bei seinem Anblick einen Ruf freudigster Überraschung aus und erklärte, es sei der Hut ihres guten Gatten. Dieser letzte Umstand verdiente um so größere Beachtung, als Pfaall, Hans hieß er mit Vornamen, mit drei Genossen vor ungefähr fünf

Jahren ganz plötzlich und auf unerklärliche Weise aus Rotterdam verschwunden war und bis zu dem Tage, an dem diese Erzählung beginnt, alle Nachforschungen nach seinem Verbleib nicht das geringste Ergebnis gehabt hatten. Allerdings waren noch neulich im Osten der Stadt an einem versteckten Ort mit anderen sonderbaren Trümmern einige anscheinend von Menschen stammende Gebeine gefunden worden. Ein paar Leute hatten daraufhin die Vermutung ausgesprochen, daß an dieser Stelle wahrscheinlich eine schreckliche Bluttat geschehen sei, deren Opfer jedenfalls Hans Pfaall und seine Kameraden geworden seien. Doch kehren wir zu unserer Erzählung zurück.

Der Ballon (ohne Zweifel war es einer) hatte sich dem Boden bis auf hundert Fuß genähert und gestattete der Menge, die Person, der er zum Aufenthalt diente, genau in Augenschein zu nehmen. Es war ein sonderbarer Jemand. Er mochte kaum zwei Fuß hoch sein, und doch hätte ihn seine Winzigkeit nicht gehindert, das Gleichgewicht zu verlieren und über den Rand seiner Gondel hinauszufallen, wenn er nicht außerdem noch in einem runden Reifen gesteckt hätte, der ihm um Brust und Rücken ging und an den Stricken des Ballons festgebunden war. Der Körper des kleinen Mannes erschien über alle Proportion dick und gab seiner ganzen Erscheinung etwas absurd Rundes. Seine Füße konnte man natürlich nicht sehen. Seine Hände waren ungeheuer groß. Sein Haar war grau und hinten in einem Zopf geordnet. Seine Nase war außerordentlich lang, gebogen und leuchtend purpurrot, seine Augen blickten scharf und glänzend. Sein Kinn und seine Wangen, obwohl von Altersfalten durchzogen, waren breit, weich und doppelt, von einem Ohr war hingegen an keiner Seite seines Kopfes auch nur das geringste zu entdecken. Dieser sonderbare kleine Herr war in einen losen Überrock von himmelblauer Seide gekleidet; er trug eng anliegende Beinkleider, die an den Knien mit silbernen Schnallen befestigt waren; seine Weste bestand aus einem gelben, glänzenden Stoff, eine Mütze aus weißem Taft saß zierlich und kokett schief auf seinem Kopf, und um seinen Anzug zu vervollständigen, trug er ein blutrotseidenes Tuch um den Hals gewunden; vorne war dasselbe zu einem ungeheuren Knoten geschlungen, dessen Zipfel prunkvoll auf seine Brust herabhingen.

Als der alte Herr, wie ich eben schon sagte, bis auf hundert Fuß der Erde nahe gekommen war, wurde er von einem Zittern ergriffen und schien keine Lust zu verspüren, sich die terra firma genauer anzusehen. Er warf aus einem Leinwandbeutel, den er mit großer Mühe aufhob, eine Menge Sand aus, und der Ballon stand denn auch sofort still. Dann zog er in eiliger, aufgeregter Weise eine Brieftasche aus Maroquinleder aus der Seitentasche seines Überrockes. Er wog sie argwöhnisch in seiner Hand und betrach-

tete sie dann mit einem Ausdruck höchster Überraschung, als erstaune ihn ihr Gewicht. Endlich öffnete er sie, entnahm ihr einen riesigen Brief, der mit rotem Wachs gesiegelt und mit einem Bändchen von derselben Farbe sorgfältig zusammengebunden war, und ließ ihn gerade vor die Füße des Bürgermeisters Superbus van Underduk hinabfallen.

Seine Exzellenz bückte sich, um ihn aufzuheben. Der Aeronaut jedoch, der sich noch immer in großer Unruhe zu befinden schien und auch wohl weiter keine Geschäfte in Rotterdam zu verrichten hatte, traf eilfertig seine Anstalten für die Abfahrt. Da er wieder Ballast auswerfen mußte, um steigen zu können, fiel ein halb Dutzend Sandsäcke, die er, ohne sich die Mühe zu geben, sie zu leeren, einfach herunterwarf, dem unglückseligen Bürgermeister auf den Buckel und kugelte ihn nicht weniger als ein halbdutzendmal vor den Augen von ganz Rotterdam um und um.

Man muß nun nicht glauben, daß sich der große Underduk diese Impertinenzen des kleinen alten Mannes gefallen ließ. Im Gegenteil, man erzählt, daß er während der sechs Umdrehungen nicht weniger als ein halbes Dutzend wütender Dampfwolken aus seiner Pfeife blies, die er während der ganzen Zeit mit aller Kraft zwischen den Zähnen festhielt, und — so Gott will — bis zum Tage seines Todes festhalten wird.

Mittlerweile erhob sich der Ballon wie eine Lerche, schwebte hoch über der Stadt davon, verschwand endlich ruhig hinter einer Wolke, die der, hinter welcher er hervorgekommen, ganz ähnlich war, und wurde so den staunenden Augen der guten Bürger auf immer entzogen. Nun richtete sich die ganze Aufmerksamkeit auf den Brief, dessen Ankunft oder vielmehr dessen Begleitumstände sich so umstürzlerisch gegen die würdige Person Seiner Exzellenz van Underduk gerichtet hatten. Der hohe Beamte hatte jedoch während seiner kreisförmigen Bewegung nicht vergessen, die Epistel in Sicherheit zu bringen, die, wie sich alsbald herausstellte, in die richtigen Hände gelangt war, da sie an ihn selbst und den Professor Sternekiek in ihrer Eigenschaft als Präsident und Vizepräsident des Rotterdamer Astronomischen Kollegiums adressiert war. Er wurde von den beiden Würdenträgern auf der Stelle geöffnet und enthielt folgende höchst seltsame und bei Gott höchst bedeutungsvolle Mitteilung:

›An Ihre Exzellenzen van Underduk und Sternekiek, Präsident und Vizepräsident des Staatlichen Kollegiums für Astronomie in der Stadt Rotterdam.

Eure Exzellenzen erinnern sich vielleicht noch eines bescheidenen Handwerkers Namens Hans Pfaall, seines Zeichens Blasebalgflikker, der mit drei anderen vor ungefähr fünf Jahren unaufgeklärterweise aus Rotterdam verschwand. Wenn es Euren Exzellenzen gefällt — ich, der Schreiber dieser Mitteilung, bin Hans Pfaall selbst. Es ist jedem meiner Mitbürger wohl bekannt, daß ich vierzig Jahre lang, bis zum Tage meines Verschwindens, das kleine Ziegelhaus am Anfang des Sauerkrautgäßchens bewohnte. Meine Vorfahren haben seit undenklichen Zeiten in dem Haus gelebt — sie alle gingen, wie ich, dem ehrenwerten und einträglichen Handwerk des Bälgeflickens nach; und es gab wahrhaftig bis vor wenigen Jahren, als die Politik noch nicht in allen Köpfen spukte, keinen Erwerb, den sich ein ehrlicher Bürger lieber hätte wünschen mögen. Der Kredit war gut, das Geschäft ging flott, und es fehlte weder an Geld noch an gutem Willen. Doch wie ich schon sagte, wir begannen bald die Wirkungen der Freiheit, langer Reden, des Radikalismus und ähnlicher Sachen zu spüren. Leute, die sonst die besten Kunden von der Welt gewesen waren, hatten jetzt nicht einen Augenblick mehr Zeit, um an uns zu denken. Sie mußten den ganzen Tag von Revolutionen lesen, um mit der Entwicklung des Verstandes und dem Geist der Zeit Schritt halten zu können. Wenn ein Feuer geschürt werden sollte, so fächelten sie es rasch mit einer Zeitung. Je schwächer die Regierung wurde, desto stärker wurde meine Überzeugung, daß Leder und Eisen immer unzerstörbarer wurden, denn in sehr kurzer Zeit gab es in ganz Rotterdam keinen Blasebalg mehr, der einen Flicken oder einen Schlag mit dem Hammer nötig gehabt hätte. Das war doch ein unhaltbarer Zustand, wenigstens konnte ich mich nicht in demselben halten. Ich war bald so arm wie eine — na! natürlich Kirchenmaus, und da ich eine Frau und Kinder zu ernähren hatte, erschien mir das Leben nach kurzer Zeit unerträglich, und ich dachte manchmal darüber nach, wie ich ihm am besten ein Ende machen könne.

Meine Herren Gläubiger ließen mir jedoch nur wenig Muße zum Nachdenken. Mein Haus war vom Morgen bis zum Abend buchstäblich belagert. Besonders drei Burschen quälten mich über alle Menschenmöglichkeit, hielten beständig an meiner Tür Wache und drohten mit dem Gesetz. Diesen dreien gelobte ich Rache, sobald sie mir nur mal in die Finger geraten würden. Und ich glaube, nur der Gedanke an diesen meinen Triumph verhinderte, daß ich meinen Selbstmordplan, mir eine Kugel durch den Kopf zu jagen, *sofort* ausführte. Mittlerweile hielt ich es für das beste, meine Wut zu verbergen und sie mit guten Worten und Versprechungen so lange hinzuhalten, bis mir irgendwelche glücklichen Umstände eine Gelegenheit zur Rache bieten würden.

Eines Tages, als ich ihnen gerade wieder einmal entwischt war, irrte ich, niedergeschlagener als je, ziellos durch entlegene Straßen, bis ich mich endlich zufällig an der Krambude eines Buchhändlers fürchterlich stieß. Ich sah einen Stuhl in der Nähe, in den ich mich verbittert hineinwarf, und öffnete, ohne recht zu wissen warum, das erste beste Buch, das mir in die Hand kam. Es war eine kleine Abhandlung über die spekulative Astronomie und entweder von dem Professor Encke aus Berlin oder von einem Franzosen mit ähnlichem Namen geschrieben. Ich hatte schon einen kleinen Schimmer von dieser Wissenschaft und las das Bändchen zweimal durch, ehe ich mich wieder auf das, was um mich herum vorging, besinnen konnte. Mittlerweile war es dunkel geworden, und ich lenkte meine Schritte heimwärts. Doch hatte die Abhandlung in Verbindung mit der Mitteilung einer wichtigen Entdeckung auf pneumatischem Gebiet, die mir vor kurzer Zeit ein Vetter aus Nantes unter dem Siegel der Verschwiegenheit gemacht hatte, einen unauslöschlichen Eindruck auf mich ausgeübt. Und während ich so durch die dämmerigen Straßen schlenderte, ließ ich die seltsamen und zum Teil unverständlichen Schlüsse des Autors sorgfältig noch einmal vor meinem Gedächtnis dahinziehen. Einige Stellen wirkten außerordentlich stark auf meine Phantasie; je länger ich über sie nachgrübelte, desto stärker wurde das Interesse, das sie in mir erregten. Meine im allgemeinen sehr beschränkte Bildung und meine in der Naturlehre ganz besonders große Unwissenheit zerstörten in mir doch nicht die Hoffnung, das, was ich gelesen hatte, auch einmal verstehen zu können, und machten mich gegen die unbestimmten Gedanken, die mir während der Lektüre gekommen waren, durchaus nicht mißtrauisch, waren im Gegenteil meiner Phantasie nur ein mächtiger Antrieb. Und ich war eitel oder vielleicht vernünftig genug, um mich zu fragen, ob die unreifen Ideen, die so oft bei ungeschulten Geistern auftauchen, nicht die ganze Kraft und Wahrheit und die anderen, dem Instinkt oder der Intuition eingeborenen Eigenschaften haben.

Als ich zu Hause ankam, war es schon spät, und ich ging gleich zu Bett. Doch war ich zu sehr beschäftigt, um einschlafen zu können, und lag die ganze Nacht in Nachdenken versunken wach. Am anderen Morgen stand ich sehr früh auf, eilte wieder zu der Bude des Buchhändlers und kaufte für mein letztes Geld einige Bücher über Mechanik und praktische Astronomie. Als ich mit diesen glücklich zu Hause angekommen war, widmete ich jeden freien Augenblick ihrem Studium und machte bald solche Fortschritte, daß ich an die Ausführung eines gewissen Planes, den mir entweder der Teufel oder mein guter Geist eingegeben hatte, denken konnte. In dieser Zeit hatte ich mich auch verschiedentlich bemüht, die drei Gläubiger, die mich am meisten belästigten, zu befriedigen. Es gelang mir auch, teils durch den Verkauf von Hausgerät, mit dessen Ergebnis ich sie zur Hälfte bezahlte, teils durch das Versprechen, daß ich das übrige sofort begleichen würde, wenn ich ein kleines Projekt, das ich im Kopf hätte und zu dessen Ausführung ich ihrer Hilfe bedürfe, ausgeführt haben würde. Durch diese Mittel (es waren *sehr* unwissende Leute) gelang es mir ohne Mühe, sie meinen Zwecken geneigt zu machen.

Nachdem alles so weit gediehen war, verschaffte ich mir mit Hilfe meiner Frau durch den geheimen, vorsichtigen Verkauf alles dessen, was mir noch geblieben war, und durch kleine, unter verschiedenen Vorwänden gemachte Anleihen eine ziemliche Summe baren Geldes, ohne mich, wie ich mit Beschämung gestehen muß, im geringsten darum zu kümmern, ob ich die Darlehen jemals würde zurückzahlen können.

Nun kaufte ich mir möglichst unauffällig verschiedene Stücke sehr feinen Batist – jedes Stück maß zwölf Ellen –, Bindfaden, einen Vorrat von Kautschukfirnis, einen großen, tiefen, auf Bestellung gemachten Korb aus Weidengeflecht und verschiedene andere Gegenstände, die zur Herstellung eines sehr großen Ballons nötig sind. Ich trug meiner Frau auf, ihn so bald wie möglich zu nähen, und gab ihr während der Arbeit genaue Anweisungen. Ich selbst verfertigte aus dem Bindfaden ein Netz von genügender Größe, versah es mit dem Ring und den notwendigen Stricken und kaufte verschiedene für Experimente in den oberen Regionen der oberen Atmosphäre nötige Materialien und Instrumente. Dann suchte ich mir eine versteckte Stelle im Osten der Stadt aus und brachte zur Nachtzeit ungefähr fünf eisenbeschlagene Fäßchen, deren jedes fünfzig Gallonen faßte, sowie ein weit größeres Faß dahin; dann sechs zinnerne Röhren von ungefähr drei Zoll Durchmesser und zehn Fuß Länge, dann eine Quantität einer gewissen metallischen oder halbmetallischen Substanz, die ich nicht nennen will, und ein Dutzend mit einer gewöhnlichen Säure gefüllter Korbflaschen. Das Gas, das ich aus den beiden letztgenannten Materialien herstellte, ist ein Gas, das noch keine andere Person als ich erzeugt – oder wenigstens jemals zu einem ähnlichen Zweck angewandt hat. Ich kann hier nur sagen, daß es ein Bestandteil des Stickstoffs ist, den man so lange Zeit für unzusammengesetzt hielt, und daß seine Dichtigkeit ungefähr 37,4 mal geringer ist als die des Wasserstoffs. Es ist geschmack-, doch nicht geruchlos, brennt, wenn es rein ist, mit grünlicher Flamme und zerstört animalisches Leben im Augenblick. Ich würde das Geheimnis unverzüglich preisgeben, wenn es nicht von Rechts wegen (wie ich schon einmal andeutete) einem Bürger von Nantes in Frankreich, der es mir gelegentlich einmal mitteilte, angehörte. Dieselbe Person lehrte mich auch, ohne von meinen Absichten eine Ahnung zu haben, wie man aus einem gewissen animalischen Gewebe einen Ballon herstellen kann, durch den Gas nicht zu entweichen vermag. Ich fand es jedoch zu teuer und hoffte obendrein auch, daß Batist mit einem Kautschukfirnis genau dieselben Dienste leisten werde. Ich erwähne diesen Umstand, weil ich es für möglich halte, daß die betreffende Person mit dem neuen Gas und dem animalischen Stoff, von dem ich gesprochen habe, eine Ballonfahrt unternehmen könnte und ich sie der Ehre, eine sehr merkwürdige Erfindung gemacht zu haben, nicht berauben möchte.

An meinem Versteck grub ich nun für jedes der kleineren Fäßchen ein Loch und zwar so, daß die zwölf Löcher einen Kreis von fünfundzwanzig Fuß im Durchmesser bildeten. Der Mittelpunkt dieses Kreises war für das große Faß bestimmt, und ich grub dort ein größeres Loch. In jedes der fünf kleinen Löcher legte ich eine Zinnbüchse, die fünfzig Pfund Schießpulver enthielt, in das große Loch kam ein Faß mit hundertfünfzig Pfund. Dies Faß und die Büchsen verband ich mittels langer, bedeckter Streifen, und nachdem ich in eine der Büchsen das Ende einer vielleicht vier Fuß langen Lunte eingeführt hatte, bedeckte ich das Loch und stellte das Faß oben darauf. Das andere Ende der Lunte ließ ich unauffällig etwa einen Zoll weit hervorragen. Dann füllte ich die übrigen Löcher und stellte auf jedes ein Fäßchen in der ihnen bestimmten Weise auf.

Außer den aufgezählten Gegenständen brachte ich noch einen der verbesserten Grimmschen Apparate zur Kondensierung der atmosphärischen Luft in mein Depot und verbarg ihn daselbst. Ich entdeckte jedoch bald, daß ich diese Maschine noch verschiedentlich verändern müsse, ehe sie für meine Zwecke tauglich sei. Dank größter Beharrlichkeit und hartnäckiger Arbeit gelangen mir meine Vorbereitungen aufs beste. Mein Ballon war bald fertig. Er erhielt mehr als vierzigtausend Kubikfuß Gas und mußte nach meiner Berechnung mich, meine ganzen Apparate sowie noch etwa hundertsiebzig Pfund Ballast mit Leichtigkeit tragen. Er hatte drei Firnisüberzüge erhalten, und ich bemerkte mit Freuden, daß der Batist genausogut seinem Zweck entsprach wie Seide. Er war geradeso solide und kostete bei weitem weniger.

Als alles bereit war, nahm ich meiner Frau einen Eid ab, über alle meine Handlungen, von dem ersten Tage ab, da ich den Buchhändler aufgesucht hatte, Stillschweigen zu bewahren, dagegen versprach ich ihr, sobald die Umstände es erlauben würden, zurückzukehren. Ich gab ihr alles Geld, das mir noch geblieben war, und sagte ihr Lebewohl. Ich machte mir ihretwegen auch nicht die geringste Unruhe. Sie war, was die Leute so eine prächtige Frau nennen, und konnte sich in der Welt sehr gut ohne meine Hilfe zurechtfinden. Ich glaube sogar, um die Wahrheit zu sagen, daß sie mich für einen erbärmlichen Faulenzer hielt — für eine unnötige Last, für einen Hans-Guck-in-die-Luft, der zu weiter nichts taugte, als Luftschlösser zu bauen — und ziemlich froh war, mich los zu sein. Es war tiefe Nacht, als ich ihr adieu sagte. Ich hatte die drei Gläubiger, die mich so viel geärgert hatten, als Flügeladjutanten zu mir befohlen, wir vier packten uns nun den Ballon, die Gondel und alles Zubehör auf und begaben uns auf Umwegen an die Stelle, wo ich die übrigen Gegenstände schon versteckt hatte. Wir fanden alles in bestem Zustand vor und machten uns gleich ans Werk.

Man schrieb den ersten April. Die Nacht war, wie ich schon sagte, dunkel, kein Stern stand am Himmel, und ein dünner Regen, der von Zeit zu Zeit niederging, belästigte uns sehr. Auch machte mir der Ballon Unruhe, der trotz des dreifachen Überzugs Feuchtigkeit anzuziehen schien. Ebenso konnte das Pulver leicht Schaden leiden. Ich ließ deshalb meine drei Manichäer hart arbeiten, ließ sie Eis um das mittlere Faß aufhäufen und die Säure in den anderen Fässern rühren. Sie hörten nicht auf, mich mit Fragen zu belästigen, was ich denn mit all diesen Apparaten vorhabe, und waren sehr unzufrieden über die schwere Arbeit, die ich sie verrichten ließ. Sie könnten nicht verstehen, meinten sie, was dabei Gutes herauskommen solle, daß ich sie bis auf die Haut naß werden lasse und zu Mitschuldigen an solch höllischem Zauberspuk mache. Ich wurde unruhig und arbeitete aus allen Kräften weiter, denn diese Dummköpfe glaubten wirklich, daß ich einen Pakt mit dem Teufel gemacht hätte und mein Tun nur Unheil bringen könne. Da ich fürchtete, sie würden mich im Stich lassen, beruhigte ich sie ein wenig, indem ich versprach, sie, sobald ich nur die augenblickliche Angelegenheit geordnet hätte, bis auf den letzten Heller zu bezahlen. Sie legten sich meine Worte natürlich auf ihre Weise aus und bildeten sich ohne Zweifel ein, daß ich bald durch meine Zaubereien in den Besitz großer Summen baren Geldes gelangen würde. Und in der Hoffnung, daß ich ihnen dann meine Schulden bezahlen und sogar vielleicht noch ihre Dienstleistungen belohnen würde, scherten sie sich den Teufel darum, was aus meiner Seele und meinem Corpus noch einmal werden würde.

Nach ungefähr vier und einer halben Stunde war der Ballon genügend gefüllt. Ich befestigte die Gondel an ihm und legte all mein Gepäck hinein: ein Teleskop, ein Barometer, an dem ich einige wichtige Umarbeitungen vorgenommen hatte, ein Thermometer, ein Elektrometer, einen Kompaß, eine Magnetnadel, eine Sekundenuhr, eine Glocke, ein Sprachrohr etc. etc., sowie einen gläsernen Globus, der luftleer gemacht und hermetisch verschlossen war, den Kondensierapparat, ungelöschten Kalk, ein großes Stück Siegellack, einen reichhaltigen Vorrat Wasser, genügend Lebensmittel sowie Pemmican, welches in kleiner Masse sehr viel Nährstoff enthält. Außerdem nahm ich ein paar Tauben und eine Katze mit in die Gondel.

Der Tag begann zu dämmern, und es wurde hohe Zeit zum Aufbruch. Ich ließ wie zufällig eine brennende Zigarre zur Erde fallen, und als ich mich bückte, um sie aufzuheben, steckte ich dabei heimlich das Ende der Lunte in Brand, das, wie ich schon sagte, etwas über den unteren Rand eines der kleinen Fäßchen herausragte. Ich tat dies, ohne daß einer meiner drei Quälgeister auch nur das geringste merkte. Dann sprang ich in die Gondel, zerschnitt das einzige Seil, das den Ballon an die Erde fesselte, und wurde zu meiner großen Freude mit größter Schnelligkeit nach oben getragen. Als ich die Erde verließ, zeigte das Barometer dreißig Zoll und das Zentigradthermometer 19^0.

Kaum war ich bis zu einer Höhe von fünfzig Ellen emporgestiegen, als unter mir mit schrecklichem Krachen und Donnern ein Feuerstrahl hochschoß, Kies, brennendes Holz, glühendes Metall und zerfetzte menschliche Gliedmaßen aufspie, so daß ich fühlte, wie mein Herz erbebte, und ich mich vor Schreck zitternd auf den Boden der Gondel niederwarf. Es wurde mir klar, daß ich die Minen viel zu sehr geladen hatte und daß ich die hauptsächlichsten Folgen der Explosion noch zu tragen habe. In weniger als einer Sekunde fühlte ich denn auch, wie mir all mein Blut in die Schläfen stürzte, und gleich darauf ging eine so gräßliche Erschütterung durch die Luft, als wollte sie das Firmament selber zerspalten. Als ich später Zeit zum Nachdenken hatte, führte ich die Heftigkeit der Explosion auf ihre wahre Ursache zurück. Ich befand mich nämlich gerade über derselben, also in ihrer direkten und stärksten Wirkungslinie; damals jedoch dachte ich nur daran, mein Leben zu schützen. Der Ballon fiel erst ein wenig zusammen, dann dehnte er sich wie wütend aus, kreiste mit schwindelnder Schnelligkeit um sich selbst und nach oben, dann schwankte und torkelte er wie ein Betrunkener, schleuderte mich aus der Gondel heraus, wobei ich mich zufällig, in fürchterlicher Höhe, mit dem Kopf nach unten, mit dem linken Fuß in einer drei Fuß langen, dünnen Schlinge verfing, die aus einer Lücke der Weidengeflechtgondel nahe an ihrem Boden heraushing. Es ist unmöglich — ganz unmöglich, sich auch nur eine einigermaßen entsprechende Vorstellung von meiner schrecklichen Situation zu machen. Ich schnappte krampfhaft nach Luft, ein Schauer, als läge ich im Fieber, durchrann meine Nerven, schüttelte meine Muskeln, ich fühlte, wie meine Augen aus ihren Höhlen hervortraten, ein gräßlicher Schwindel befiel mich, ich verlor das Bewußtsein, wurde ohnmächtig . . .

Wie lange ich in diesem Zustand blieb, ist nicht festzustellen. Doch muß er eine beträchtliche Zeit angehalten haben, denn als ich wieder einigermaßen zu mir kam, war es ganz Tag geworden, und der Ballon befand sich in ungeheurer Höhe über dem unendlichen Ozean; weit und breit, an den Grenzen des Horizonts, war

jede Spur von Land verschwunden. Diese Entdeckung ängstigte mich jedoch nicht so sehr, als ich eigentlich erwartet hätte. Vielleicht lag schon etwas Wahnsinn in der Gelassenheit, mit der ich meine Lage erwog. Ich hob meine beiden Hände vor die Augen und fragte mich voll Erstaunen, woher es kommen könne, daß meine Adern so aufgeschwollen und meine Fingernägel so schwarz seien. Dann untersuchte ich genau meinen Kopf, bewegte ihn öfters hin und her, befühlte ihn mit gespannter Aufmerksamkeit, bis ich mich genügend davon überzeugt hatte, daß er nicht, wie ich vermutet hatte, größer sei als mein Ballon. Dann tastete ich gewohnheitsmäßig in den Hosentaschen herum, und als ich merkte, daß ich mein Notizbuch und meinen Zahnstocher verloren hatte, dachte ich angestrengt nach, auf welche Weise sie wohl verschwunden sein könnten; und als ich es mir nicht zu erklären vermochte, wurde ich tief bekümmert. Hierauf schien es mir, als empfände ich einen lebhaften Schmerz in meinem linken Knöchel, und eine dunkle Erkenntnis meiner Lage begann gleichzeitig in meinem Geist zu dämmern.

Doch so seltsam es auch klingt — ich empfand weder Staunen noch Schrecken. Wenn ich überhaupt etwas spürte, so war es höchstens eine Art von Genugtuung über die Geschicklichkeit, die ich jetzt gleich entfalten wollte, um mich aus dem Dilemma zu befreien. Und keinen Augenblick lang schien mir meine Sicherheit auch nur im geringsten gefährdet. Einige Minuten überlegte ich, was nun zuerst zu tun sei. Ich erinnere mich deutlich, daß ich dabei oft die Lippen zusammenpreßte, meinen Zeigefinger an die Nase legte, kurz, alle die Bewegungen und Grimassen vollführte, durch die sich andere Sterbliche, wenn sie gemütlich daheim im Lehnstuhl über verzwickte oder wichtige Sachen nachgrübeln, auszeichnen. Nachdem ich meine Gedanken genügend gesammelt hatte, brachte ich mit der größten Vorsicht und Überlegung meine Hände auf den Rücken und löste die große Eisenschnalle, die den Gürtel, der meine Beinkleider trug, zusammenhielt. Diese Schnalle hatte drei Zähne, die ein wenig rostig waren und sich nur sehr schwer in ihren Achsen drehten. Mit vieler Mühe brachte ich es so weit, daß sie im rechten Winkel zu der Schnalle selbst standen, und freute mich sehr, daß sie in dieser Lage unverrückbar fest blieben. Dies Instrument hielt ich nun mit den Zähnen fest und begann den Knoten meiner Krawatte zu lösen. Ich mußte verschiedene Male ausruhen, ehe ich das Werk zu Ende brachte, endlich war ich fertig. An dem einen Ende der Krawatte befestigte ich die Schnalle, das andere band ich, der größeren Sicherheit wegen, um mein Handgelenk. Durch eine fabelhafte Anstrengung all meiner Muskelkraft schleuderte ich meinen Körper nach oben, und es gelang mir auch beim ersten Versuch, die Schnalle in die Gondel zu schleudern, wo sie sich, wie ich geahnt hatte, denn auch am oberen Rand fest einhakte.

Mein Körper neigte sich nun in einem Winkel von ungefähr fünfundvierzig Grad gegen die Seitenwand der Gondel, doch muß man nicht glauben, daß ich jetzt nur noch fünfundvierzig Grad unter der Senkrechten gewesen wäre. Ich lag noch immer fast auf gleicher Linie mit der Horizontalen, denn meine veränderte Lage hatte den Boden der Gondel weit von mir entfernt, und meine Position war äußerst gefährlich.

Doch erinnere man sich daran, daß ich, falls ich mit dem Gesicht nach innen statt nach außen aus der Gondel gefallen wäre, oder falls die Schlinge, in die sich mein Fuß verwickelte, am oberen statt am unteren Rand herausgehangen hätte, ich dann gar nicht imstande gewesen wäre, das zu vollbringen, was ich nun vollbracht hatte, und daß folglich meine Enthüllungen für die Nachwelt verlorengegangen sein würden. Ich hatte deshalb allen Grund, dankbar zu sein, obwohl ich in Wirklichkeit noch zu dösig war, um überhaupt etwas zu sein, und vielleicht eine Viertelstunde lang so hängenblieb, ohne weiter etwas zu meiner Rettung zu tun, und dabei die sonderbare Ruhe einer idiotischen Zufriedenheit empfand. Dies Gefühl schwand jedoch wieder, und eine Empfindung äußerster Hilflosigkeit und schreckhafter Angst überkam mich. Das Blut, das sich so lange Zeit in seinen Gefäßen im Kopf und im Hals gestaut und mich mit einem heilsamen Delirium, das meine Energie anspannte, erfüllt hatte, begann jetzt wieder zurückzufließen und seinen gewöhnlichen Lauf zu nehmen, und das klare Bewußtsein, das mir plötzlich wiederkam, vergrößerte fast meine Vorstellung von der Gefahr und beraubte mich der Ruhe und des Mutes, den ich nötig hatte, um aus ihr herauszukommen. Diese Schwäche dauerte jedoch glücklicherweise nicht lange. Zur rechten Zeit kam mir der Geist der Verzweiflung zu Hilfe, und mit wütendem Geschrei und wilder Anstrengung bäumte und schleuderte ich meinen Körper vorwärts, bis es mir endlich gelang, den heißersehnten Rand zu erfassen; mit einem schraubstockfesten Griff hielt ich ihn fest, wand meinen Körper über ihn und fiel kopfüber und keuchend in die Gondel.

Es dauerte eine ganze Zeit lang, ehe ich soweit Herr meiner selbst war, um mich mit dem Ballon beschäftigen zu können. Dann jedoch untersuchte ich ihn mit größter Aufmerksamkeit und fand ihn durchaus unbeschädigt. Auch meine Instrumente waren in bester Ordnung, und glücklicherweise hatte ich sogar weder Lebensmittel noch Ballast verloren. Vor meiner Abfahrt waren alle mitgenommenen Gegenstände allerdings auch so fest angebunden worden, daß ein solcher Unfall eigentlich von vornherein ausgeschlossen war. Ich zog meine Taschenuhr; sie wies auf sechs. Der

Ballon stieg noch immer rapide, und das Barometer zeigte eine Höhe von drei und dreiviertel Meilen. Unmittelbar unter mir im Ozean lag ein kleiner schwarzer Gegenstand von leicht länglicher Gestalt von der Größe eines Dominosteines und auch einem solchen Spielzeug ähnlich. Ich richtete mein Teleskop auf denselben und sah deutlich, daß es ein englisches Schiff von 94 Kanonen war, das in west-südwestlicher Richtung schwer auf dem Ozean dahinschwankte. Außer diesem Schiff sah ich nichts als das Meer, das Firmament und die Sonne, die schon lange aufgegangen war.

Nun ist es an der Zeit, daß ich Euren Exzellenzen den Zweck meiner Reise erkläre. Eure Exzellenzen mögen sich daran erinnern, daß mich die traurigen Verhältnisse in Rotterdam zu dem Entschluß gebracht hatten, einen Selbstmord zu begehen. Das Leben selbst war mir nicht unangenehm geworden, nur das Elend meiner Lage quälte mich so, daß ich glaubte, es nicht mehr aushalten zu können. In dieser Geistesverfassung, das Leben liebend und doch *meines* Lebens müde, eröffnete mir die Abhandlung aus der Krambude des Buchhändlers in Verbindung mit der Entdeckung meines Vetters aus Nantes eine Zuflucht. Ich faßte einen endgültigen Entschluß. Ich beschloß, fortzugehen und doch zu leben, die Erde zu verlassen und doch weiter zu existieren; kurz, um den Rätseln ein Ende zu machen: ich beschloß, wenn es möglich sein sollte, mir *einen Weg auf den Mond* zu bahnen.

Damit man mich nicht für wahnsinniger hält, als ich wirklich bin, will ich die Gedanken auseinandersetzen, die mich zu der Annahme brachten, daß ein solches Unternehmen trotz aller Gefahren und Schwierigkeiten für einen kühnen Geist doch gerade kein Ding der Unmöglichkeit ist.

Zuerst erwog ich die positive Entfernung der Erde von dem Mond. Die mittlere oder durchschnittliche Entfernung der Zentren der beiden Planeten beträgt 59,9643 mal den Äquatorial-Radius der Erde oder ungefähr 237 000 Meilen. Ich sage die mittlere, durchschnittliche Entfernung – man muß sich jedoch erinnern, daß die Form des Mondgestirnes eine Ellipse ist, deren Exzentrizität nicht weniger als 0,05484 ihrer großen Halbachse beträgt, und daß das Zentrum der Erde gerade unter dem Brennpunkt dieser Ellipse steht, so daß sich also, wenn es mir gelänge, den Mond während seiner Erdnähe zu erreichen, die erwähnte Entfernung bedeutend verringern würde. Doch um von dieser Hypothese abzusehen – ich mußte jedenfalls von den 237 000 Meilen den Radius der Erde, also 4000, und den des Mondes, also 1080, im ganzen 5080 Meilen abziehen, so daß nur noch eine durchschnittliche Entfernung von 231 920 Meilen zurückzulegen übrigblieb. Dies hielt ich für nichts allzu Unmögliches. Auf der Erde hat man schon oft Reisen mit der Schnelligkeit von 60 Meilen in der Stunde unternommen, und man hat allen Grund, zu glauben, daß man es bald zu größerer Schnelligkeit bringen wird. Doch wären auch mit der schon erlangten nicht mehr als hunderteinundsechzig Tage nötig, um die Oberfläche des Mondes zu erreichen.

Viele Umstände jedoch ließen mich glauben, daß die mittlere Geschwindigkeit meiner Reise sechzig Meilen in der Stunde weit übersteigen werde, und da dieser Gedanke großen Eindruck auf mich machte, will ich später noch ausführlich von ihm reden.

Der zweite Punkt, den ich bedenken mußte, war von viel größerer Wichtigkeit. Das Barometer beweist, daß wir, wenn wir uns 1000 Fuß über der Oberfläche der Erde befinden, ungefähr ein Dreißigstel der atmosphärischen Luftmasse unter uns lassen, bei 10 600 Fuß fast ein Drittel und bei 18 000 Fuß, die ungefähr der Höhe des Cotopaxi entsprechen, die Hälfte aller Luft, jedenfalls die Hälfte der wägbaren Atmosphäre, welche die Erde einhüllt, zu unseren Füßen haben. Man hat auch berechnet, daß in einer Höhe, die den hundertsten Teil des Durchmessers der Erde nicht überschreitet, in einer Höhe von 80 Meilen also, die Verdünnung der Luft einen so hohen Grad erreicht hat, daß sie kein animalisches Leben mehr zu unterhalten vermag, und ferner, daß unsere feinsten Instrumente nicht mehr ausreichen, um das Vorhandensein von Luft zu konstatieren. Es entging mir jedoch nicht, daß die letzteren Berechnungen nur auf unserer experimentellen Kenntnis der Eigenschaften der Luft und der mechanischen Gesetze ihrer Zusammenpressung und Ausdehnung basieren, die wir, um vergleichsweise zu sprechen, in unmittelbarer Nähe der Erde beobachtet hatten; auch hält man es für bewiesen, daß animalisches Leben in irgendeiner gegebenen, von der Erdoberfläche unerreichbaren Entfernung sich seinem Wesen nach nicht modifizieren könne. Ein auf solche Annahmen gestütztes Raisonnement konnte natürlicherweise nur ein rein analogisches sein. Die größte Höhe, die Menschen je erreicht haben, beträgt 25 000 Fuß, bis zu welcher Gay-Lussac und Biot aufstiegen. Dies ist, selbst mit den achtzig fraglichen Meilen verglichen, nur eine sehr mäßige Höhe, und ich konnte den Gedanken nicht abweisen, daß hier dem Zweifel und der Spekulation ein weiter Raum gelassen war.

Nehmen wir nun einen Aufstieg zu irgendeiner gegebenen Höhe an, so werden wir finden, daß die Quantität der wägbaren, durchsegelten Luft auf verschiedenen Abschnitten der Reise durchaus nicht in gleichem Verhältnis zu der erreichten Höhe steht, sondern, wie vorhin schon einmal konstatiert wurde, in einem stets kleiner werdenden. Es ist also klar, daß wir, um buchstäblich zu sprechen, nicht an eine Grenze kommen können, über die hinaus es keine Luft mehr gibt. *Sie muß da sein*, so schloß ich, obgleich sie sich in einem Stadium unendlicher Verdünnung befinden kann.

Andererseits wußte ich jedoch, daß es keinesfalls an Argumenten fehlte, die eine bestimmte feste Grenze der Atmosphäre beweisen sollten, über die hinaus es absolut keine Luft mehr geben könne. Ein Umstand jedoch, den alle, die an eine solche Grenze glaubten, übersehen hatten, schien mir, wenn auch nicht gerade eine vollständige Widerlegung ihrer Überzeugungen, so doch Grund zu ernstlicher, neuer Nachforschung zu sein. Wenn man die Zwischenräume zwischen dem jedesmaligen Wiedererscheinen des Enckeschen Kometen zur Zeit seiner Sonnennähe vergleicht und dabei selbst alle die durch die Anziehungskraft der Planeten verursachten Störungen genau in Berechnung zieht, so wird man erkennen, daß diese Perioden allmählich immer kleiner werden, das heißt, daß die große Achse der Ellipse des Kometen sich in langsamer, doch durchaus regelmäßiger Proportion verkürzt. Dies kann jedoch nur und muß der Fall sein, wenn wir annehmen, daß der Komet an einem unendlich feinen ätherischen Medium, das die Regionen seiner Bahn ausfüllt, einen Widerstand findet. Denn es ist klar, daß ein solcher Stoff, der sich der Schnelligkeit eines Kometen hindernd entgegenstellt, seine zentripetale Kraft erhöhen, die zentrifugale schwächen muß. Mit anderen Worten: die Anziehungskraft der Sonne wird immer größer werden, und der Komet wird sich ihr bei jeder Umdrehung mehr nähern. Wir sehen in der Tat keinen anderen Ausweg, die fraglichen Veränderungen zu erklären. Ich möchte noch eine Tatsache erwähnen: Man beobachtet, daß sich der wirkliche Durchmesser des Nebels dieses Kometen, je näher er der Sonne kommt, rapide zusammenzieht und sich mit derselben Schnelligkeit wieder ausdehnt, wenn er wieder auf dem Weg zur Sonnenferne ist. Ist es da nicht berechtigt, wenn ich mit Valz annehme, daß diese offenbare Kondensierung des Volumens seinen Ursprung in der Verdichtung jenes ätherischen Mediums hat, von dem ich schon gesprochen und dessen Dichtigkeit im Verhältnis zur Sonnennähe steht? Ferner erschien mir jene linsenförmige Erscheinung, die man das Zodiakallicht nennt, näherer Betrachtung würdig. Dieses in den Tropen deutlich sichtbare Licht, das man durchaus nicht für meteorisch halten kann, dehnt sich vom Horizont an länglich aufwärts und folgt im allgemeinen der Richtung des Äquators der Sonne. Es schien mir von einer dünnen Atmosphäre auszugehen, die sich von der Sonne bis über die Bahn der Venus hinaus und, wie ich glaube, noch unendlich viel weiter ausdehnt. Denn man kann wirklich nicht annehmen, daß sich dieses Medium auf die Bahn der Ellipse des Kometen oder auf die unmittelbare Nachbarschaft der Sonne beschränkt. Im Gegenteil ist es viel einfacher, sich vorzustellen, daß es alle Regionen unseres Planetensystems durchdringt, daß es um die Planeten selbst zu dem kondensiert ist, was wir Atmosphäre nennen, und vielleicht bei einigen Planeten einer durch rein geologische Umstände hervorgerufenen Veränderung unterliegt, das heißt: ihren Eigenschaften (oder vielleicht auch ihrer Wesenheit) nach durch Stoffe umgestaltet wird, die aus den betreffenden Himmelskörpern verdunsten.

Als ich nun diese Anschauung gewonnen hatte, zögerte ich nicht lange. Da ich annahm, daß ich auf meiner Reise stets eine Atmosphäre finden würde, die im wesentlichen der der Erde gleich sei, so konnte ich sie durch den ungemein geistvoll konstruierten Apparat des Herrn Grimm genügend kondensieren, um sie zum Einatmen tauglich zu machen. Damit war also das hauptsächlichste Hindernis einer Reise zum Mond behoben. Mit vielem Geld und vieler Mühe verschaffte ich mir einen solchen Apparat und vertraute seiner Anwendung, falls ich die ganze Reise nur in genügend kurzer Zeit vollbringen konnte, zuversichtlich mein Leben an. Dies bringt mich wieder auf die Frage von der Schnelligkeit der Fahrt.

Jedermann weiß, daß sich ein Ballon im ersten Stadium des Aufstiegs von der Erde mit verhältnismäßig sehr mäßiger Geschwindigkeit erhebt. Die Kraft des Aufstiegs resultiert aus der Schwere der das leichte Gas im Ballon umgebenden Luft, und auf den ersten Blick scheint es nicht glaubwürdig, daß der Ballon, je mehr er an Höhe gewinnt und in Luftschichten von geringerer Dichtigkeit kommt, seine ursprüngliche Schnelligkeit vergrößere. Andererseits erinnerte ich mich jedoch, nie von einer Verminderung der absoluten Schnelligkeit des Aufsteigens gehört zu haben, obgleich dies der Fall gewesen sein müßte, und zwar, wenn schon aus keinem anderen Grunde, so doch aus dem, daß das Gas aus minder gut konstruierten und nur einmal mit gewöhnlichem Firnis gefirnißten Ballons notwendig langsam entweicht. Anscheinend genügt dies Entweichen nur, um die durch die weitere Entfernung vom Gravitationszentrum möglich gemachte größere Schnelligkeit wieder aufzuheben. Ich sagte mir nun, falls der angenommene, von mir zu durchsegelnde Stoff seinem Wesen nach atmosphärische Luft sei, so könne es für die Kraft des Aufsteigens von nur verhältnismäßig geringer Bedeutung sein, in welchem Grade der Verfeinerung ich ihn anträfe, denn das Gas im Ballon wäre nicht allein selbst ähnlicher Verdünnung unterworfen (ich brauchte in diesem Falle nur eine entsprechende Quantität Gas entweichen zu lassen, um einer Explosion vorzubeugen), sondern *als das, was es war,* würde es unter allen Umständen leichter sein als irgendeine Zusammensetzung von reinem Nitrogen und Oxygen. So lag also die Vermutung nahe, ja, es war sogar *höchst wahrscheinlich, daß ich niemals während meines Aufstiegs an einen Punkt kommen könne, an dem das gesamte Gewicht meines Ballons, das unge-*

heuer feine Gas, die Gondel und ihr Inhalt, dem Gewicht der verdrängten Atmosphäre gleichkommen könnte; und dies war, wie jeder verstehen wird, die einzige Bedingung, der meine Reise nach oben unterlag. Aber falls ich nun doch einmal diesen angenommenen Punkt erreichen sollte, blieb mir noch immer die Möglichkeit, mich meines Ballastes und anderer Gewichte, die im ganzen 300 Pfund betrugen, zu entledigen.

Zu gleicher Zeit mußte die zentripetale Kraft auf Grund des Quadrats der Entfernungen immer geringer werden; und mit wunderbar zunehmender Schnelligkeit mußte ich endlich in jene entfernten Regionen gelangen, in denen die Anziehungskraft der Erde durch die vom Mond ersetzt werden würde.

Doch verursachte mir noch eine andere Schwierigkeit einige Unruhe. Man hat bei Aufstiegen zu beträchtlicher Höhe beobachtet, daß man, außer Atemnot, im Kopf und im ganzen Körper ein unerträgliches Mißbehagen empfindet, das von Nasenbluten und anderen beängstigenden Symptomen begleitet ist und, je höher man steigt, an Heftigkeit zunimmt*. War es nicht anzunehmen, daß sich diese Symptome so steigern würden, daß sie endlich den Tod herbeiführten? Nach reiflicher Überlegung schloß ich, daß dies nicht der Fall sein könne. Sie hatten ihren Ursprung ohne Zweifel in der fortschreitenden Verringerung des gewohnten Drucks der Atmosphäre auf die Oberfläche des Körpers und der unausbleiblichen Ausdehnung der an der Oberfläche liegenden Blutgefäße, nicht in einer positiven Auflösung des animalischen Systems wie im Fall wirklicher Atemnot, wo die Dichtigkeit der Atmosphäre zur regelmäßigen Erneuerung des Blutes in den Herzkammern ungenügend ist. Den Fall, daß diese Erneuerung unmöglich sei, ausgenommen, sah ich keinen Grund, weshalb sich das Leben nicht selbst in einem Vakuum erhalten könne, denn die Ausdehnung und Zusammenziehung der Brust, die man gewöhnlich Atmen nennt, ist eine nur auf den Muskeln beruhende Handlung und die Ursache und nicht etwa die Wirkung des Atmens. Kurz, ich schloß: wenn sich der Körper einmal an das Verschwinden des Luftdrucks gewöhnt habe, so würden sich die Schmerzempfindungen nach und nach legen. So lange sie dauerten, wollte ich sie schon ertragen, das traute ich meiner eisenfesten Konstitution schon zu. Ich habe nun Euren Exzellenzen einige, doch durchaus nicht alle Gedanken mitgeteilt, die mich veranlaßten, den Plan einer Reise auf den Mond zu fassen. Ich möchte jetzt, wenn es Euren Exzellenzen genehm ist, das Resultat dieses Versuches, der an Kühnheit in den Annalen

* *Nach der ersten Veröffentlichung des Hans Pfaall bemerkte ich, daß Herr Green, der berühmte Luftschiffer des Ballons ›Nassau‹, und andere jüngere Aeronauten diese Behauptungen Humboldts abstreiten und, im Einklang mit der hier entwickelten Theorie, von stets geringer werdenden Belästigungen reden.* E. A. P.

der Geschichte wohl nicht seinesgleichen findet, eingehend mitteilen.

Als ich die vorhin erwähnte Höhe, dreiviertel Meilen also, erreicht hatte, warf ich einige Federn aus der Gondel und sah, daß ich noch immer mit genügender Schnelligkeit stieg. Es schien also nicht nötig, Ballast abzuwerfen. Ich war sehr froh darüber, denn ich wollte soviel Gewicht, als nur möglich war, bei mir behalten, da ich ja keine positiven Beweise von der Anziehungskraft des Mondes und der Dichtigkeit seiner Atmosphäre hatte. Bis jetzt verspürte ich noch keinerlei körperliches Mißbehagen, ich atmete durchaus leicht und empfand auch keinen Kopfschmerz. Die Katze lag feierlich auf meinem Überrock, den ich abgelegt hatte, und sah die Tauben mit Blicken voller Nonchalance an. Diese letzteren hatte ich am Bein gefesselt, damit sie nicht fortfliegen konnten. Sie hüpften in der Gondel umher und pickten ein paar Reiskörner auf, die ich für sie am Boden hingestreut hatte.

Um sechs Uhr zwanzig Minuten wies das Barometer auf eine Höhe von 26 400 Fuß oder auf beinahe fünf Meilen. Die Perspektive schien unbegrenzt zu sein. Übrigens kann man mittels der sphärischen Geometrie die Ausdehnung der Erdfläche, die mein Blick umschloß, leicht berechnen. Die konvexe Oberfläche eines Segmentes verhält sich zu der ganzen Oberfläche der Kugel wie der Sinus versus des Segmentes zum Durchmesser der Kugel. In meinem Fall war der Sinus versus — das heißt: die Dicke des Segmentes unter mir — fast meiner Höhe gleich oder der Höhe des Aussichtspunktes über der Oberfläche. Wie fünf Melien zu achttausend, so verhielt sich also der Teil, den ich überblickte, zur ganzen Oberfläche der Erde — ich überschaute, mit anderen Worten, den sechzehnhundertsten Teil der ganzen Erdoberfläche. Das Meer erschien mir glatt wie ein Spiegel, obwohl ich durch das Teleskop entdeckte, daß es sich in stürmischer Unruhe befand. Das Schiff war nicht mehr sichtbar; ohne Zweifel hatte es seine Fahrt nach Osten geführt. Jetzt spürte ich auch mit Unterbrechungen heftige Kopfschmerzen, besonders in der Nähe der Ohren — doch konnte ich noch immer verhältnismäßig leicht atmen. Die Katze und die Tauben schienen keine Beschwerden zu empfinden.

Um zwanzig Minuten vor sieben trat der Ballon in eine große, dichte Wolke, die mich sehr belästigte, meinen Kondensierapparat beschädigte und mich bis auf die Haut durchnäßte. Es war ohne Zweifel eine seltsame Begegnung, denn ich hatte es nicht für möglich gehalten, daß eine Wolke dieser Art sich in so großer Höhe aufhalten konnte. Ich hielt es für das beste, zwei Stück Ballast, von denen jedes fünf Pfund wog, abzuwerfen, so daß mir noch hundertundsechzig Pfund blieben. Ich ließ die Wolke denn auch bald unter mir und bemerkte, daß die Schnelligkeit des Aufstiegs bedeutend zugenommen hatte. Wenige Sekunden, nachdem ich von der Wolke fort war, sah ich, wie ein Blitz sie von einem Ende zum anderen durchschoß und die ganze ungeheure Masse entzündete, die bald wie ein riesiges glühendes Kohlenlager aussah. Dies geschah bei hellem Tage, und ich glaube, keine Phantasie könnte sich die Großartigkeit eines solchen Schauspiels zu dunkler Nachtzeit ausmalen. Die Hölle selbst hatte ihr getreues Abbild gefunden. Mir sträubten sich die Haare, und doch suchte ich mit meinen Blicken in die gähnenden Feuerabgründe hineinzutauchen und ließ meine Phantasie sich in den seltsamen Flammenhallen, purpurglühenden Meeren, wilden Lichtschlünden dieser furchtbaren Feuerwelt ergehen. Ich war ihr mit genauer Not entronnen. Wäre der Ballon nur noch eine kurze Zeit in der Wolke geblieben, das heißt, hätte mich die Nässe nicht dazu getrieben, Ballast abzuwerfen, so wäre ich unausbleiblich dem Untergang geweiht gewesen. Derartige Gefahren, an die fast niemand denkt, sind eigentlich die bedeutendsten, denen man sich bei einer solchen Ballonfahrt aussetzt. Ich hatte jedoch mittlerweile eine Höhe erlangt, die einen ähnlichen Unfall ausschloß und mich weiterer Besorgnisse enthob.

Wir stiegen rapide, und um sieben Uhr wies das Barometer auf eine Höhe von nicht weniger als neun und einer halben Meile. Das Atemholen machte mir schon bedeutende Schwierigkeiten, auch der Kopf schmerzte mich außerordentlich. Die Feuchtigkeit, die ich seit einiger Zeit auf meinen Wangen empfand, stellte sich als Blut heraus, das mir durch das Trommelfell der Ohren sickerte. Der Zustand meiner Augen beunruhigte mich ebenfalls. Als ich mit der Hand über sie hinfuhr, schien es mir, als seien sie nicht unbeträchtlich aus ihren Höhlen herausgetreten, und der Ballon und alle Gegenstände in der Gondel erschienen mir in verzerrter Gestalt. Diese Symptome übertrafen doch meine mutigsten Erwartungen, und etwas wie Angst stieg in mir auf. Unklugerweise und ohne recht nachzudenken, warf ich noch drei Stück Ballast von je fünf Pfund ab. Die beschleunigte Schnelligkeit des Aufstiegs trug mich ohne die genügenden Abstufungen in eine schon ganz bedeutend verdünnte Luftschicht, die meinem Unternehmen und mir selbst fast verhängnisvoll geworden wäre. Ich wurde ganz plötzlich von einem Krampf erfaßt, der länger als 5 Minuten dauerte; und als er sich beruhigt hatte, konnte ich nur in langen Pausen und mit furchtbarer Anstrengung atmen. Während der ganzen Zeit drang mir reichlich Blut aus Nase und Ohren und sogar, allerdings in geringerer Menge, aus den Augen. Die Tauben schienen in Todesangst zu sein und schlugen mit den Flügeln, wie um zu entfliehen, während die Katze jämmerlich schrie und sich in der Gondel herumwand, als habe sie Gift gefressen.

Ich entdeckte nun zu spät, welch ungeheure Torheit ich begangen hatte, als ich meinen Ballast so leichtsinnig abwarf, und geriet in nicht geringe Bestürzung. Es war mir, als ob ich, und zwar schon in wenigen Minuten, sterben müsse. Ich konnte kaum noch denken. Mein Kopfschmerz nahm von Sekunde zu Sekunde an Heftigkeit zu. Und ich fühlte, daß meine Sinne mir bald ganz schwinden würden. Schon hatte ich den Strick ergriffen, um das Ventil zu öffnen und den Ballon zum Sinken zu bringen, als mir der Gedanke an den schlechten Streich, den ich meinen drei Gläubigern gespielt hatte, wieder in den Sinn kam und die Furcht vor seinen möglichen Folgen mich bewog, das Ventil doch lieber nicht zu öffnen. Statt dessen legte ich mich auf den Boden der Gondel und versuchte, ob ich mir nicht durch einen Aderlaß Erleichterung verschaffen könnte.

Da ich jedoch keine Lanzette bei mir hatte, blieb mir nichts anderes übrig, als mein Taschenmesser zu gebrauchen, mit dem ich mir eine Ader am linken Arm öffnete. Kaum begann das Blut zu fließen, so empfand ich auch schon eine bemerkenswerte Erleichterung, und als ich vielleicht die Hälfte der üblichen Menge verloren hatte, waren die gefährlichsten Erscheinungen fast ganz verschwunden. Doch hielt ich es nicht für angebracht, mich gleich wieder auf die Füße zu stellen, sondern blieb, nachdem ich meinen Arm, so gut es möglich war, verbunden hatte, noch ungefähr eine Viertelstunde still liegen. Dann erhob ich mich und empfand wirklich weniger Schmerzen als während der letzten fünf viertel Stunden meines Aufstiegs.

Die Atembeschwerden hatten sich jedoch nur in sehr geringem Grade vermindert, und ich empfand immer dringender die Notwendigkeit, den Kondensierapparat zu gebrauchen. Mittlerweile sah ich mich wieder einmal nach der Katze um, die es sich auf meinem Überrock von neuem bequem gemacht hatte, und entdeckte zu meiner großen Überraschung, daß sie es für gut befunden hatte, während meines Unwohlseins drei kleine Kätzchen ans Tageslicht zu bringen. Dieser Zuwachs an Passagieren kam mir sehr unerwartet, doch amüsierte mich der Zwischenfall und bot mir überdies Gelegenheit, einer Vermutung auf den Grund zu gehen, die mich mehr als alles andere bewogen hatte, aufzusteigen.

Ich hatte angenommen, daß nur die *Gewöhnung* an den Druck der Atmosphäre zum größten Teil die Schmerzen verursacht, welche die Lebewesen in einer gewissen Höhe über der Oberfläche empfinden. Sollten die kleinen Katzen das Unbehagen im selben Grade empfinden wie ihre Mutter, so war meine Theorie widerlegt, im gegenteiligen Fall jedoch konnte ich mich auf einen ausgezeichneten Beweis meiner Annahme stützen.

Um acht Uhr hatte ich eine Höhe von siebzehn Meilen erreicht. Die Schnelligkeit des Aufstiegs nahm also in solchem

Maß zu, daß sie sich unzweifelhaft auch dann gesteigert haben würde, wenn ich keinen Ballast abgeworfen hätte. Die Schmerzen im Kopf und in den Ohren machten sich in Pausen mit ungeheurer Heftigkeit wieder bemerkbar, und hin und wieder stellte sich noch Nasenbluten ein; im ganzen litt ich jedoch viel weniger, als ich gedacht hatte. Dennoch wurde das Atmen von Minute zu Minute schmerzhafter und war von einem krampfhaften, ermüdenden Zusammenziehen der Brust begleitet. Ich packte also meinen Kondensierapparat aus und machte ihn zum Gebrauch fertig.

Der Anblick der Erde von meiner jetzigen Höhe herab war ein geradezu großartiger. Nach Westen, Norden und Süden breitete sich, so weit ich sehen konnte, wie ein grenzenloses, faltenloses Tuch, das sich jeden Augenblick tiefer und tiefer blau färbte, der Ozean aus. In ungeheurer Entfernung nach Ost lagen, dennoch deutlich wahrnehmbar, die britischen Inseln und die französische und die spanische Küste des Atlantischen Ozeans sowie ein kleiner Teil von Nordafrika unter meinen Blicken. Von Bauwerken war nicht die Spur mehr zu entdecken, und die stolzesten Städte der Menschen waren für mich vollständig vom Angesicht der Erde verschwunden.

Was mich jedoch beim Anblick der Dinge unter mir am meisten in Erstaunen setzte, war die scheinbar konkave Gestalt der Erdoberfläche. Ich hatte, töricht genug, erwartet, daß sich mir von meiner Höhe aus ihre wirkliche, konvexe Gestalt ganz deutlich offenbaren müsse, doch genügten ein paar Minuten ruhigen Nachdenkens, um mir diesen Widerspruch zu erklären. Eine von meinem Aufenthaltspunkt gefällte Linie wäre die Senkrechte eines rechtwinkligen Dreiecks gewesen, dessen Basis vom rechten Winkel zum Horizont und dessen Hypothenuse vom Horizont bis wieder zu mir gereicht haben würde. Meine Höhe bedeutete jedoch im Vergleich zu der Weite des Blickes nichts oder nur sehr wenig. Mit anderen Worten: die Basis und Hypothenuse des angenommenen Dreiecks waren in diesem Fall im Vergleich zu der Senkrechten so unendlich lang, daß sie fast eine Parallele zu bilden schienen. Auf diese Weise scheint dem Luftschiffer der Horizont immer auf dem Niveau seiner Gondel zu liegen. Aber da der direkt unter ihm liegende Punkt sich scheinbar und wirklich in ungeheurer Entfernung von ihm befindet, so scheint er ihm natürlicherweise auch weit unter dem Horizont zu liegen. So muß er also den Eindruck bekommen, als sei die Erde von konkaver Gestalt, und dieser Eindruck wird so lange anhalten, bis seine Höhe in solchem Verhältnis zur Ausdehnung der Perspektive steht, daß die anscheinende Parallele von Basis und Hypothenuse verschwindet.

Meine Tauben schienen entsetzlich zu leiden, und ich beschloß, ihnen die Freiheit zu geben. Ich band zuerst ein schönes lachsgraues Exemplar los und setzte es auf den Rand der Gondel. Sie schien sich in jämmerlichstem Zustand zu befinden und blickte angstvoll um sich, schlug mit den Flügeln, gurrte laut, schien sich jedoch nicht entschließen zu können, die Gondel zu verlassen. Endlich nahm ich sie und warf sie etwa sechs Ellen weit hinaus. Statt jedoch, wie ich erwartet hatte, eiligst nach unten zu schießen, machte sie unter durchdringendem, lautem Geschrei heftige Anstrengungen, wieder in die Gondel zu gelangen. Es gelang ihr auch endlich, den Rand wieder zu erreichen; doch kaum hatte sie sich dort niedergelassen, so sank ihr Köpfchen auf die Brust, und sie fiel tot auf den Boden der Gondel. Der anderen ging es nicht so schlimm. Um ihr eine Rückkehr in den Ballon unmöglich zu machen, schleuderte ich sie mit aller Kraft nach unten und sah zu meiner Freude, wie sie bald ganz natürlich ihre Flügel gebrauchte und eilends nach unten segelte. In kurzer Zeit war sie nicht mehr zu entdecken, und ich zweifle nicht, daß sie ihre Heimat bald wieder erreichte. Die Katze, die sich von ihrem Unwohlsein bald wieder erholt hatte, tat sich an dem toten Vogel gütlich und schlief nach der Mahlzeit mit allen Zeichen der Zufriedenheit ein. Ihre Kleinen waren sehr lebhaft und schienen nicht die geringste Belästigung zu empfinden.

Um ein Viertel nach acht konnte ich nur noch mit fast unerträglichen Schmerzen atmen und stellte in der Gondel alle zum Kondensator gehörigen Apparate auf. Dieser Apparat bedarf einiger Erklärung, und ich muß Euren Exzellenzen zuerst mitteilen, daß ich anfangs die Absicht hatte, mich und die Gondel gegen die verfeinerte Atmosphäre gänzlich abzuschließen und in das Innere nur eine mit Hilfe des Kondensators genügend zusammengepreßte, zum Einatmen taugliche Luft einzulassen.

Zu diesem Zweck hatte ich einen großen, luftdichten, biegsamen Sack aus Kautschuk mitgenommen, der der Form der Gondel vollständig angepaßt war, das heißt, man konnte ihn über ihren Boden, an den Seiten vorbei, bis an den oberen Rand oder Ring, an dem das Netz befestigt war, hinziehen und dort ebenfalls fest anschließen. Als ich den Sack über die Gondel gezogen und an allen Seiten hermetisch verschlossen hatte, mußte ich nun seine Spitze oder Mündung schließen, indem ich den Kautschuk auch über dem Ring oder, mit anderen Worten, zwischen dem Netzwerk und dem Ring zusammenschloß. Wenn ich jedoch das Netz zu diesem Zweck von dem Ring trennte, wie sollte sich die Gondel mittlerweile halten? Das Netz war jedoch nicht durch ein einzelnes Tau an dem Ring befestigt, sondern durch eine Reihe einzelner, aufzuknüpfender Schlingen. Ich löste von diesen immer nur wenige auf einmal und ließ die Gondel unterdessen an den anderen hängen. Nachdem ich so einen Teil des oberen Sackes hindurchgezogen hatte, knüpfte ich die Schlingen wieder an, nicht an den Ring, den ich ja wegen des unter ihm sich hinstreckenden Kautschuks nicht mehr erreichen konnte, sondern an eine Reihe etwa drei Fuß unterhalb der Sacköffnung an dem Sack selbst angebrachter Knöpfe, deren Zwischenräume ich genau den Zwischenräumen der Schlingen angepaßt hatte. War ich damit fertig, so löste ich ein paar weitere Schlingen, zog ein weiteres Stück Kautschuk hindurch und befestigte die Schlingen wie vorhin an den Knöpfen. Auf diese Weise konnte ich den ganzen oberen Teil des Sackes zwischen dem Netz und dem Ring hindurchziehen. Der Ring mußte also zum Schluß in die Gondel fallen, und diese hing mit ihrem ganzen Inhalt an den Knöpfen. Auf den ersten Blick mag dies gefährlich erscheinen, war es jedoch nicht im geringsten, denn die Knöpfe waren nicht allein sehr stark, sondern auch so nah aneinander angenäht, daß jeder nur einen sehr kleinen Teil des Gewichtes zu tragen hatte. Wäre die Gondel und ihr Inhalt auch dreimal so schwer gewesen, so hätte ich mich doch deswegen nicht im mindesten zu beunruhigen brauchen. Den Ring befestigte ich wieder oben an der Decke des Kautschuksackes, indem ich ihn fast ganz in seiner ursprünglichen Lage mittels dreier leichter Stangen stützte.

Diese Vorrichtung hielt den Sack oben in genügender Ausdehnung und den unteren Teil des Netzes in der richtigen Lage. Jetzt blieb mir nichts weiter zu tun übrig, als die Mündung der ganzen Umhüllung zu schließen. Es gelang mir leicht, indem ich die Falten des Kautschuks zusammennahm und mittels einer Art feststehender Presse zusammenschloß.

An den Seiten dieser Kautschukmauer hatte ich drei runde Scheiben von dichtem, aber klarem Glas eingesetzt, die es mir ermöglichten, nach allen Richtungen auszuspähen. In dem Teil der Hülle, die den Boden bildete, befand sich ebenfalls ein solches Fenster, das gerade über einer Öffnung im Boden der Gondel angebracht war. Ich konnte also auch senkrecht nach unten sehen. Nur gerade über mir konnte ich wegen der besonderen, dichten Art des Verschlusses keine ähnliche Vorrichtung anbringen, so daß mir die Dinge gerade über mir unsichtbar bleiben mußten. Doch hatte dies nicht viel zu sagen. Denn der Ballon hätte mir ja doch eine weitere Aussicht durch dies obere Fenster unmöglich gemacht.

Ungefähr einen Fuß unter einem der seitlichen Fenster befand sich eine runde, im Durchmesser drei Zoll große Öffnung, deren kupferner Rand im Innern gerade in die Spirale einer Schraube paßte. In diesen Rand war die große Röhre des Kondensators eingeschraubt; der Apparat selbst stand natürlich innerhalb des Kautschukzimmers. Durch einen in der Maschine geschaffenen leeren Raum zog man durch die Röhre eine Quantität der draußen befindlichen dünnen Atmosphäre in die Maschine. Dort wurde sie verdichtet und strömte wieder aus, um sich mit der unzureichenden

Luft im Raum zu verbinden. Nachdem ich dies mehrere Male wiederholt hatte, füllte ich den Raum endlich mit einer zum Einatmen ausreichend dichten Luft. In der kleinen Kammer jedoch mußte sie sich bald wieder verschlechtern und durch ihren wiederholten Kontakt mit den Lungen zuletzt ganz unbrauchbar werden. Deshalb mußte ich sie von Zeit zu Zeit durch ein im Boden der Gondel befindliches Ventil ausströmen lassen. Um jedoch zu vermeiden, daß die Kammer einmal einen Augenblick lang vollständig luftleer wurde, durfte die Reinigung nicht auf einmal vor sich gehen, sondern mußte nach und nach geschehen, indem ich das Ventil nur auf Sekunden öffnete und dann so lange geschlossen hielt, bis ein paar kräftige Pumpenstöße des Kondensators für die entlassene verbrauchte Luft genügend frische, neue hereingelassen hatten. Meine Vorliebe für Experimente hatte mich bewogen, die Katze und ihre Jungen in einem kleinen Korb außerhalb der Gondel an einem in der Nähe des unteren Ventils, durch das ich sie zu jeder Zeit füttern konnte, angebrachten Knopf aufzuhängen. Ich tat es mittels eines der eben erwähnten Pflöcke, denn diese sowie der Ring waren überflüssig geworden, da die dichte Atmosphäre im Inneren den Kautschuk oben von selbst kräftig ausdehnte.

Als ich alle Vorbereitungen getroffen und das Innere mit Luft gefüllt hatte, wies die Uhr auf zehn Minuten vor neun. Während der ganzen Zeit der Arbeit hatten mich die schmerzhaftesten Atembeschwerden gequält, und bitter bereute ich die Nachlässigkeit oder vielmehr die törichte Unvorsichtigkeit, eine so wichtige Sache bis auf den letzten Augenblick verschoben zu haben. Kaum war ich mit ihr fertig, so begann ich auch schon die Wohltaten meiner Erfindung zu genießen. Ich atmete vollständig frei und leicht und fühlte mich zu meiner angenehmen Überraschung von meinen heftigen Schmerzen fast ganz befreit. Ein leichtes Kopfweh und ein Gefühl von Fülle oder Ausdehnung in den Hand- und Fußgelenken sowie in der Kehle, das war eigentlich alles, was mich jetzt noch belästigte. Ein großer Teil des aus Mangel an Luftdruck entstehenden Unbehagens war also vollständig verschwunden, und alle die Schmerzen, die ich während der letzten zwei Stunden empfunden hatte, mußte ich nur der Wirkung der ungenügenden Atmung zuschreiben.

Um zwanzig Minuten vor neun, das heißt also: kurz bevor ich die Mündung von innen schloß, hatte das Quecksilber meines Barometers, dessen Konstruktion ich, wie ich schon erwähnte, bedeutend vervollkommnet hatte, seine äußerste Grenze erreicht und sank wieder nach unten. Es zeigte eine Höhe von 132 000 Fuß oder fünfundzwanzig Meilen an, und ich überschaute zu jener Zeit also nicht weniger als den dreihundertzwanzigsten Teil der ganzen Erdoberfläche. Um neun Uhr verlor ich nach Osten hin das Land aus den Augen, und ich bemerkte, daß der Ballon rapide nach Nordnordwesten steuerte. Der Ozean lag noch immer in scheinbar konkaver Gestalt unter mir, doch wurde mir die Aussicht oft durch sich hin und wieder vorschiebende Wolkenmassen etwas genommen.

Um halb zehn wiederholte ich das Experiment, eine Handvoll Federn durch das Ventil fallen zu lassen. Sie schwebten nicht, wie ich erwartet hatte, sondern schossen senkrecht wie Kugeln mit der größten Schnelligkeit nach unten und waren in wenigen Sekunden meinen Blicken entschwunden. Ich wußte zuerst nicht, wie ich mir die sonderbare Erscheinung erklären sollte; denn ich vermochte doch nicht zu glauben, daß sich die Schnelligkeit in solch hohem Grad beschleunigt haben könnte. Dann fiel mir ein, daß die Atmosphäre sich so verdünnt habe, daß sie selbst die Federn nicht mehr tragen könne und diese mit größter Schnelligkeit fallen mußten; mich hatte nur die doppelte Schnelligkeit ihres Falls und meines Aufstiegs verblüfft.

Um zehn Uhr war nichts weiter zu verrichten, das meine Aufmerksamkeit erfordert hätte. Alles ging glatt — ich war überzeugt, daß der Ballon mit stetig zunehmender Geschwindigkeit stieg, obwohl ich keine Mittel mehr hatte, um die Steigerung der Schnelligkeit zu messen. Ich empfand keine Schmerzen, kein Unbehagen mehr, war in der besten Laune, seitdem ich Rotterdam verlassen hatte, und beschäftigte mich damit, meine verschiedenen Apparate zu untersuchen und die Luft im Raum zu erneuern. Dies letztere beschloß ich regelmäßig alle vierzig Minuten zu tun, weniger, weil eine so häufige Erneuerung eine absolute Notwendigkeit war, als um meiner Gesundheit willen. Und zwischendurch überließ ich mich dann meinen Gedanken. Meine Phantasie erging sich in den seltsamen, traumhaften Gefilden des Mondes, und meine Gedanken, jeder Fessel ledig, irrten durch die vielförmigen Wunder des ewig sich wandelnden, schattenhaften Gestirns. Bald waren es eisgraue, ehrwürdige Wälder, zackige Abgründe, tosend ins Bodenlose fallende Wasserstürze. Dann kam ich plötzlich in mittäglich beglänzte, stille Einsamkeiten, in die kein Himmelswind jemals drang, wo sich Wiesen voll rotem Mohn ins Endlose dehnten und hohe, schlanke, liliengleiche Blumen seit Ewigkeiten lautlos und ohne Regung standen. Dann wieder irrte ich umher, bis ich in ein Land kam, das war nur *ein* schweigender, düsterer See, von einem ruhevollen Wolkenstreif begrenzt. Doch nicht nur solche Szenerien zogen an mir vorüber. Bilder stellten sich mir vor, solch wüster Schrecknisse voll, daß meine Seele bei dem bloßen Gedanken, sie könnten zu Wirklichkeiten werden, in ihren Tiefen erschauderte. Doch durfte ich meine Gedanken nicht länger solchen Betrachtungen anheimgeben, denn die wirklichen und greifbaren

Gefahren meiner Reise verlangten vor allem meine Aufmerksamkeit.

Als ich um fünf Uhr nachmittags wieder einmal die Atmosphäre im Inneren erneuerte, benutzte ich die Gelegenheit, um die Katze und ihre Jungen durch das Ventil zu beobachten. Die Katze selbst schien wieder Schmerzen zu haben, die ich nur ihren Atembeschwerden zuschreiben konnte, mein Experiment mit den jungen Katzen jedoch hatte nach genauer Prüfung ein ganz überraschendes Ergebnis. Ich hatte erwartet, daß auch sie, wenn auch in geringerem Grad wie die Mutter, immerhin Schmerzen empfinden würden, und dies wäre genügend gewesen, mich von der Annahme, daß die Notwendigkeit atmosphärischen Druckes nur Gewöhnung sei, zu überzeugen. Ich hatte jedoch nicht erwartet, sie in einem Zustand so absoluten Wohlbefindens zu sehen; sie atmeten mit der größten Leichtigkeit vollstandig regelmäßig und empfanden offenbar nicht das geringste Unbehagen. Ich konnte mir dies alles nur erklären, wenn ich meine Theorie weiter ausdehnte und mir sagte, daß die sehr verfeinerte Atmosphäre um mich herum doch zum Leben *chemisch* nicht ungenügend sei und eine in solcher Luft geborene Person möglicherweise nicht die geringsten Atembeschwerden empfinden würde, während sie in den unteren, dichteren, erdnäheren Luftschichten von Schmerzen befallen werden würde, die denen, die ich vor kurzem verspürt hatte, analog sein mußten. Ich habe seither oft bedauert, daß mich ein unglücklicher Zufall meiner kleinen Katzenfamilie und mit ihr des Mittels beraubte, diese Frage durch weitere Experimente zu beantworten. Als ich nämlich meine Hand mit einem kleinen Wasserbehälter für die alte Mieze durch das Ventil steckte, verwickelte sich der Ärmel meines Hemdes in der Schlinge, welche den Korb hielt, und löste ihn von dem Knopf. Wäre das Ganze in einem Augenblick zu nichts geworden, es hätte meinen Blicken nicht plötzlicher entschwinden können. Es konnte wirklich kaum der zehnte Teil einer Sekunde zwischen dem Abfallen der Schlinge vergangen sein, als der Korb auch schon verschwunden war. Meine besten Wünsche folgten ihm zur Erde, doch konnte ich nicht annehmen, daß die Katze oder eins der Jungen am Leben bleiben würden, um unten die Geschichte ihrer Irrfahrten zu erzählen.

Um sechs Uhr bemerkte ich, daß sich ein großer Teil der sichtbaren Erdoberfläche ostwärts in dichten Schatten hüllte, der stetig fortschritt, bis um fünf Minuten vor sieben die ganze sichtbare Fläche von der Finsternis der Nacht bedeckt war. Erst lange nach dieser Zeit trafen die letzten Strahlen der untergehenden Sonne den Ballon, und dieser Umstand, obwohl ich ihn natürlich erwartet hatte, erfüllte mich mit lebhafter Zufriedenheit. Offenbar würde ich am anderen Morgen das lichtspendende Gestirn lange vor den guten Bürgern von Rotterdam erblicken, obwohl sich die Stadt weit östlicher befand als mein Ballon, und so mußte mir von Tag zu Tag, im Verhältnis zu der erreichten Höhe, die Sonne länger und länger scheinen. Ich beschloß, ein Reisetagebuch zu führen, indem ich nach je vierundzwanzig Stunden einen neuen Tag verzeichnete, ohne mich nach den Zeiten der Dunkelheit zu richten.

Als ich um zehn Uhr schläfrig wurde, beschloß ich, mich für den Rest der Nacht niederzulegen, doch stieß ich dabei auf eine Schwierigkeit, die, obwohl sie auf der Hand lag, mir bis jetzt noch gar nicht in den Sinn gekommen war. Wer sollte, während ich schlief, die Luft im Zimmer erneuern? Die vorhandene Luft länger als höchstens eine Stunde einzuatmen ging auf keinen Fall an, und ein und eine viertel Stunde lang in ihr zu verweilen, konnte die schlimmsten Folgen haben. Dies Dilemma beunruhigte mich in hohem Maß, und man wird kaum glauben, daß ich nach all den glücklich überstandenen Gefahren die Sache für so schwierig hielt, daß ich alle Hoffnung, meine endgültige Absicht ausführen zu können, sinken ließ und zur Erde zurückzukehren beschloß.

Doch währte meine Niedergeschlagenheit nicht lange. Ich dachte daran, daß der Mensch der Sklave seiner Gewohnheit ist und viele Dinge für unerläßlich zum Leben hält, die nur durch die Gewohnheit unerläßlich geworden sind. Gewiß konnte ich ohne Schlaf nicht leben, doch konnte ich mich leicht dazu bringen, es als nichts Störendes zu empfinden, jede Stunde während der Zeit meiner Ruhe einmal aufzuwachen. Die Erneuerung der Luft nahm höchstens fünf Minuten in Anspruch; ich mußte nur ein Mittel finden, das mich zur gegebenen Zeit pünktlich weckte. Diese Aufgabe jedoch schien mir nicht leicht zu lösen. Ich hatte allerdings einmal von einem Studenten gehört, der, um nicht über seinen Büchern einzuschlafen, in seiner Hand eine Metallkugel hielt, deren tönendes Aufschlagen in ein neben ihm stehendes Becken aus gleichem Metall ihn jedesmal, wenn er eingenickt war, aus dem Schlaf auffahren ließ. In meinem Fall hätte mir ein gleicher oder ähnlicher Gedanke noch nicht helfen können, denn ich wollte ja nicht wach bleiben, sondern nur in regelmäßigen Zwischenräumen geweckt werden. Endlich verfiel ich auf ein Hilfsmittel, dessen Erfindung, so einfach sie auch war, mir im ersten Augenblick der Erfindung des Teleskops, der Dampfmaschine, der Buchdruckerkunst gleichwertig erschien.

Ich muß vorher bemerken, daß der Ballon, in der Höhe, die er nun einmal erreicht hatte, in gerader Linie und vollständig gleichmäßig aufstieg, so daß ich in der Gondel nicht die geringste Schwankung bemerken konnte. Dieser Umstand kam meinem Plan sehr zustatten. Ich hatte meinen Wasservorrat in kleine Fäßchen verteilt, von denen jedes fünf Gallonen faßte und im Innern der Gondel fest angebunden war. Ich löste eins von ihnen, nahm zwei Taue und band sie an jeder Seite des Gondelgeflechtes fest. Sie kreuzten also die Gondel und liefen, etwa einen Fuß voneinander entfernt, nebeneinander her. Sie bildeten eine Art Bord, auf welchem ich das Fäßchen in horizontaler Lage befestigte. Ungefähr acht Zoll unter diesen beiden Seilen und vier Fuß über dem Boden der Gondel befestigte ich ein wirkliches Bord, das einzige Stück einfachen, dünnen Holzes, das ich mitgenommen hatte. Auf dies untere Brett, genau unter die Ränder des Fäßchens, stellte ich einen irdenen Krug. Nun bohrte ich gerade über demselben ein Loch in das Fäßchen und schnitt einen kerzen- oder kegelförmigen Keil aus weichem Holz zurecht. Diesen Keil steckte ich nun nach einigen Versuchen gerade so tief in die Öffnung, daß das an seinen Seiten hervorsickernde Wasser den unter ihm stehenden Krug in sechzig Minuten bis zum Rande füllen mußte. Dies konnte ich schnell berechnen, indem ich nachmaß, wie weit sich der Krug in einer gegebenen Zeit gefüllt hatte. Nach all diesen Vorbereitungen ist mein Plan leicht zu erraten. Mein Bett auf dem Boden der Gondel war so angebracht, daß mein Kopf gerade unter dem Krug lag. War die Stunde vergangen und der Krug gefüllt, so mußte er überlaufen und das Wasser, das von einer Höhe von mehr als vier Fuß auf mein Gesicht fiel, mußte mich auch aus dem festesten Schlaf aufwecken.

Als ich meine Vorbereitungen beendigt hatte, war es elf Uhr geworden, und ich begab mich in vollem Vertrauen auf die Wirksamkeit meiner Erfindung zur Ruhe. Ich täuschte mich auch nicht. Pünktlich alle sechzig Minuten weckte mich mein treuer Chronometer, ich leerte den Krug wieder in das Faß zurück, pumpte neue Luft ins Zimmer und begab mich wieder zu Bett. Diese regelmäßigen Unterbrechungen im Schlaf ermüdeten mich weit weniger, als ich gedacht hatte, und als ich mich gegen sieben Uhr endgültig wieder erhob, stand die Sonne schon mehrere Grad über der Linie meines Horizontes.

3. April. Mein Ballon war während der Nacht zu ungeheurer Höhe aufgestiegen, und die konvexe Gestalt der Erde zeigte sich auffallend deutlich. Unter mir, im Ozean, sah ich eine Reihe schwarzer Flecken; ohne Zweifel waren es Inselgruppen. Der Himmel über mir war gagatschwarz, die Sterne funkelten, wie ich es schon am ersten Tage meines Aufstiegs wahrgenommen hatte. Weit gegen Norden bemerkte ich eine dünne, weiße, hell leuchtende Linie, und ich vermutete sofort, daß es die südliche Grenze des Polareismeeres sei. Dieser Anblick erregte meine Neugierde auf das mächtigste, denn ich hoffte, weiter gegen Norden getragen zu werden und mich vielleicht sogar einen Augenblick lang gerade über dem Pol zu befinden. Ich sah jedoch mit Verdruß, daß meine ungeheure Höhe mich hindern mußte, wie ich es wohl wünschte, genauere Beobachtungen anzustellen. Immerhin blieben mir noch viele Erkenntnisse vorbehalten.

Den ganzen Tag über ereignete sich nichts Außergewöhnliches. Meine Apparate befanden sich alle in guter Ordnung, und der Ballon stieg stetig ohne merkbare Schwankung. Es wurde sehr kalt, und ich mußte mich fest in meinen Überrock einhüllen. Als sich die Erde wieder mit Dunkelheit bedeckte, legte auch ich mich zur Ruhe, obgleich es um mich her noch manche Stunde lang taghell war. Die Wasseruhr tat pünktlich ihre Pflicht, und ich schlief mit Ausnahme der stündlichen Unterbrechungen gesund bis zum anderen Morgen.

4. April. Ich stand in bester Gesundheit und Laune auf und staunte über die sonderbare Veränderung, die mit der See vor sich gegangen war. Sie hatte ihre tiefblaue Färbung, in der sie mir bis jetzt erschienen war, verloren und blendete meine Augen durch ein hartes, grauweißes Licht. Die konvexe Gestalt des Ozeans trat so offen zutage, daß sich seine fernen Wassermassen in den Abgrund des Horizontes hineinzustürzen schienen, und ich überraschte mich dabei, wie ich lauschte, ob ich das Echo der ungeheuren Katarakte nicht vernehmen könne. Die Inseln waren nicht mehr zu sehen; ob sie südöstlich hinter den Horizont gesunken waren oder die Höhe sie meinen Blicken entzog, vermag ich nicht zu sagen. Ich vermute jedoch das letztere. Der Eisrand im Norden wurde immer deutlicher sichtbar. Die Kälte war nicht mehr so heftig. Es ereignete sich nichts Wichtiges, und ich vertrieb mir die Zeit mit Lesen, da ich mich mit Büchern für die Reise versorgt hatte.

5. April. Ich beobachtete das seltene Schauspiel eines Sonnenaufgangs, während die ganze sichtbare Erdoberfläche noch in Dunkelheit lag. Mit der Zeit jedoch verbreitete sich das Licht überallhin, und ich konnte im Norden wieder die Eislinie entdecken. Sie war deutlich sichtbar und erschien viel dunkler als das Wasser des Meeres. Augenscheinlich näherte ich mich ihr mit größter Schnelligkeit. Bildete mir ein, östlich sowohl wie westlich einen Streifen Land zu entdecken, doch war ich dessen nicht gewiß. Temperatur mäßig. Während des Tages ereignete sich nichts von Bedeutung. Ging früh zu Bett.

6. April. Bemerkte überrascht den Landstreifen in mäßiger Entfernung und ein ungeheures Eisfeld, das sich bis zum nördlichen Horizont erstreckte. Wenn der Ballon seine Richtung beibehielt, so mußte ich mich bald über dem nördlichen Eismeer befinden und konnte hoffen, auch endlich den Pol selbst zu erblicken. Den ganzen Tag näherte ich mich beständig dem Eise.

Als die Nacht anbrach, erweiterten sich plötzlich die Grenzen des Horizontes. Ich mußte diesen Umstand ohne Zweifel der Form der Erde, der abgeplatteten Kugel zuschreiben und dem Umstand, daß ich jetzt über der abgeplatteten Region in die Nähe des arktischen Kreises gekommen war. Als es ganz finster geworden war, legte ich mich zu Bett, unmutig, daß ich über den Gegenstand so vieler Neugierde hinsegelte, ohne daß es mir möglich war, irgendwelche Beobachtungen anzustellen.

7. April. Ich stand sehr früh auf und entdeckte zu meiner Freude, daß ich mich zweifellos gerade über dem Pol befand. Ja: er war es ganz bestimmt, dicht unter meinen Füßen! Doch befand ich mich leider so hoch über ihm, daß ich nichts genauer unterscheiden konnte. Denn nach der Progression der Zahlen der verschiedenen Höhe, vom 2. April sechs Uhr vormittag bis um zehn Minuten vor neun desselben Morgens (dem Augenblick, da das Quecksilber zurückfiel) zu rechnen, mußte ich mich jetzt, am 7. April vier Uhr morgens, in einer Höhe von nicht weniger als 7254 Meilen über der Oberfläche des Meeres befinden. Dies mag ungeheuer erscheinen, doch hatte die Rechnungsart wahrscheinlich eine viel zu niedrige Summe ergeben. Jedenfalls lag mir die ganze nördliche Halbkugel wie eine Landkarte aus der Vogelperspektive zu Füßen, und der große Kreis des Äquators bildete die Grenzlinie meines Horizontes. Eure Exzellenzen können sich jedoch leicht vorstellen, daß die bis jetzt unerforschten Gegenden innerhalb der Grenzen des arktischen Kreises, obgleich sie gerade unter mir lagen und deshalb nicht verkürzt gesehen wurden, doch verhältnismäßig zu klein waren und zu tief unter mir lagen, als daß ich eine genauere Betrachtung hätte vornehmen können. Was ich jedoch sah, war immerhin eigentümlich und interessant genug. Nördlich von jener ungeheuren Eislinie, von der ich schon gesprochen habe und die mit geringen Abweichungen die Grenze des Vordringens der Menschen bedeuten kann, dehnt sich ununterbrochen oder beinahe ununterbrochen eine riesige Eisdecke aus. Sie glättet sich von Anfang an merklich, später wird sie ganz flach; endlich seltsam konkav, endigt sie beim Pol selbst in einem runden, scharf begrenzten Zentrum, dessen anscheinender Durchmesser vom Ballon aus einen Winkel von ungefähr fünfundsechzig Grad umspannte. Er war von düsterer Farbe und immer dunkler als irgendeine andere Stelle der Halbkugel, die ich überschaute, und hin und wieder in tiefstes Schwarz getaucht.

Genaueres konnte ich nicht feststellen. Gegen Mittag hatte das Zentrum bedeutend an Umfang eingebüßt, und um sieben Uhr nachmittags hatte ich es ganz aus dem Gesicht verloren. Der Ballon steuerte über den westlichen Eisrand in der Richtung auf den Äquator zu.

8. April. Konstatierte eine merkliche Verkleinerung im anscheinenden Durchmesser der Erde, von der wirklichen Veränderung ihrer Farbe und ihrer allgemeinen Erscheinung gar nicht zu reden. Die ganze sichtbare Oberfläche hatte eine gelbliche Färbung angenommen; einige Strecken glänzten so, daß es das Auge schmerzte, hinzusehen. Mein Blick nach unten wurde auch verschiedentlich durch die Atmosphäre behindert, die mit Wolken beladen war und mir nur hin und wieder einen kurzen Anblick der Erde selbst gestattete. Seit den letzten achtundvierzig Stunden war dies sehr oft der Fall gewesen, doch schien meine augenblickliche ungeheure Höhe die hin und her flutenden Dampfkörper für mein Auge näher zusammenzurücken. Natürlich steigerte sich die Erscheinung, je höher ich stieg. Immerhin konnte ich bemerken, daß der Ballon nun über die Reihe großer Seen in Nordamerika dahinsegelte, nach Süden zusteuerte und mich bald in die Tropen bringen mußte.

Dieser Umstand befriedigte mich in höchstem Maße, und ich begrüßte ihn als ein Vorzeichen endgültigen Gelingens. Die Richtung, die er bis jetzt beibehalten, hatte mich nämlich mit einigen Befürchtungen erfüllt; wäre er länger in ihr fortgesteuert, so hätte ich den Mond überhaupt nicht erreichen können, denn seine Bahn neigt sich zur Ekliptik nur in einem kleinen Winkel von 5° 8′ 48″. So seltsam es auch klingen mag: erst jetzt fiel mir ein, welch großen Fehler ich begangen hatte, als ich meine Reise nicht von einem Punkt der Erde aus antrat, der innerhalb des Planes der Mondellipse lag.

9. April. Der Durchmesser der Erde erscheint bedeutend kleiner, und die Oberfläche färbt sich immer tiefer gelb. Der Ballon blieb bei der Richtung südlich und kam um neun Uhr nachmittags über den nördlichen Rand des Golfs von Mexiko.

10. April. Heute morgen gegen 5 Uhr wurde ich durch ein schreckliches Getöse geweckt, das ich mir nicht erklären konnte. Es währte nur kurze Zeit, doch glich es keinem Ton, den ich auf Erden je gehört habe. Es ist wohl überflüssig, zu sagen, daß ich sehr beunruhigt war, denn im ersten Augenblick konnte ich nur glauben, der Ballon platze. Ich untersuchte meine sämtlichen Apparate, fand sie jedoch alle in bester Ordnung. Ich habe tagsüber lange über dies sonderbare Ereignis nachgedacht, ohne die geringste Erklärung zu finden. Ging deshalb unbefriedigt, sehr aufgeregt und angstvoll zu Bett.

11. April. Bemerkte eine ganz auffallende Verkleinerung des Erddurchmessers und zum allerserstenmal eine merkbare Vergrößerung des Durchmessers des Mondes, der in ein paar Tagen Vollmond sein wird. Es erfordert jetzt lange und mühsame Arbeit, eine genügende Menge atmosphärischer Luft zu kondensieren, um leben zu können.

12. April. Die Flugbahn des Ballons erfuhr eine sonderbare Veränderung, und obgleich ich sie erwarten mußte, gewährte sie mir eine ausgesprochene Befriedigung. Er war in der alten Richtung bis ungefähr zum zwanzigsten Grad südlicher Breite gekommen, als er sich ganz plötzlich in einem spitzen Winkel ostwärts wandte und den ganzen Tag in dieser Richtung, genau im Plan der Mondellipse, fortsteuerte. Zu bemerken ist noch, daß ein merkliches Schwanken der Gondel die Folge dieses Richtungswechsels war. Es hielt, mehr oder weniger stark, mehrere Stunden lang an.

13. April. Von neuem beunruhigte mich das laute, krachende Geräusch, das mich schon am 10. erschreckt hatte. Dachte wieder lange über seine mögliche Ursache nach, ohne zu einem Schluß zu kommen. Der Durchmesser der Erde nimmt immer mehr ab und umspannt vom Ballon aus einen Winkel von wenig mehr als fünfundzwanzig Grad. Den Mond konnte ich nicht sehen, da er fast in meinem Zenit stand. Wir blieben noch immer in der Bahn der Ellipse, drangen jedoch nur sehr wenig weiter nach Osten vor.

14. April. Rapide Abnahme des Durchmessers der Erde. Heute kam mir die Erkenntnis, daß der Ballon jetzt auf der Linie der Apsiden zu dem Punkt der Erdnähe eilt — mit anderen Worten: die direkte Richtung genommen hat, die ihn in dem der Erde am nächsten kommenden Teil der Mondbahn auf den Mond selbst bringen muß. Dieser befindet sich jetzt gerade über mir und ist meinen Blicken also entzogen. Lange, harte Arbeit erfordert das Kondensieren der Luft.

15. April. Nicht einmal die Umrisse der Kontinente und Meere konnte ich noch erkennen. Gegen zwölf Uhr vernahm ich zum drittenmal das fürchterliche Getöse, das mich zweimal aus dem Schlaf geweckt hatte. Es hielt einige Augenblicke an und nahm währenddessen an Heftigkeit zu. Schon erwartete ich irgendeine vernichtende Katastrophe, die Gondel schwankte heftig hin und her, und eine riesige flammende Masse, deren Natur ich nicht erkennen konnte, schoß mit einem Gebrüll von tausend Donnern am Ballon vorbei. Als sich mein Entsetzen und Erstaunen etwas gelegt hatte, mußte ich mir sagen, daß es nur irgendein vulkanischer Ausbruch gewesen sein könne, den die Welt, der ich mich mit schwindelnder Eile näherte, ausgespien und der höchstwahrscheinlich aus jenem eigentümlichen Stoff bestand, von dem oft Teile bis auf die Erde gelangen und mangels einer genaueren Bezeichnung Meteorsteine genannt werden.

16. April. Als ich heute, so gut es gehen wollte, durch die beiden Seitenfenster nach oben blickte, sah ich zu meiner großen Freude einen kleinen Teil der Mondscheibe sozusagen an allen Seiten über den großen Kreis, der den Ballon bildet, hervorragen. Ich geriet in ungeheure Aufregung, denn ich brauchte fast nicht mehr zu zweifeln, meine gefährliche Reise bis zum Ende durchführen zu können. Der Kondensator erforderte mittlerweile auch so schwere, unablässige Arbeit, daß mir kaum Zeit zum Ausruhen blieb. An Schlaf durfte ich fast nicht mehr denken. Ich fühlte mich ganz krank, und mein Körper zitterte vor Erschöpfung. Ich fürchtete, daß meine Natur den Anstrengungen nicht länger gewachsen sein möchte. Während der kurzen Zeit der Dunkelheit sauste wieder ein Meteorstein an mir vorüber, und die relative Häufigkeit dieser Erscheinung beunruhigte mich nicht wenig.

17. April. Dieser Morgen war der Schluß und der Anfang einer Epoche meiner Reise. Man wird sich erinnern, daß die Erde am 13. von mir aus einen Winkel von 25 Grad umschloß. Am 14. hatte sich der Winkel bedeutend verkleinert, am 15. hatte er noch viel schneller an Größe abgenommen, und am 16., kurz vor dem Schlafengehen, schätzte ich ihn bloß noch auf ungefähr sieben Grad fünfzehn Minuten. Nun stelle man sich mein Erstaunen vor, als ich am 17. nach einem kurzen, unruhigen Schlummer bemerkte, daß die Oberfläche unter mir so wunderbar plötzlich an Umfang *zugenommen* hatte, daß sie einen Winkel von wenigstens 30 Grad umschloß! Ich stand sozusagen wie vom Blitz getroffen! Kein Wort kann meinen ungeheuren Schrecken, mein niederschmetterndes Entsetzen ausdrücken. Meine Knie schlotterten, meine Zähne klapperten, die Haare standen mir zu Berge! Der Ballon war also geplatzt. Dies war der erste wilde Gedanke, der mir durchs Hirn schoß. Der Ballon war also geplatzt? Ich sauste – ich sauste mit unausdenkbarer Geschwindigkeit nach unten! Nach der ungeheuren Entfernung zu schätzen, die ich in der kurzen Zeit des Schlafens durchmessen hatte, könnte es höchstens noch zehn Minuten dauern, bis ich die Oberfläche der Erde erreichte, der grausigsten Vernichtung zugeschleudert wurde!

Doch dann begann ich ruhiger nachzudenken – ich machte eine Pause und sammelte mich. Zweifel stellten sich ein. Es war ja eigentlich ein Ding der Unmöglichkeit. *So rasend schnell* hätte ich immerhin nicht nach unten fallen können. Und obwohl ich mich der Oberfläche unter mir zusehends näherte, stand diese Geschwindigkeit doch in keinem Verhältnis zu der, die ich anfangs mit solch ungeheurem Grausen für meinen Sturz angenommen hatte. Diese Überlegung beschwichtigte die Erregung in meinem Innern teilweise wieder, und es gelang mir endlich, die Erscheinung mit ruhigerem Auge zu betrachten. Erstaunen und Angst mußten mich wirklich meiner Sinne beraubt haben, daß ich die Verschiedenheit der Oberfläche des Weltkörpers unter mir und der meiner Mutter Erde nicht sofort erkannt hatte. Die stand jetzt über meinem Kopf, und der Mond – in all seiner Glorie – lag zu meinen Füßen.

Das Staunen und die Erstarrung, die diese sonderbare Veränderung in der Lage der Welten in mir bewirkte, war vielleicht das Erstaunlichste und Unverständlichste an der ganzen Reise. Denn diese Umwälzung war nicht nur natürlich und unausbleiblich, ich hatte sie auch längst erwartet. Sie mußte eintreten, sobald ich an dem Punkt meiner Reise angekommen sein würde, an dem die Anziehungskraft des Planeten durch die des Satelliten aufgehoben werden würde, oder genauer: an dem die Gravitation des Ballons zur Erde geringer sein würde als die zum Mond.

Allerdings erwachte ich gerade aus einem Schlaf und war noch nicht ganz bei Sinnen, als ich plötzlich diese seltsamste aller Erscheinungen gewahrte, die ich zwar erwartet — doch nicht in diesem Augenblick erwartet hatte.

Die Umdrehung selbst mußte ganz sanft und allmählich vor sich gegangen sein, und es ist durchaus nicht gewiß, daß ich selbst in wachem Zustand eine Umkehrung verspürt haben würde, irgendein *inneres* Symptom einer Umdrehung — eine Unbequemlichkeit oder eine Verschiebung an meinen Apparaten.

Es ist wohl überflüssig, zu sagen, daß sich meine ganze Aufmerksamkeit, als ich zur klaren Erkenntnis meiner Situation gekommen und des Schreckens, der meinen Geist vollkommen gelähmt hatte, Herr geworden war, auf die Betrachtung der allgemeinen äußeren Erscheinung des Mondes konzentrierte. Er lag unter mir wie eine Karte — und obgleich ich schließen mußte, daß er sich noch in bedeutender Entfernung befand, zeichneten sich doch alle Unebenheiten seiner Oberfläche mit einer mir unerklärlichen Deutlichkeit ab. Beim ersten Blick fiel mir, als hauptsächlichster Zug seiner geologischen Beschaffenheit, der Mangel an Meeren, Binnenseen oder Flüssen, überhaupt an irgendwelchen Wasseransammlungen auf.

Dennoch, so seltsam es klingt, sah ich weite, flache Strecken, die durchaus den Charakter angeschwemmten Erdreichs aufwiesen, obgleich der bei weitem größere Teil der sichtbaren Hemisphäre von zahllosen kegelförmigen Vulkanen bedeckt war, die eher künstlichen als natürlichen Erhebungen glichen. Die höchste unter ihnen mochte nicht mehr als dreidreiviertel Meilen senkrechter Höhe betragen — übrigens wird eine Karte der Campi Phlegraei Euren Exzellenzen eine viel bessere Vorstellung der allgemeinen Oberfläche geben als jede Beschreibung meinerseits, die doch nur sehr unvollkommen bleiben würde. Bei den meisten Bergen fanden offenbar gerade Eruptionen statt und gaben mir ein furchtbares Bild ihrer Wut und ihrer Kraft durch wiederholt mit donnerndem Krachen emporgeschleuderte sogenannte Meteorsteine, die immer häufiger und beunruhigender am Ballon vorübersausten.

18. April. Bemerkte eine bedeutende Zunahme im anscheinenden Volumen des Mondes, und die offenbar stetig wachsende Schnelligkeit des Abwärtssegelns beginnt mich mit Besorgnis zu erfüllen. Man wird sich erinnern, daß im Anfang meiner Berechnungen der Möglichkeit einer Mondfahrt die Annahme einer dichten, im Verhältnis zum Volumen des Planeten stehenden Atmosphäre eine große Rolle gespielt hatte – trotz verschiedener Theorien, die das Gegenteil beweisen sollten, ja, obwohl man im allgemeinen überhaupt nicht an eine Mondatmosphäre glaubte. Doch außer den Schlüssen, die ich aus der Beobachtung des Enckeschen Kometen und des Zodiakallichtes hergeleitet hatte, wurde ich in meiner Ansicht noch durch die Behauptungen des Herrn Schroeter aus Lilienthal bestärkt. Er beobachtete den Mond, als dieser wieder einmal seit zwei und einem halben Tage sichtbar war, kurz nach Sonnenuntergang des Abends, ehe die dunkle Partie kenntlich wurde, und beobachtete sie so lange, bis sie ganz zu sehen war. Die beiden Hörner schienen sich spitz und scharf zu verlängern, und ihr äußerster Rand war schwach von Sonnenstrahlen beschienen, ehe ein Teil der Hemisphäre sichtbar wurde. Kurze Zeit nachher wurde das ganze dunkle Feld erhellt. Diese Verlängerung der Hörner über den Halbkreis hinaus konnte seinen Grund meiner Meinung nach nur in einer Berechnung der Sonnenstrahlen durch die Atmosphäre des Mondes haben. Ich berechnete ferner, daß die Höhe dieser Atmosphäre, die genug Lichtstrahlen brechen konnte, um in ihrer dunklen Hemisphäre eine Dämmerung zu bewirken, die heller ist als das Licht, welches die Erde reflektiert, wenn der Mond etwa im zweiunddreißigsten Grade seiner Konjunktion steht, 1356 Pariser Fuß betragen müsse; demgemäß nahm ich an, daß die größte Höhe, die Sonnenstrahlen brechen konnte, 5376 Fuß sein müsse. Meine Gedanken über diesen Punkt wurden durch eine Stelle aus dem zweiten Band der ›Philosophischen Transaktionen‹ bestätigt, in welchem bewiesen wird, daß bei einer Verfinsterung der Satelliten des Jupiter der dritte verschwand, nachdem er ein oder zwei Sekunden undeutlich gewesen war, und der vierte, als er sich dem Rande näherte, unwahrnehmbar wurde*.

Die Sicherheit meiner endgültigen Landung hing natürlich von dem Widerstand oder vielmehr von der Unterstützung einer At-

* *Hevelius schreibt, daß er mehrere Male bei vollkommen klarem Himmel, als selbst Sterne sechster und siebenter Größe deutlich zu sehen waren, beobachtet habe, daß – bei gleicher Höhe des Mondes, bei gleichem Abstandswinkel von der Erde, durch dasselbe vorzügliche Teleskop gesehen – der Mond und seine Flecken uns nicht immer gleich hell erscheinen. Aus den gegebenen Umständen geht hervor, daß die Ursache dieser Erscheinung weder in unserer Atmosphäre noch im Teleskop noch im Mond noch im Auge des Beobachters zu suchen ist, sondern in einem Etwas (einer Atmosphäre?), das um den Mond herum existiert.*

Cassini hat oft beobachtet, daß Saturn, Jupiter und die Fixsterne im Augenblick, da sie vom Mond verfinstert werden, ihre Kreisform verlieren und eine ovale annehmen; bei anderen Verfinsterungen jedoch nahm er keine Veränderung der Gestalt wahr. Man muß also annehmen, daß der Mond zu manchen Zeiten, doch nicht immer, von einer dichten Materie eingehüllt ist, in welcher sich die Strahlen der Sterne brechen.

E. A. P.

mosphäre ab, von der ich also glaubte, daß sie im Zustand einer gewissen Dichtigkeit um den Mond herum existieren müsse. Sollte ich mich geirrt haben, so konnte mein Abenteuer nicht anders als mit meiner Zerschmetterung an der zackigen Oberfläche des Satelliten endigen. Und ich hatte allen Grund, mich auf das Fürchterlichste gefaßt zu machen. Meine Entfernung von Mond war nur noch eine verhältnismäßig unbedeutende; die Arbeit, die der Kondensator erforderte, hatte sich dagegen noch nicht vermindert: von einer zunehmenden Dichtigkeit der Atmosphäre war nichts zu spüren.

19. April. Heute morgen gegen neun Uhr, als mir die Oberfläche des Mondes erschreckend nahe gekommen und meine Befürchtungen aufs höchste gestiegen waren, wies zu meiner größten Erleichterung die Pumpe des Kondensators endlich Anzeichen einer Veränderung der Atmosphäre auf. Um zehn Uhr konnte ich glauben, daß die Dichtigkeit bedeutend zugenommen hatte. Um elf Uhr erforderte der Apparat nur noch eine geringe Arbeit, und gegen Mittag wagte ich, erst zögernd, das Kautschukzelt zu öffnen; als es jedoch keinerlei böse Folgen hatte, wickelte ich die Gondel gänzlich aus dem Gummisack heraus. Wie ich hätte erwarten müssen, ergriffen mich gleich nach dem übereilten, gefährlichen Experiment Krämpfe und heftige Kopfschmerzen. Doch da diese und andere mit Atembeschwerden verbundenen Erscheinungen nicht so stark auftraten, als daß ich für mein Leben hätte fürchten müssen, beschloß ich, sie geduldig zu ertragen, in der Hoffnung, daß sie mich bald, da ich jeden Augenblick in dichtere Schichten der Mondatmosphäre kommen mußte, verlassen würden.

Ich näherte mich dem Gestirn noch immer mit rasender Eile, und es stellte sich bald als gewiß heraus, daß, obgleich ich mich wahrscheinlich in der Annahme einer im Verhältnis zu der Masse des Gestirns stehenden dichten Atmosphäre nicht getäuscht hatte, diese Dichtigkeit doch selbst an der Oberfläche nicht ausreichte, meine Gondel mit ihrem Inhalt zu tragen. Dies hätte der Fall sein müssen — und zwar in gleichem Maße wie an der Oberfläche der Erde —, wenn man annimmt, daß auf beiden Planeten die wirkliche Schwere der Körper im Verhältnis zur Dichtigkeit der Atmosphäre steht. Aber das war *nicht* der Fall; die Schnelle, mit der ich fiel, bewies es deutlich. Warum? Ich konnte es mir nur durch eine jener möglichen geologischen Störungen erklären, von denen vorhin die Rede war.

Jedenfalls hatte ich den Planeten fast ganz erreicht und näherte mich ihm in schwindelnd eiligem Fall. Es war keine Minute zu verlieren, ich warf meinen Ballast über Bord, dann die Wasserfäßchen, den Kondensator, die Gummihülle, alles, was sich nur in der Gondel befand. Es half nichts. Ich fiel mit entsetzlicher Schnelligkeit und war wohl nur noch eine halbe Meile vom Boden entfernt.

In höchster Not warf ich meinen Rock, meinen Hut, meine Stiefel fort, löste *die Gondel selbst*, die ziemlich schwer war, vom Ballon, klammerte mich mit beiden Händen an das Netzwerk an und hatte kaum Zeit, zu sehen, daß das ganze Land, so weit das Auge reichte, mit winzigen Wohnstätten übersät war, als ich auch schon wie eine Kugel mitten in eine phantastische Stadt unter eine Menge häßlicher, kleiner Leute fiel, von denen keiner ein Wort sagte oder sich die geringste Mühe gab, mir beizustehen, sondern die alle wie ein Haufen von Idioten mich und meinen Ballon mit lächerlichem Grinsen und in die Seite gestemmten Armen anglotzten. Ich wandte mich von ihnen ab und blickte zur Erde auf, die ich kürzlich und vielleicht für immer verlassen hatte. Sie hing als ungeheurer, düsterer Kupferschild von vielleicht zwei Grad im Durchmesser, starr und unbeweglich, in den Himmeln über mir. Ein Teil des Randes erglänzte in der Gestalt einer goldig leuchtenden Sichel. Von Land oder Meeren war nichts mehr zu sehen, die ganze Oberfläche schien mit veränderlichen Flecken besät und war von den tropischen und Äquatorial-Zonen wie von Gürteln umschlossen.

So hatte ich also, Euren Exzellenzen mit Respekt zu melden, nach einer langen Reihe von Beängstigungen und mannigfachen Gefahren, denen ich so unglaublich gut und unbeschädigt entronnen war, neunzehn Tage nach meiner Abfahrt von Rotterdam heil und gesund das Ziel der zweifellos seltsamsten, wichtigsten Reise erreicht, die je ein Erdenbürger vollbracht oder auch nur beabsichtigt hat. Doch habe ich meine Abenteuer hier noch nicht erzählt, und Eure Exzellenzen können sich wohl vorstellen, daß ich nach fünfjährigem Aufenthalt auf einem Planeten, der, an sich schon höchst interessant, es in seiner Eigenschaft als Trabant der menschenbewohnten Erde doppelt wird, dem astronomischen Kollegium im geheimen noch viele und wichtigere Dinge mitzuteilen habe als die immerhin wunderbaren Einzelheiten der bloßen Reise, die ich so glücklich zu Ende geführt hatte.

Ich könnte viel von dem Klima des Mondes erzählen, von dem wunderbaren Wechsel von Wärme und Kälte, von dem unerbittlichen glühenden Sonnenschein, der stets vierzehn Tage hintereinander anhält, und der darauf folgenden vierzehntägigen mehr als polaren Eiseskälte; könnte vieles über eine beständige Zufuhr an Feuchtigkeit durch Destillation wie in einem Vakuum von dem Punkt unter der Sonne bis zu dem am weitesten entfernten erzählen; von einer veränderlichen Zone fließenden Wassers könnte ich sprechen; dann über die Einwohner selbst — über ihre Sitten und Gewohnheiten, ihre politischen Einrichtungen, ihren besonderen Organismus, ihre Häßlichkeit, ihren Mangel an Ohren, die in einer so anderen Atmosphäre nur nutzlose Anhängsel sein würden, über das Fehlen jeglicher Sprache bei ihnen, über ihre seltsame Methode einer inneren Mitteilung, welche die Sprache vollständig ersetzt; könnte von der unerklärlichen Beziehung reden, die je einen Mondbewohner mit je einem Erdenbürger verbindet — eine Beziehung, die den Bahnen des Planeten und des Satelliten analog ist, von ihnen abhängt und mittels derer das Leben und Schicksal der Bewohner beider Sterne innig miteinander verbunden sind —, und vor allem, mit Eurer Exzellenzen Erlaubnis, möchte ich über die dunklen, fürchterlichen Geheimnisse der anderen Hemisphäre des Mondes sprechen, die, dank der fast wunderbaren Übereinstimmung der Umdrehung des Satelliten um seine eigene Achse mit seiner Sternbahn um die Erde, und durch Gottes Barmherzigkeit den Teleskopen der Menschen niemals zugänglich sein wird.

Alles das möchte ich erzählen und noch viel, viel mehr. Aber — um kurz zu sein — ich verlange eine Belohnung dafür. Ich sehne mich danach, zu meiner Familie und in mein Heim zurückzukehren. Und als Preis für das Licht, das ich in viele wichtige Gebiete der physischen und metaphysischen Wissenschaften bringen kann, erbitte ich durch Fürsprache des hochzuverehrenden astronomischen Kollegiums Straflosigkeit für das Verbrechen, dessen ich mich bei meiner Abreise aus Rotterdam durch den Mord meiner Gläubiger schuldig gemacht habe. Diesen Zweck verfolge ich mit dem Brief, den Eure Exzellenzen soeben gelesen haben. Der Überbringer, ein Mondbewohner, den ich zu meinem Boten ausgewählt und genügend instruiert habe, wird auf Eure Exzellenzen gnädige Äußerung warten und mir die erbetene Verzeihung, falls man sie mir gewähren wird, überbringen.

Ich habe die Ehre, mich zu unterzeichnen als Eurer Exzellenzen

allerergebenster Diener

Hans Pfaall.‹

Als Bürgermeister und Professor diese überraschende Botschaft gelesen hatten, ließ der letztere, so erzählt man, im Übermaß des Erstaunens seine Pfeife auf die Erde fallen, und Mynheer Superbus van Underduk nahm seine Brille ab, putzte sie, steckte sie in die Tasche und vergaß sowohl sich selbst als auch seine Würde so weit, daß er sich vor Verwunderung dreimal auf dem Absatz herumdrehte.

Zweifellos mußte die Straflosigkeit erwirkt werden. Wenigstens schwor es sich Herr Professor Sternekiek mit einem festen Fluch — als auch schon van Underduk den Arm seines Bruders in der Wissenschaft ergriff und sich, ohne ein Wort zu sagen, mit ihm schleunigst auf den Weg nach Hause machte, um über die dringenden Maßregeln, die man jetzt ergreifen müsse, zu beraten. Als sie jedoch die Tür der bürgermeisterlichen Wohnung erreicht hatten, wagte der Professor den Einwurf, daß ja der Bote, ohne Zweifel durch das Gebaren der Rotterdamer zu Tode erschrocken, schon wieder verschwunden, der zu erwirkende Pardon also zwecklos sei; denn wohl nur ein Mondmensch würde eine so weite Reise unternehmen, um es doch noch zu überbringen?

Der Richtigkeit dieser Bemerkung konnte sich der Bürgermeister nicht entziehen, und die Affäre hatte damit eigentlich ein Ende, nicht jedoch alle möglichen Gerüchte und Vermutungen. Der Brief wurde veröffentlicht und gab Anlaß zu den verschiedensten Meinungsäußerungen und den dümmsten Klatschgeschichten. Einige Neunmalkluge blamierten sich sogar so weit, die ganze Sache als einen bloßen Schwindel hinzustellen. Aber ich fürchte, für diese Leute ist eben alles, was über ihren Verstand hinausgeht, ›Schwindel‹. Ich für meinen Teil kann wenigstens nicht verstehen, wodurch sie ihre Annahme begründen könnten.

Sehen wir zu, was sie sagen!

Erstens: Daß gewisse Spaßvögel in Rotterdam gewisse Antipathien gegen gewisse Bürgermeister und Astronomieprofessoren haben.

Zweitens: daß ein wunderlicher alter Zwerg, seines Zeichens Taschenspieler, dem man einmal für irgendeinen schlechten Streich beide Ohren dicht am Kopf abgeschnitten hatte, seit einigen Tagen in der benachbarten Stadt Brügge vermißt werde.

Drittens: Daß die Zeitungen, mit denen der ganze kleine Ballon beklebt gewesen war, holländische Zeitungen waren und deshalb nicht vom Mond kommen konnten. Sie waren schmutzig, sehr schmutzig – und van den Druck, der Buchdrucker, wollte es auf seinen Eid nehmen, daß sie in seiner Druckerei gedruckt worden seien.

Viertens: Daß Hans Pfaall selbst ein Schuft und Trunkenbold und mit den drei Faulenzern, die er seine Gläubiger nannte, vor nicht mehr als zwei oder drei Tagen in einer berüchtigten Vorstadtkneipe gesehen worden sei, nachdem sie eben von einer Reise übers Meer mit vollen Taschen zurückgekommen waren.

Fünftens und letztens: Daß die Annahme allgemein verbreitet ist oder es wenigstens sein sollte, daß das Astronomische Kollegium in der Stadt Rotterdam, wie alle anderen Kollegien in allen anderen Teilen der Welt – von den Kollegien und Astronomen im allgemeinen überhaupt ganz zu schweigen –, gelinde gesagt nicht besser, nicht klüger, nicht weiser ist als nötig.

EINE WIDERBORSTIGKEIT

»Laßt uns auf die Wälle eilen«, sagte Abel-Phittim zu Buzi-Ben-Levi und Simeon dem Pharisäer am zehnten Tage des Monats Thammuz im Jahre dreitausendneunhunderteinundvierzig – »laßt uns auf die Wälle eilen, die dem Tore Benjamins in der Stadt Davids zunächst liegen, und auf das Lager der Unbeschnittenen herabsehen; denn es ist die letzte Stunde der vierten Wache, die Sonne geht auf, und die Götzendiener warten auf uns mit den Opferlämmern, die uns Pompejus versprochen hat.«

Simeon, Abel-Phittim und Buzi-Ben-Levi waren die Gizbarim oder Unter-Einnehmer der Opfergaben in der heiligen Stadt Jerusalem.

»Wahrhaftig«, erwiderte der Pharisäer, »laßt uns eilen, denn diese Freigebigkeit bei den Heiden ist ungewöhnlich, und noch immer ist Wankelmütigkeit bei den Baalsanbetern gefunden worden.«

»Sie sind so wankelmütig und verräterisch, wie der Pentateuch wahr ist«, sagte Buzi-Ben-Levi, »jedoch nur gegen das Volk Adonaïs. Wann hätte man je gesehen, daß die Ammoniter zu ihrem Schaden wankelmütig gewesen wären? Es scheint mir kein zu großer Zug von Freigebigkeit zu sein, uns Lämmer für den Altar des Herrn zu überlassen, wenn sie für jeden Kopf dreißig Silbersekel erhalten.«

»Du vergissest jedoch, Ben-Levi«, erwiderte Abel-Phittim, »du vergißt: der Römer Pompejus, der so gottlos die Stadt des Allerhöchsten belagert, hat keine Sicherheit, daß wir die für den Altar gekauften Lämmer nicht mehr zur Nahrung des Körpers, sondern zu der des Geistes verwenden.«

»Aber – bei den fünf Spitzen meines Bartes!« rief der Pharisäer aus, der zu der Sekte der ›Schläger‹ gehörte (einer kleinen Gruppe von ›Heiligen‹, deren Sitte es war, die Füße gegen das Steinpflaster zu stoßen und zu verwunden, ein beständiger Vorwurf für die weniger Eifrigen – ein Stein des Anstoßes für die minder gottseligen Fußgänger!), »bei den fünf Spitzen meines Bartes, den ich als Priester nicht rasieren lassen darf: Sind wir alt geworden, um den Tag zu erleben, an dem ein lästerlicher, götzendienerischer römischer Emporkömmling uns anklagen darf, den Gelüsten des Fleisches die heiligsten und geweihtesten Gaben geopfert zu haben? Haben wir gelebt, um den Tag zu sehen, an dem ...«

»Laßt uns nicht weiter über die Gründe der Philister rechten«, unterbrach ihn Abel-Phittim, »denn heute ziehen wir zum ersten Male Nutzen aus ihrer Freigebigkeit oder ihrem Geiz. Laßt uns vielmehr auf die Wälle eilen, damit die Opfer nicht fehlen am Altar, dessen Feuer der Regen des Himmels nicht verlöschen, dessen Rauchsäulen der Sturm nicht zerwehen kann!«

Der Stadtteil, auf den unser würdiger Gizbarim nun zueilte und der nach seinem Erbauer, dem König David, genannt war, galt als der befestigtste Teil von Jerusalem; er lag auf dem hohen, steilen Berg Zion und war von einem breiten, tiefen, in den Fels gehauenen Graben umgeben, an dessen innerem Rand sich eine hohe, feste Mauer erhob. Diese Mauer war in regelmäßigen Zwischenräumen mit viereckigen Türmen aus weißem Marmor geschmückt, deren niedrigster sechzig und deren höchster hundertundzwanzig Ellen maß. Aber in der Nähe des Tores Benjamins endete die Mauer, denn dort erhob sich aus dem Graben ein fast lotrecht aufsteigender Fels von zweihundertundfünfzig Ellen Höhe, der zu dem steilen Berg Moriah gehörte, so daß Simeon und seine Genossen von der Spitze des hier errichteten Turmes Adoni-Bezek, des höchsten um ganz Jerusalem, von dem aus gewöhnlich mit der belagernden Armee verhandelt wurde, das feindliche Lager von einer Höhe aus betrachteten, welche die der Cheopspyramide um einige und die des Tempels des Belus um viele Fuß schlug.

»Wahrhaftig«, seufzte der Pharisäer, während er mit schwindelnden Augen in den Abgrund starrte, »die Unbeschnittenen sind zahlreich wie der Sand am Meer und wie die Heuschrecken in der Wüste. Das Tal des Königs ist das Tal Adommins geworden.«

»Und doch«, rief Ben-Levi, »kannst du mir nicht einen Philister zeigen, von Aleph bis Tau, von der Wüste bis an die Festungsmauern, der größer scheint als der Buchstabe Jot!«

»Laßt den Beutel mit den Silbersekeln herunter!« schrie jetzt ein römischer Soldat mit einer rauhen, barschen Stimme, die aus der Unterwelt zu kommen schien. »Laßt den Beutel mit den verfluchten Münzen herunter, deren Namen auszusprechen einem edlen Römer die Zunge zerbrechen kann! Ist das eine Art und Weise, unserem Herrn Pompejus eure Dankbarkeit dafür zu erzeigen, daß er in seiner Güte euren gottlosen Belästigungen Gehör geschenkt hat? Der Gott Phoebus, der ein wahrer Gott ist, jagt schon seit einer Stunde in seinem Wagen dahin, und solltet ihr nicht bei Sonnenaufgang auf den Wällen sein? He!? Ædepol! Glaubt ihr vielleicht, daß wir, die Eroberer der Welt, nichts Besseres zu tun hätten, als an der Tür jedes Hundestalles zu warten, bis es den Hunden der Erde einfällt, mit uns ihr Geschäft zu machen? Herunter mit dem Beutel, sage ich, und paßt auf, daß euer Lumpengeld die richtige Farbe und das richtige Gewicht hat!«

»El Elohim«, jammerte der Pharisäer, als die mißtönenden Laute des Centurionen die Felsklippen heraufklangen und sich an den Mauern des Tempels zerschlugen, »El Elohim, wie heißt und *wer* ist der Gott Phoebus, *wen* ruft der Gotteslästerer an? Du, Buzi-Ben-Levi, der du die Gesetze der Heiden kennst und unter ihnen gewohnt hast, ist es Nergal, von dem der Götzendiener spricht? Oder Ashimah? – Oder Nibhaz? – Oder Tartak? – Oder Adramalech? – Oder Anamalech? – Oder Succoth-Benith? – Oder Dragon? – Oder Belial? – Oder Baal-Perith? – Oder Baal-Peor? – Oder Baal-Zebub?«

»Nein, es ist keiner von allen; aber gib acht, laß das Seil nicht zu schnell zwischen deinen Fingern hinabgleiten, denn der Korb könnte an jenem Felsvorsprung anstoßen, und das heilige Opfergeld würde hinausgeschleudert werden.«

Mit Hilfe eines ziemlich ungeschickten Mechanismus langte der Korb endlich unten an; und von ihrer hohen Bergeszinne sahen sie mit schwindelnden Blicken, wie sich die Römer unten um ihn herumdrängten; aber die Höhe und der Morgennebel hinderten sie, ihre Bewegungen genau zu verfolgen.

Es verstrich eine halbe Stunde.

»Wir werden uns verspäten«, seufzte der Pharisäer und blickte ungeduldig in den Abgrund hinunter, »wir werden uns verspäten, und die Katholim werden uns unseres Amtes entsetzen.«

»Nie mehr«, entgegnete Abel-Phittim, »werden wir uns von der Fettigkeit der Erde nähren, nie mehr werden unsere Bärte nach Weihrauch duften und unsere Lenden mit dem feinen Leinen des Tempels gegürtet sein.«

»Raca!« fluchte Ben-Levi, »Raca! Wollen sie uns um das Handelsgeld betrügen oder, heiliger Moses, sollten sie wagen, die Sekel des Tabernakels nachzuwiegen?«

»Sie haben soeben das Signal gegeben«, rief der Pharisäer, »sie haben soeben das Signal gegeben! Zieh auf, Abel-Phittim, und du, Buzi-Ben-Levi, zieh auf! Denn entweder halten die Philister den Korb noch fest, oder der Herr hat ihre Herzen erweicht, daß sie ein Tier von gutem Gewicht hineingesetzt haben.« Und die Gizbarim zogen und zogen ihre schwere Last durch den noch immer zunehmenden Nebel nach oben.

»Heiliger Moses«, stöhnte es über die Lippen Ben-Levis, als nach einer Stunde am Ende des Seiles ein Gegenstand undeutlich sicht-

bar wurde. »Heiliger Moses! Es ist ein Widder aus den Dickichten von Engadin und sein Fell so rauh wie das Tal Josaphat.«

»Es ist ein Erstgeborener der Herde«, sagte Abel-Phittim. »Ich erkenne es an seinen Blöklippen und an der kindlichen Rundung seiner Glieder. Seine Augen sind schöner als die Juwelen auf dem Brustschild des Hohenpriesters, und sein Fleisch ist süß wie der Honig vom Hebron.«

»Es ist ein gemästetes Kalb von den Weiden Bashans«, sagte der Pharisäer. »Die Heiden haben bewunderungswürdig an uns gehandelt. Laßt uns die Stimme zu einem Psalm erheben! Laßt uns danken mit Trompeten und Posaunen, mit Psaltern, mit Harfen, mit Cymbeln, mit Zithern!«

Erst als der Korb bis auf einige Fuß in die Nähe der Gizbarim gekommen war, verriet ihnen ein leises Grunzen, daß er ein Schwein von ganz ungewöhnlicher Größe enthielt.

»El Emanu!« rief das Trio, die Augen zum Himmel gewandt; und sie ließen voll Entsetzen das Seil los, und das Schwein stürzte kopfüber unter die Philister.

»El Emanu – Gott sei mit uns – es ist das *unaussprechliche* Fleisch!«

KÖNIG PEST

EINE GESCHICHTE, DIE EINE ALLEGORIE ENTHÄLT.

Die Götter erlauben, ja sie befehlen sogar den Königen, Dinge zu tun, die sie bei Schurken verabscheuen.

Buckhurst, ›Ferrex et Porrex‹

In einer Oktobernacht gegen zwölf Uhr — es war unter der ritterlichen Regierung König Eduards des Dritten — bemerkten zwei Seeleute, die der Mannschaft eines kleinen, augenblicklich in der Themse vor Anker liegenden Handelsschiffes angehörten, mit einigem Erstaunen, daß sie sich in einer Kneipe befanden, die im Kirchspiel Sankt Andreas lag und als Schild das Porträt einer ›fidelen Teerjacke‹ trug.

Der Raum war schlecht gebaut, rauchgeschwärzt und sehr niedrig; also in keiner Beziehung besser als die üblichen Matrosengasthäuser. In den Augen der Trinker, die in den Ecken herumsaßen, Kerlen aus aller Herren Ländern, war er jedoch für seinen Zweck bestens geeignet.

Die beiden Matrosen bildeten wohl die auffallendste Gruppe.

Der, wie es schien, ältere von ihnen — er wurde von seinem Gefährten mit dem, wie man gleich sehen wird, sehr charakteristischen Beinamen ›Stelze‹ angeredet — war auch der weitaus größere. Seine sechs und einen halben Fuß mochte er wohl gut messen, und seine krumme Haltung schien nur die unausbleibliche Folge solcher Riesenhaftigkeit zu sein.

Doch wurde dies Übermaß an Länge durch manche Kümmerlichkeiten an seiner Gestalt wieder ausgeglichen. Er war ganz außerordentlich mager, so daß seine Kameraden wohl behaupteten, er könne, wenn er betrunken sei, sehr gut die Mastbaumlampe, und wenn nüchtern, den Luvbaum ersetzen; aber solche und ähnliche Späße pflegten nicht den geringsten Eindruck auf die Lachmuskeln unseres Seemanns zu machen.

Sein Gesicht mußte auffallen: Er hatte hervorstehende Backenknochen, eine große Habichtsnase, ein zurücktretendes Kinn, zusammengedrückten Unterkiefer und riesig große, hervortretende, wasserblaue Augen. Der Ausdruck dieser Züge war, obwohl sie eine Art verbohrter Gleichgültigkeit zur Schau trugen, ein ernster und feierlicher.

Der jüngere Seemann schien so ungefähr das vollendete Gegenstück seines Gefährten. Seine Größe betrug höchstens vier Fuß. Der untersetzte, schwerfällige Körper wurde von einem Paar krummer, stämmiger Beine getragen, während die ungewöhnlich kurzen und dicken Arme mit ihren mächtigen Fäusten zu beiden Seiten auf und ab baumelten wie die Flossen einer Seeschildkröte. Aus seinem Kopf zwinkerten kleine, tief liegende Augen von unbestimmter Farbe hervor. Die Nase lag in der Fleischmasse, die sein rundes, volles, purpurrotes Gesicht umhing, förmlich begraben, und seine dicke Oberlippe ruhte auf der noch dickeren Unterlippe mit einem Ausdruck gemächlichster Selbstzufriedenheit, der noch durch die Angewohnheit ihres Eigentümers, sie von Zeit zu Zeit wohlgefällig zu belecken, erhöht wurde. Er betrachtete seinen langen Gefährten offenbar mit einem aus Erstaunen und Spott gemischten Gefühl und blickte oft zu ihm auf – so ungefähr, wie die rote untergehende Sonne zu den Felsklippen des Ben Nevis aufsehen mag.

Viele und vielartige Wanderungen hatte das würdige Paar während der früheren Nachtstunden bereits durch die verschiedenen Kneipen der Nachbarschaft unternommen. Doch auch die größte Summe reicht nicht ewig, und mit leeren Taschen hatten sich unsere Freunde schließlich in das eben beschriebene Wirtshaus wagen müssen.

In dem Augenblick, da unsere Geschichte beginnt, saßen Stelze und sein Kamerad Hugo Luckenfenster, so hieß der kleine Dicke, jeder mit aufgestützten Ellbogen, an dem großen Eichentisch in der Mitte des Zimmers und lehnten den Kopf in die Hand. Über eine riesige, ›unbezahlbare‹ Flasche hinweg beäugelten sie die unheilverkündenden Worte *›Keine Kreide‹*, die zu ihrem beträchtlichen Unwillen und Erstaunen auf die Tür geschrieben waren; und zwar mittels desselben Minerals, dessen Anwesenheit sie verleugnen sollten! Nicht, daß man unseren Seefahrern die Fähigkeit, Schriftzüge zu entziffern, hätte zur Last legen können! Diese Wissenschaft galt damals für ebenso kabbalistisch wie die Kunst, sie zu schreiben – doch waren da, um die Wahrheit zu sagen, gewisse Windungen in der Bildung der Buchstaben und im ganzen ein unbestimmtes, unbeschreibliches Seitwärtssteuern, das den beiden Seefahrern Sturm und schlechtes Wetter zu verkünden schien und sie, um mit den allegorischen Worten Stelzes zu reden, plötzlich bestimmte, »das Schiff zu bewachen, die Segel einzuziehen und vor dem Winde zu laufen.«

Nachdem sie also den Rest Ale noch seiner Bestimmung übergeben hatten, knöpften sie ihre kurzen Wämse fest zu und machten einen Vorstoß ins Freie. Und obwohl Luckenfenster zweimal in den Kamin trat, den er für die Tür hielt, wurde ihre Flucht doch endlich glücklich bewerkstelligt, und eine halbe Stunde nach Mitternacht liefen unsere Helden, als ginge es um ihr Leben, eine dunkle, enge Straße in der Richtung nach St. Andrews Treppe hinab, hart verfolgt von der Wirtin und etlichen Gästen der ›fidelen Teerjacke‹.

In der Zeit nun, in der diese ereignisreiche Geschichte spielt, und manches Jahr vorher und nachher, erklang in England und besonders in der Hauptstadt der entsetzliche Schrei: »Die Pest!« Die Stadt war zum großen Teil entvölkert, und in den schrecklichen Vierteln in der Nähe der Themse, in deren schwarzen, engen, schmutzigen Straßen die Seuche aufgekommen war, schlichen nur noch Angst, Entsetzen und Aberglaube durch die verödeten Straßen.

Auf Befehl des Königs waren diese Viertel von der übrigen Stadt vollständig abgeschlossen worden, und jedem, der es wagen sollte, in ihre grauenvolle Einsamkeit zu dringen, die Todesstrafe angedroht. Doch konnten weder die gesetzlichen Bestimmungen des Königs noch die riesigen Holzverschläge am Eingang der Straßen noch die Furcht vor dem grausigen, widerwärtigen Tod, der jeden Eindringling so ziemlich mit Sicherheit ereilen mußte, verhindern, daß die leeren, menschenverlassenen Wohnungen nächtlicherweile beraubt und alles Eisen, Kupfer- oder Bleiwerk, kurz, Gegenstände, mit denen noch Handel getrieben werden konnte, fortgeschleppt wurden.

Wenn dann im Winter die Verschläge wieder geöffnet wurden, stellte sich gewöhnlich heraus, daß Schlösser, Riegel und geheime Keller nur schlecht die reichen Wein- und Likörvorräte bewahrt hatten, welche die gerade in diesen Vierteln ansässigen zahlreichen Händler lieber einer so ungenügenden Sicherheit überließen, als sie in der Eile unter Mühen und Gefahren in die entfernteren Stadtteile zu schaffen.

Aber nur sehr wenige in dem schreckgefaßten Volk schrieben diese nächtlichen Räubereien Menschenhänden zu. Man glaubte, daß Pestgeister, Seuchenkobolde, Fieberdämone diese Übeltaten verrichteten, und täglich entstanden neue schauerliche Geschichten, so daß schließlich die verlassenen Häuser wie von einem Leichentuch eingehüllt waren und die Räuber selbst, geängstigt durch die abergläubischen Schauergeschichten, die ihre eigenen Raubzüge geschaffen hatten, die verrufenen Orte flohen, so daß nur Finsternis und schweigender Tod an dieser Stätte des Pesthauchs waren.

Durch einen jener Holzverschläge, die anzeigten, daß das hinter ihnen liegende Gebiet unter dem Krankheitsbann sei, sahen sich nun plötzlich Stelze und der würdige Hugo Luckenfenster, die gerade eine schmale Straße heruntergerannt kamen, in ihrem Lauf

aufgehalten. Es war unmöglich, umzukehren, und jeder Zeitverlust bedeutete höchste Gefahr, denn die Verfolger waren ihnen auf den Fersen. Für zwei so geübte Matrosen wie sie war es eine Kleinigkeit, den grob gearbeiteten Bretterzaun zu erklettern, und nach dem reichlichen Genuß der Spirituosen, durch die Anstrengung des Laufens doppelt stark berauscht, sprangen sie entschlossen auf die andere Seite, rannten mit Schreien und Heulen weiter und verloren sich bald in den verborgenen, verpesteten Schlupfwinkeln.

Wären sie nicht so sinnlos betrunken gewesen — ihre gräßliche Umgebung hätte ihre schwankenden Schritte sicher aufgehalten, das Entsetzen würde sie den Wohnungen der Menschen wieder zugetrieben haben. Die Luft war kalt und neblig. Die Pflastersteine lagen in wilder Unordnung umher, Gras und Unkraut überwucherten sie, so daß man oft bis über die Knöchel darin einsank. Zerfallene Häuser versperrten die Straßen, giftige, stinkende Dünste wogten über das Ganze, und in dem gespenstischen Licht, das selbst um Mitternacht eine dunstige, verpestete Atmosphäre ausstrahlte, hätte man in den Straßen und Gäßchen oder in den fensterlosen Wohnräumen den verwesenden Leichnam manch eines Räubers erblicken können, den die Hand der Pest gefaßt hatte, als er gerade sein nächtliches Werk vollbringen wollte.

Doch dergleichen Gefühle, Bilder und Hindernisse waren machtlos, die Schritte zweier Menschen aufzuhalten, die, von Natur aus tapfer, in dieser Nacht zum Überlaufen voll von Mut und Ale, ohne Zögern und so geradewegs, wie es ihr Zustand nur immer erlaubte, dem Tod selbst in den Rachen gelaufen wären.

Weiter und immer weiter lief der grimmige Stelze, und sein Geschrei, das wie das Kriegsgeheul der Indianer durch die Nacht gellte, weckte das Echo der schauerlichen Öde. Und ihm auf dem Fuße folgte der dicke Luckenfenster, der sich am Rockzipfel seines behenderen Gefährten festhielt und dessen stärkste Leistungen in der Vokalmusik noch durch die machtvollsten Kontrabaßtöne übertraf.

Sie hatten jetzt den eigentlichen Herd der Pest erreicht. Ihr Weg wurde mit jedem Schritt oder vielmehr mit jedem Stolpern widerwärtiger, die Straßen enger, verfallener. Die dumpfe Schwere, mit der große Steine und Balken von Zeit zu Zeit von den einstürzenden Dächern auf die Straße fielen, ließ auf die außerordentliche Höhe der umstehenden Häuser schließen, und wenn die Flüchtlinge Hand anlegen mußten, um sich einen Weg über Schutthaufen hinweg zu verschaffen, so geschah es nicht selten, daß ihre Finger ein Skelett berührten oder in verwesendes Fleisch faßten.

Plötzlich taumelten die Matrosen gegen die Tür eines riesigen Gebäudes von unheimlichem Aussehen. Stelze stieß einen ganz besonders gellenden Schrei aus, auf den von innen her durch eine lange Reihe ununterbrochener, wilder Rufe, die wie höllisches Lachen klangen, geantwortet wurde. Ohne über diese Laute zu erschrecken, die an solchem Ort und in solchem Augenblick jeden nicht so sinnlos Berauschten mit Entsetzen erfüllt haben würden, warf sich das würdige Paar der Länge nach gegen die Tür, stieß sie auf und stolperte mit einem Schwall von Flüchen mitten in das Haus hinein.

Der Raum, in dem sie sich nunmehr befanden, war der Laden eines Sargfabrikanten und Beerdigungs-Unternehmers; aber durch eine offene Falltür in einer Ecke des Fußbodens, nahe am Eingang, blickte man auf eine lange Reihe von Weinfässern, die – wie der Ton einiger Weinflaschen bewies, die gerade an ihnen zerschellten – mit dem gehörigen Inhalt auf das beste gefüllt waren. In der Mitte des Raumes stand ein Tisch und darauf eine riesige, anscheinend mit Punsch gefüllte Bowle. Verschiedene Flaschen Wein und Likör sowie zahlreiche Krüge, Kruken und Flakons von jeder Gestalt und Größe standen auf dem Tisch umher.

Um den Tisch, und zwar auf Särgen, saß eine Gesellschaft von sechs Personen, die ich zunächst beschreiben muß.

Der Eingangstür gegenüber und ein wenig höher als die übrigen thronte ein Mann, welcher der Präsident der Tafelrunde zu sein schien. Er war groß und dürr, und Stelze erkannte verblüfft, daß man ihn, was Magerkeit anging, doch noch übertreffen könne. Das Gesicht dieses Mannes war so gelb wie Safran, doch keine seiner Partien war einer besonderen Beschreibung würdig – mit Ausnahme der Stirn, die so ungewöhnlich, so scheußlich hoch schien, daß sie wie ein Helm oder eine Krone aus Fleisch wirkte, die dem natürlichen Kopf noch aufgesetzt war. Der grinsende Mund war zu einem Ausdruck gespenstischer Liebenswürdigkeit zusammengekniffen, und über seinen Augen, wie über denen der ganzen Tischgesellschaft, lag der gläserne Glanz der Betrunkenheit. Dieser Gentleman war von Kopf bis Fuß in einen reichgestickten Mantel aus schwarzem Seidensammet gehüllt, der, auf der Schulter geschlossen, nach Art der spanischen Mäntel seine ganze Gestalt lose umschloß. Sein Kopf war reichlich mit den emporgesträubten Federn geschmückt, wie sie die Pferde der Leichenwagen zu tragen pflegen; und mit einer gezierten Munterkeit bewegte er sich hin und her. In seiner rechten Hand hielt er einen großen, menschlichen Schenkelknochen, mit dem er anscheinend gerade ein Mitglied der Tafelrunde berührt hatte, um den Vortrag eines Liedes zu befehlen.

Dem Präsidenten gegenüber, den Rücken zur Tür gewandt, saß eine Dame, deren außergewöhnliches Aussehen dem seinen an Sonderbarkeit nicht das geringste nachgab. Obwohl sie gerade so groß war wie die erstbeschriebene Person, hatte sie sich doch durchaus

nicht über Magerkeit zu beklagen. Sie befand sich offenbar im letzten Stadium der Wassersucht, und ihr Umfang kam dem der riesigen Tragbahre gleich, die neben ihr in einer Ecke des Zimmers aufgerichtet stand. Ihr Gesicht war außerordentlich rund, rot und voll, und dieselbe Merkwürdigkeit, das heißt eigentlich die Abwesenheit jeder Merkwürdigkeit, die ich schon bei der Beschreibung des Präsidenten erwähnte, zeichnete auch ihre Züge aus – bis auf einen einzigen, der besondere Schilderung verdient –; der scharfsinnige Luckenfenster sah bald, daß sich diese Eigentümlichkeit bei jeder der sechs Personen wiederholte: *eine* Gesichtspartie fiel immer besonders auf. Bei der in Frage stehenden Dame war es der Mund. Er reichte vom rechten Ohr bis zum linken und bildete einen fürchterlichen Schlund, in den ihre kurzen Ohrringe jeden Augenblick hinabbaumelten. Doch machte sie die größten Anstrengungen, ihn soviel wie möglich geschlossen zu halten und würdig auszusehen. Ihr Kleid bestand aus einem frisch gestärkten und gebügelten Leichentuch, das unter dem Kinn mit einem plissierten Batistkragen abschloß.

Zu ihrer Rechten saß ein junges Dämchen, das sie zu bemuttern schien. Dies zarte, kleine Geschöpf zeigte mit ihren zitternden, mageren Fingern, den farblosen Lippen, den leichten hektischen Flecken in dem sonst bleigrauen Gesicht alle Symptome der galoppierenden Schwindsucht. Doch hatte ihr ganzes Wesen etwas äußerst Distinguiertes; sie trug ihr großes, schönes Leichentuch aus feinstem Leinengewebe mit Grazie und bewegte sich frei und ungezwungen; ihr Haar hing in Locken auf ihre Schultern herab, und ein weiches Lächeln umspielte ihren Mund; aber ihre außerordentlich lange, dünne, krumme, bewegliche, finnige Nase hing weit über ihre Unterlippe herab, und trotz der feinen Art, mit der sie diese von Zeit zu Zeit mit der Zunge nach rechts oder links schob, gab dieser Rüssel ihrem Gesicht einen etwas mehr als zweideutigen Ausdruck.

An der anderen Seite, zur Linken der wassersüchtigen Dame, saß ein alter, kleiner, aufgeschwollener, asthmatischer, gichtischer Herr. Seine Wangen ruhten wie zwei Portweinschläuche auf seinen Schultern, die Arme hielt er gekreuzt, sein rechtes, von Bandagen umwickeltes Bein ließ er auf dem Tisch ruhen und schien sich ganz besonderer Beachtung wert zu halten. Doch so sehr ihn auch jeder Zoll seiner persönlichen Erscheinung mit Stolz erfüllte, liebte er es noch besonders, die Aufmerksamkeit der Anwesenden auf seinen prunkvoll gefärbten Überrock zu lenken. Dieser mußte ihn allerdings auch viel Geld gekostet haben und stand ihm außerordentlich gut; er war aus einer jener kunstvoll gestickten Schabrakken gefertigt, mit deren man die Wappenschilder an den Wohnungen der Aristokratie in Abwesenheit der Herrschaften bedeckt.

Neben ihm, zur Rechten des Präsidenten also, saß ein Herr in langen weißen Strümpfen und baumwollenen Unterhosen. Seine ganze Gestalt wurde von einem komisch wirkenden Schauder geschüttelt, den Luckenfenster Tatterich zu nennen beliebte. Seine frisch rasierten Kinnladen waren durch eine Musselinbinde fest zusammengebunden, und seine auf dieselbe Art und Weise an den Handgelenken befestigten Arme hinderten ihn, den Getränken auf dem Tisch allzu reichlich zuzusprechen – eine Vorsicht, die, wie Stelze bei sich dachte, nach seinem verdummten Säufergesicht zu schließen, gar nicht unnötig war. Ein Paar enorm große Ohren standen von seinem Kopf ab in das Zimmer hinein und wurden von einem Krampf durchzuckt, so oft man nur eine Flasche entkorkte.

Ihm gegenüber, als sechste und letzte Person, saß ein sonderbar steif aussehendes Wesen männlichen Geschlechts, das offenbar gelähmt war und sich in seiner unbequemen Kleidung sehr ungemütlich fühlen mußte. Dieser Herr war nämlich vollständig in einen schönen, neuen Mahagonisarg gekleidet, dessen Deckel wie ein Helm auf seinem Haupt saß. In die beiden Seiten des Sarges waren Armlöcher gebohrt, um der Eleganz wie um der Bequemlichkeit willen; dennoch hinderte dies ›Gewand‹ seinen Träger, geradeso aufrecht zu sitzen wie seine Tischnachbarn. Sein Sarg lehnte in einem Winkel von fünfundvierzig Grad gegen eine Totenbahre, so daß der so originell bekleidete Herr seine großen Augen mit ihren schauderhaften weißen Pupillen, wie voll Erstaunen über ihre eigene enorme Größe, rollend zur Zimmerdecke gerichtet hielt.

Vor jedem der Tafelgenossen lag eine halbe Hirnschale, die als Trinkbecher diente. Über ihren Köpfen hing ein Skelett, das mittels eines um sein Bein geschlungenen Seiles an einem Ring im Plafond befestigt war. Das andere Bein streckte sich in einem rechten Winkel vom Körper ab, und das ganze klappernde Skelett drehte sich bei jedem leichten Windstoß, der durch die bröckligen Mauern in den Raum fuhr, lustig im Kreis herum. Der Schädel des scheußlichen Dinges enthielt eine Menge brennender Kohlen, die ein schwankendes, doch lebhaftes Licht auf die ganze Szene warfen. Särge, Bahren und sonstige Verkaufswaren eines Leichenbestattungs-Unternehmers waren an den Wänden und vor den Fenstern so hoch aufgestapelt, daß kein Lichtstrahl auf die Straße drang.

Beim Anblick dieser sonderbaren Versammlung und der noch sonderbareren Kleidung bewahrten unsere Seeleute nicht die wünschenswerte Haltung. Stelzes Unterkiefer hing noch tiefer herab als gewöhnlich, er selbst sank gegen die ihm zunächst stehende Mauer, während sich seine Augen vor Entsetzen und Erstaunen weiteten. Luckenfenster jedoch krümmte sich dermaßen, daß seine Nase nicht über das Niveau des Tisches hinausragte, schlug sich mit beiden Händen auf die Knie und brach in ein unmäßiges Lachen oder vielmehr in ein langes, lautes, widerhallendes Gebrüll aus.

Ohne über dies unglaublich grobe Betragen nur im geringsten beleidigt zu sein, lächelte der lange Präsident die Eindringlinge mit anmutiger Liebenswürdigkeit an, nickte ihnen mit seinem federgeschmückten Haupt würdevoll zu, stand auf, faßte sie am Arm und führte jeden zu einem Sitz, den zwei andere Mitglieder der Tafelrunde schon in Bereitschaft gestellt hatten. Stelze leistete bei all dem nicht den geringsten Widerstand, sondern setzte sich da nieder, wohin man ihn führte, während Luckenfenster, der Galante, seinen Sargständer vom Kopfende des Tisches an die Seite der kleinen schwindsüchtigen Dame in dem indischen Leichentuch rückte, in höchster Heiterkeit an ihrer Seite niederplumpste, sich einen Schädel Rotwein eingoß und ihn »auf nähere Bekanntschaft« leerte. Diese Anmaßung schien jedoch den steifen Gentleman im Sarg zu ärgern und wäre wohl kaum ohne betrübliche Folgen geblieben, wenn nicht der Präsident mit seinem Zepter auf den Tisch geklopft und die Aufmerksamkeit der Anwesenden durch folgende Rede abgelenkt hätte:

»Es ist Unsere Pflicht bei dem glücklichen Zufall —«

»Halt!« fiel ihm Stelze mit ernsthafter Miene ins Wort. »Halten Sie ein wenig und sagen Sie uns beim Teufel zuerst mal, wer Sie eigentlich sind und was Sie hier wollen, und warum Sie angezogen sind wie schmutzige Gespenster und unserem ehrlichen Kameraden, dem Leichenbestatter Wilhelm Schaufel, seinen Wintervorrat von dem leckeren Weinchen da austrinken?«

Bei diesem unverzeihlichen Beweis schlechter Erziehung sprang die seltsame Gesellschaft auf und stieß wieder jene wilden Schreie aus, die die beiden Seeleute schon vorher hatten vernehmen müssen. Der Präsident erlangte zuerst seine Ruhe wieder, wandte sich schließlich mit großer Würde Stelze zu und begann von neuem:

»Mit größter Bereitwilligkeit werden Wir jede berechtigte Neugier Unserer erlauchten, wenn auch ungebetenen Gäste befriedigen. So werde Ihnen denn kund, daß ich der Beherrscher dieser Gebiete bin und hier allein und unbeschränkt regiere unter dem Namen König Pest der Erste.

Dieser Raum, den Sie sehr profan und zu Unrecht den Laden Wilhelm Schaufels, eines Leichenbestatters, genannt haben — eines Mannes, den Wir nicht kennen und dessen plebejischer Name vor dieser Nacht Unsere königlichen Ohren noch nicht beleidigt hat — dieser Raum, sage ich, ist das Torzimmer Unseres Palastes, zu Ratsversammlungen in Unserm Königreich und anderen hohen und erhabenen Zwecken bestimmt.

Die edle Frau Uns gegenüber ist die Königin Pest, Unsere Allerdurchlauchtigste Gemahlin. Die übrigen erlauchten Personen, die Sie erblicken, gehören alle zu Unserer Familie und tragen die Zeichen ihrer königlichen Herkunft in ihren Namen: Seine Königliche Hoheit der Erzherzog Pest-Ilenz, Seine Hoheit der Herzog Pest-Beulchen, Seine Hoheit der Herzog Tem-Pesta, Ihre Königliche Hoheit die Erzherzogin Ana-Pest.

Was Ihre Frage betreffs der Angelegenheit, über die Wir hier Rates pflegen, angeht, gestatten Wir Uns zu bemerken, daß sie nur Uns und Unsere königlichen Interessen berührt und für niemand anderen als nur für Uns selbst von Wichtigkeit ist. Aber in Anerkennung jener Rechte, welche Sie als Gäste und Fremde beanspruchen zu dürfen glauben, erklären Wir Ihnen, daß Wir in dieser Nacht, wohl vorbereitet durch ausgedehnte Nachforschungen und sorgfältige Untersuchungen, hier versammelt sind, um den unbestimmbaren Geist, die unerklärlichen Eigenschaften und das Wesen jener unschätzbaren Gaumenlabungen, der Weine, Ales und Liköre dieser prächtigen Metropole zu untersuchen, zu analysieren und gründlich zu bestimmen, um durch dieses Tun nicht allein Unsere eigenen Absichten zu verfolgen, sondern vor allem das wahre Wohlergehen jenes Herrschers zu fördern, der, nicht von dieser Welt, über Uns alle herrscht, dessen Reich ohne Grenzen ist, und dessen Name Tod heißt!«

»Dessen Name Hans Wurst* ist!« schrie Luckenfenster, schenkte der Dame an seiner Seite einen Schädel voll Likör ein und versah auch den seinen aufs beste.

»Profaner Schuft«, sagte der Präsident und wandte seine ganze Aufmerksamkeit dem würdigen Stelze zu, »profaner, erbärmlicher Lump! Wir haben gesagt, daß Wir in Anerkennung jener Rechte, die Wir selbst in deiner schmutzigen Person nicht zu verletzen gewillt sind, geruht haben, auf deine groben, sehr unzeitigen Fragen zu antworten. Nichtsdestoweniger halten Wir es angesichts des profanen Eindringens in Unsere Ratsversammlung für Unsere Pflicht, dich und deinen Gefährten jeden zu einer Gallone Bier zu verurteilen, die ihr kniend und auf einen Zug auf das Wohl Unseres Königreiches trinken werdet. Dann soll es euch freistehen, euren Weg wieder aufzunehmen oder zu bleiben oder, jeder nach seinem persönlichen Geschmack, an den Privilegien Unseres Tisches teilzunehmen.«

»Es wäre ein Ding der Unmöglichkeit«, erwiderte Stelze, dem die großartige Haltung und Würde des Königs Pest I. offenbar Respekt eingeflößt hatte – erhob sich und stützte sich während des

* *Im amerikanischen Text steht hier Davy Jones – der Name für eine clownartige Figur, die den Tod spielt.* *Anm. d. Übers.*

Redens auf den Tisch —, »es wäre ein Ding der Unmöglichkeit, auch nur den vierten Teil von dem Quantum Likör, das Eure Majestät eben zu erwähnen beliebten, in meinem Kielraum aufzuschichten. Abgesehen von den verschiedenen Waren, die wir am Vormittag als Ballast eingenommen — und der diversen Ales und Liköre, die wir im Laufe des Abends in verschiedenen Häfen eingeschifft, gar nicht zu gedenken —, habe ich jetzt eben in der ›fidelen Teerjacke‹ eine volle, wohl bezahlte Schiffsladung eingenommen. Ich erlaube mir deshalb, an Eure Majestät die Bitte zu richten, den Willen für die Tat zu nehmen, denn weder kann noch will ich einen weiteren Tropfen Alkohol mehr schlucken — am allerwenigsten einen Tropfen von dem niederträchtigen Kielwasser, das auf den Namen Bier getauft ist.«

»Stop! Stop!« unterbrach ihn Luckenfenster, gleichermaßen erstaunt über die Länge der Rede wie über die Weigerung. »Stop! Stop! Du Süßwassermatrose! Und kein Geschwätz mehr, Stelze! *Mein* Lagerraum ist noch aufnahmefähig, obgleich ich ja gestehen muß, daß *du* ein wenig schwer geladen zu haben scheinst; aber eher würde ich noch für *deine* Ladung Platz in *meinem* Packraum schaffen, als warten, bis ein Sturm heraufzieht, wenn . . .«

»Ein solches Vorgehen«, unterbrach ihn der Präsident, »verträgt sich in keiner Weise mit den Satzungen des Urteils oder vielmehr mit der Verurteilung, welche eine uneinschränkbare, unwiderrufliche ist. Die Bedingungen, die Wir auferlegt haben, müssen buchstäblich und ohne die geringste Verzögerung erfüllt werdern. Im Fall einer Weigerung befehlen Wir, daß man euch an dem Halse und den Fersen zusammenbindet und als Rebellen in jenem Oxhoft Wein ertränkt!«

»Das nenne ich einen Urteilsspruch!« »Das ist ein Urteil!« »Das ist ein gerechtes und billiges Urteil!« »Ein glorreiches Dekret!« »Eine höchst verdiente, einspruchslose Verurteilung!« rief die Familie Pest in lautem Durcheinander aus. Der König zerknitterte seine Stirn in zahllose kleine Fältchen, der gichtische alte Herr schnaufte wie ein Blasebalg, die junge Dame im indischen Leichentuch ließ ihre Nase nach rechts und links spielen, der Gentleman in den baumwollenen Unterhosen bekam den Krampf in die Ohren, die Dame im gestärkten Totenhemd schnappte mit ihrem riesigen Rachen wie ein sterbender Fisch, und der im Sarg sah noch steifer aus und rollte die Augen wilder als je.

»Hihihi!« kicherte Luckenfenster, ohne auf die allgemeine Erregung zu achten. »Hihihihihihihihihi! Ich sagte ja, daß die zwei oder drei Gallonen für ein solides Schiff wie mich eine Kleinigkeit sind, wenn es nicht überladen ist — aber wenn ich auf die Gesundheit des Teufels trinken und mich vor Seiner niederträchtigen Majestät, die, so sicher wie ich ein Sünder bin, niemand anders ist als

ein dummer August, auf meine Knie werfen soll, so ist das eine Sache, die vollständig über meinen Verstand geht.«

Man hatte ihn jedoch nicht ruhig ausreden lassen. Bei dem Namen ›dummer August‹ sprang die ganze Gesellschaft von ihren Sitzen auf.

»Verrat!« brüllte Seine Majestät König Pest der Erste.

»Verrat!« sagte der kleine Gichtische.

»Verrat!« kreischte die Erzherzogin Ana-Pest.

»Verrat!« murmelte der Gentleman mit dem aufgebundenen Kinn.

»Verrat!« grunzte der Mann im Sarg.

»Verrat! Verrat!« schrie Ihre Majestät mit dem Rachen — ergriff den unglückseligen Luckenfenster, der soeben angefangen hatte, einen Schädel voll Likör auszutrinken, an dem hinteren Teil seiner Beinkleider, hob ihn hoch in die Höhe und ließ ihn ohne Zeremonie in das riesige, offene Faß mit dem geliebten Ale fallen. Er tauchte ein paarmal auf und unter wie ein Apfel in kochendem Punsch und verschwand zuletzt in einem Wirbel von Schaum, den seine Versuche, sich zu retten, in der von Natur aus leicht moussierenden Flüssigkeit reichlich hervorgebracht hatten.

Der lange Seemann sah jedoch keineswegs tatenlos der Niederlage seines Genossen zu. Er ergriff den König Pest, stieß ihn die offene Falltür hinab, schloß diese mit einem fürchterlichen Fluch und lief in die Mitte des Zimmers zurück; dann riß er das Skelett herunter, das über dem Tisch baumelte, und bediente sich seiner mit soviel Energie und gutem Willen, daß es ihm gelang, noch ehe die letzte Kohle verloschen war, dem kleinen gichtischen Herrn das Gehirn einzuschlagen. Dann stürzte er sich mit aller Kraft auf das riesige, mit Oktober-Ale und Luckenfenster gefüllte Faß, stieß es um und ließ es ins Zimmer rollen. Eine Sintflut so wilden, so wütenden Gebräues schoß heraus, daß das Zimmer von einem Ende zum anderen überschwemmt wurde. Der Tisch stürzte um, mit allem, was darauf stand, die Sargständer fielen auf die Seite, die Punschbowle flog in den Kamin, und die beiden Damen bekamen hysterische Anfälle. Ganze Stöße von Begräbnisgegenständen sausten umher, Krüge, Kruken, Korbflaschen vermengten sich zu greulichem Durcheinander, schwere Ballons verursachten gräßliche Zusammenstöße mit kleinen Likörflakons. Der Mann mit dem Tatterich ertrank auf der Stelle, der kleine Lahme schwamm in seinem Sarg umher — der siegreiche Stelze ergriff die dicke Dame im gestärkten Totenhemd um die Taille, stürzte mit ihr auf die Straße hinaus und steuerte geradewegs auf den Hafen zu, gefolgt von dem ebenfalls mit bestem Winde segelnden Hugo Luckenfenster, der, nachdem er sich drei- oder viermal tüchtig ausgeniest hatte, mit der Erzherzogin Ana-Pest hinter ihm herschnaufte.